CULTURAL CONSTRUCTION OF
QI WU EXPRESSWAY PROJECT

祁婺高速公路
项目文化建设

习明星　吴犊华　陈克锋　王　凯　陈　峰 ◎ 编著

企业管理出版社
ENTERPRISE MANAGEMENT PUBLISHING HOUSE

图书在版编目（CIP）数据

祁婺高速公路项目文化建设 / 习明星等编著 . —北京：企业管理出版社，2023.1

ISBN 978-7-5164-2784-2

①祁… Ⅱ . ①习… Ⅲ . ①高速公路—基本建设项目—文化研究—江西 Ⅳ . ① F542.3

中国版本图书馆 CIP 数据核字（2022）第 242884 号

书　　名：	祁婺高速公路项目文化建设
作　　者：	习明星　吴犊华　陈克锋　王　凯　陈　峰
责任编辑：	陆　淼　尚　尉
书　　号：	ISBN 978-7-5164-2784-2
出版发行：	企业管理出版社
地　　址：	北京市海淀区紫竹院南路17号　　邮编：100048
网　　址：	http://www.emph.cn
电　　话：	编辑部（010）68414643　发行部（010）68701816
电子信箱：	qiguan1961@163.com
印　　刷：	北京市密东印刷有限公司
经　　销：	新华书店
规　　格：	170毫米×240毫米　16开本　19.25印张　220千字
版　　次：	2023年1月第1版　2023年1月第1次印刷
定　　价：	75.00元

版权所有　翻印必究·印装错误　负责调换

这是一本关于江西省祁婺高速公路项目文化建设的经验材料汇编，却又高于一般意义上的汇编。本书以翔实的资料立体化展现了一线项目文化的有机组成部分及细腻纹理，为读者打开一个丰富的文化世界。这些资料具有江西祁婺项目特色，具有质感，保持了鲜活的生命力和原创性。

项目文化无处不在，文化项目无时不在。怎么用文化、用思想去带团队、管项目，项目文化建设是我们面临的新课题。祁婺项目建设者不是学院理论派，但他们投入极大的热情，通过扎实而有力的实践结出了丰硕的文化成果。

编 委 会

主 任 委 员：习明星

副主任委员：吴犊华　陈克锋　王　凯　陈　峰

参编人员：张涵刚　陆桂义　刘灵波　万先军　杜凌云
　　　　　刘　安　胡右喜　辜晗光　汪　军　李建新
　　　　　汪　慧　瞿　艳　李　芸　王海平　贾志强
　　　　　邵志超　马　胜　刘振丘　罗福生　邓　晖
　　　　　樊启涛　林晓莉　陈志泉　马天亮　康海利
　　　　　刘永平　朱小林　陈　永　邝　平　马长辉
　　　　　涂旭涛　傅梦媛　吴　婵

出版支持单位

德州至上饶高速公路赣皖界至婺源段新建工程项目建设办公室
中铁二十一局第三工程有限公司赣皖界至婺源高速公路 A1 标段项目经理部
中铁大桥局赣皖界至婺源高速公路 A2 标段项目经理部
中交一公局厦门工程有限公司赣皖界至婺源高速公路 A3 标段项目经理部
江西交投咨询集团有限公司（江西交通咨询有限公司）

项目建设要注重文化力量

江西省交通运输厅一级巡视员、厅直属机关党委书记　　胡钊芳

文化是一个国家、一个民族的灵魂和瑰宝；一个国家、一个民族源远流长的文化，是其立于世界之林的根本。同样，文化是一家企业、一个项目的内涵和特色；一家企业、一个项目一脉相承、融会贯通的文化，可以为确保其卓尔不群提供强劲动力。

德州至上饶高速公路赣皖界至婺源段新建工程（简称"祁婺高速"）建设者投入极大的热情，通过数年的艰辛探索和有力实践，达到了项目和员工价值观高度一致，甚至取得"不言而喻、不约而同、不令而行、不争而胜"的较高水准，为我们进行项目文化建设树立了成功样本。这是广大建设者秉承社会主义核心价值体系、弘扬中华民族优秀传统文化而开出的美丽花朵，也是遵循行业和企业文化建设规律，在积极学习借鉴国内外优秀文化成功的基础上结出的丰硕成果。

现在，《祁婺高速公路项目文化建设》正式出版发行了，实在是一件可喜可贺的事情。

这是一本关于交通基础设施建设一线项目的文化建设经验材料汇编，却又高于一般意义上的汇编。它以翔实的资料立体化展现了一线项目文化的有机组成部分及细腻纹理，为读者打开一个较为丰富的文化世界。

这本书的汇编、出版，至少带给我们以下四个方面的重要启示：

一是从基层项目抓文化建设能有效助力文化落地。在全力推进民族复兴

的伟大征程中，我们要积极响应文化强国战略，各省份交通运输主管部门不仅率先垂范，集团公司、企业及其一线项目都要真抓实干，以此不断增强全民族的文化自信。然而，在文化建设过程中，很多人感觉这方面的话题较为空泛，很难找到可靠抓手，有心无力或者有劲儿使不上。因此，文化建设和经营管理"两层皮"现象普遍存在。祁婺高速建设者在较短的时间内，不仅达成了思想上的共识，还进行了建设各方的文化重塑，使无形的文化发生了重要的引导力，较大程度地激发了干部职工干事创业的热情，进一步弘扬了工匠精神、契约精神，营造了传帮带、赶学超的浓厚氛围。

二是建立和实施文化体系管理是项目文化建设成功的关键。有的领导高度重视文化，有很好的理念却不能得到员工积极响应；有的项目口号提得很响，却梳理不好内容和形式的关系，难以彰显个性特色。祁婺高速建设者从进场之初就设计了较为明确的文化建设路径，在推进过程中根据实际情况不断完善和调整，把文化内在的潜能最大程度地发挥出来。本书清晰的脉络可以说明，祁婺高速建立和实施文化体系管理是成功的，也是可以在其他项目应用和推广的。

三是文化传播及造势机制的成功建立，为祁婺高速形成强大的文化场创造了有利条件。文化建设的主要功能之一就是把我们的理念体系借助各种传媒手段和公共关系广泛传播，以此更大程度地达成干部职工的高度认同，培养了建设者通力合作、精益求精的顽强品质和不怕艰难、锐意进取的崇高精神。祁婺高速不仅和中国公路学会、中国交通建设监理协会、《中国公路》杂志社、人民交通出版社股份有限公司等开展战略合作，还开设"祁婺项目办"微信公众号，以举办论坛、组织全国绿色公路科技交流会、创作歌曲、建设永久性展馆等为载体，及时传播科技文化成果，达到事半功倍的效果，在行业内外产生了较大影响力。

四是坚持和而不同的基本原则是项目文化建设成功的根本。"十三五"以来，江西交通运输行业牢牢抓住发展的黄金时期，推动了交通运输事业迈向新台阶，交通建设高速推进，交通路网日趋完善，绿色交通加快发展，品质工程、平安工地建设成效显著，祁婺高速等一批文化特色鲜明的项目让我们感到了文化的魅力。这种一线项目文化的根在基层，但立足于内涵丰富的江西文化沃土，也是江西交通文化及其集团文化的有机繁衍和延伸。它们之间不是相互矛盾和冲突的，而是一脉相承、薪火相传的。祁婺高速公路项目文化既是对各上级集团公司企业文化的深入实践和应用，又是更具针对性的一线特色文化。

为深入贯彻落实《关于进一步推进文化强省建设的若干措施》，深挖江西文化资源，我们期待更多的交通建设者不断思考、总结、改进文化建设工作，通过一线鲜活的实践提炼更多的文化成果。

2022 年 12 月

项目文化建设必须落地生根

文化是国家和民族之魂，也是国家治理之魂。没有社会主义文化繁荣发展，就没有社会主义现代化。《"十四五"文化发展规划》强调，必须把文化建设放在全局工作的突出位置，更加自觉地用文化引领风尚、教育人民、服务社会、推动发展。毋庸置疑，更加坚定文化自信，自觉肩负起新的文化使命，在实践创造中进行文化创造是每位中华儿女肩负的神圣责任。

"十四五"时期是我国开启全面建设社会主义现代化国家新征程的第一个五年，也是推进社会主义文化强国建设、创造光耀时代光耀世界的中华文化的关键时期。我们要以社会主义核心价值观为引领，以推动文化高质量发展为主题，以深化文化领域供给侧结构性改革为主线，以文化改革创新为根本动力，以满足人民日益增长的精神文化生活需要为根本目的，不断铸就中华文化新辉煌，为建成社会主义文化强国奠定坚实基础。

在这样的时代背景下，作为行业文化、企业文化的延伸发展，项目文化的落地生根就显得意义重大，也格外引人关注。

20世纪80年代初，"企业文化"这一概念在我国出现，但对其定义比较模糊。人们对此大致的理解是，企业文化是在一定社会条件下，在生产经营实践中形成的具有个性特色的文化观念、文化形式和文化模式，核心是企业的价值取向、精神支柱和动力源泉。其后，国际标准化组织ISO和ISO 9000族标准也被引入我国"洋为中用"，企业文化、行业文化由此蓬勃发展起来。

近年来，随着我国高速公路建设几次突飞猛进的发展，"项目文化"这一概念在交通运输领域工程建设中率先提出，并越来越受到重视和肯定。于是，行业文化、企业文化被有效传承和发展，相同的价值取向、使命和愿景催生了一批优秀文化品牌项目。它们在工程建设过程中发挥了积极的引领、凝聚和激励作用，为企业乃至行业经营与管理提供重要支撑。

经过几十年的发展，我国交通行业文化、企业文化和项目文化取得了较大发展，结出了丰硕成果。然而，依然存在的一些普遍现象和问题，成为制约文化建设发展的痼疾，使得我们难以寻求质的突破，甚至一度在原地打转转儿。这一点，在项目文化建设上表现尤其明显。这不能不引发我们的深层次思考。

究其根源，主要原因有四个方面。一是大家口头上喊着重视，却难以找到"抓手"，表面热热闹闹、轰轰烈烈，实际上与其他项目雷同，难以形成个性特色和系统性文化，文化工作要么流于形式要么同质化；二是文化建设和经营管理"两层皮"，建设各方只看眼前利益不顾长远利益各自为战，难以取得理想的文化合力；三是领导有很好的思想和理念，也非常重视文化建设，却得不到员工认同和响应，没有有力措施或具体措施不能有效落实，难以形成领导力；四是项目文化工作依赖个别主要领导，容易因人而变，加之没有科学的量化和测评标准，不能实现较长时间的可持续发展。

那么，怎样才能真正让项目文化落地生根呢？祁婺高速建设者按照江西省交通投资集团有限责任公司"党建高质量发展年"要求，提出了"党员有品行、干部有品德、工程有品质"的党建工作思路，以高质量党建促高品质工程，使党建工作与推进工程进度、打造品质工程相融合，形成齐心、务实的氛围，实现了建设品质祁婺的总目标。在这个过程中，他们以建设有思想和有灵魂的文化项目为主线，用好两个抓手，一是围绕统一思想的政治任务抓党建实现"齐心"目的，二是围绕生产管理的中心任务抓党建实现"务实"目标。

同时，他们运用科学的项目文化体系管理运行思路和方法，既注重宣传教育、思想发动又做好培训，一级做给一级看、一级带着一级干，由点到面、从易而难、由近及远，形成了"人人参与项目文化建设、人人争做文化项目人"的浓厚氛围，最终实现了以人为本、以文化人的目的。

本书将项目文化划分为展厅文化、廉政文化、党建文化、管理文化、科技文化、曲艺文化、文娱文化、展馆文化八个主要部分，以"具体案例＋新闻链接"的方式予以展示。编纂过程中，我们也权衡过，似乎把展厅和展馆列入文化载体更科学。但是，从本书框架结构来看，格外剥离重构理论体系也勉为其难。更重要的是，虽然展厅和展馆属于文化载体范畴，但它们作为祁婺高速这一文化项目的"龙头"（项目办一楼展厅浓缩项目文化精华）和"龙尾"（全方位展示项目文化），本身就是一种文化，甚至是富有创举的新文化形态，因此列入项目文化的重要组成部分更能彰显"祁婺特色"。

也有读者会问，廉政文化是党建文化的重要组成部分，为什么单列一章呢？我们的回答是，正因为祁婺高速这一文化项目廉政文化做得实、效果好，使之成为党建工作的"先遣军"，很好地发挥了文化警示和引领作用，所以我们才将其单列一章，以启发读者深入领会与思考。当然，管理文化和科技文化、曲艺文化、文娱文化等也是彼此交叉，是你中有我、我中有你的血肉联系，让它们彼此独立成章并非让它们保持孤立状态，而是为了更好地方便读者判断和理解什么是"祁婺特色"，以及"祁婺特色"给我们带来哪些新启发。

进入新时代，新的科技信息和产业革命带来全球大变革，人类面临前所未有的挑战和机遇，项目文化建设理论及其体系建设正在悄无声息地影响着我们。在实现中华民族伟大复兴的征程中，项目文化建设者要以更大的激情投入改革潮流之中，做"接地气"的传承者和创新者，在历史进步中实现文化进步。

目 录

第一章　项目文化建设要有思想和目标　　　　　　　　　　　1

案例1　找准定位·对标榜样·争当标杆——在祁婺高速项目办揭牌
　　　　仪式上的讲话 ·· 4
案例2　谈谈党建和宣传工作 ·· 6
案例3　项目代建要有思想——祁婺项目前期文化策划 ············· 13
新闻链接1　开创2022年宣传思想暨意识形态工作新局面 ········· 17

第二章　展厅文化要能统揽全局　　　　　　　　　　　　　21

案例1　齐心、务实，建品质祁婺——祁婺项目办一楼展厅和会议室
　　　　解说词 ·· 24
案例2　祁婺项目VI识别系统 ·· 31

第三章　廉政文化要以情动人　　　　　　　　　　　　　　35

案例1　中共祁婺高速项目办纪委与中共婺源县纪委监察委"清风婺源、
　　　　清风祁婺"廉洁共建工作备忘录 ·································· 38

案例 2　一封廉洁家书 …………………………………………… 40

案例 3　祁婺项目建设参建人员廉洁从业规定 ………………… 45

案例 4　赣皖界至婺源高速公路建设项目反商业贿赂协议 …… 49

案例 5　要有一颗敬畏之心——在祁婺项目廉政教育会上的讲话 ……… 51

案例 6　履行全面从严治党"两个责任"——祁婺项目办党委政治建设暨全面从严治党"两个责任"约谈讲话 ……………………… 53

案例 7　创建"清风祁婺"品牌——祁婺项目办作风建设情况汇报…… 58

新闻链接 1　祁婺项目开展"追寻红色足迹·传承廉洁基因"主题党日活动 …………………………………………………………… 61

新闻链接 2　项目公司第四季度"纪法教育大讲堂"在祁婺高速举行 … 62

新闻链接 3　新年送"廉礼"　春节有"廉味" ………………………… 63

新闻链接 4　致祁婺项目建设者的第三封廉洁家书 …………………… 64

第四章　党建文化要发挥引领作用　　　67

案例 1　党建引领促"三控"　项目建设有"三品" ………………… 70

案例 2　党员要当好"领头雁"——在 1+N"领头雁"活动启动仪式上的动员讲话 …………………………………………………… 73

案例 3　祁婺项目党员"领头雁"活动实施方案 ……………………… 75

案例 4　项目党建创"三品" …………………………………………… 78

新闻链接 1　工地上的彩色"马甲" …………………………………… 83

新闻链接 2　祁婺项目办党委召开党史学习教育布置会 ……………… 85

新闻链接 3　祁婺项目开展"学史增信——坚持特色路，致敬筑路人"活动 …………………………………………………………… 86

新闻链接 4　俞文生到祁婺项目为党员干部讲授党史学习教育专题党课 …………………………………………………………… 87

第五章　管理文化源于真抓实干　　　　　　　　　　　91

案例 1　走到一起就是缘分——在甲方乙方签约前见面会上的发言 …… 94
案例 2　同心共建树标杆——祁婺项目 2021 年上半年工作汇报 ……… 98
案例 3　把任务落实到每天的具体行动中——第一阶段施工总结及
　　　　第二阶段施工部署发言 …………………………………………… 105
案例 4　金秋的第一份果实——在婺源隧道双幅贯通仪式上的讲话 … 110
案例 5　努力只能合格，拼命才能优秀——在清华隧道双幅贯通仪式上
　　　　的讲话 ……………………………………………………………… 112
案例 6　开会 + 不落实 =0——在祁婺项目 2021 年 11 月生产调度会上
　　　　的发言 ……………………………………………………………… 113
案例 7　春节前的三个话题——在 2021 年度总结会议上的讲话 …… 117
案例 8　奋力推进项目建设——2021 年度工作总结 ………………… 123
案例 9　显虎威·出虎力·使虎劲——2022 年开工动员讲话 ……… 131
案例 10　"安全生产月"倡议书 ………………………………………… 132
案例 11　贺信 ……………………………………………………………… 135
案例 12　跑出祁婺建设"加速度" ……………………………………… 136
新闻链接 1　A2 标段多部"法宝"为项目建设保驾护航 …………… 141
新闻链接 2　祁婺高速组织召开现场施工标准化观摩会 ……………… 142
新闻链接 3　祁婺高速"安全生产月"活动开展有声有色 …………… 144
新闻链接 4　祁婺高速组织工点标准化暨临时用电观摩活动 ………… 146
新闻链接 5　祁婺项目组织人工挖孔桩工点标准化擂台比武 ………… 148
新闻链接 6　祁婺项目推行"安全防护设施首件示范制" …………… 149
新闻链接 7　又一项"四新技术"亮相祁婺高速——全线桥梁墩柱推广
　　　　　　应用新型节水保湿养护膜 …………………………………… 151
新闻链接 8　从一条便道看"永临结合"建设理念 …………………… 152

新闻链接9	祁婺项目开展T梁钢筋绑扎技能比武活动	153
新闻链接10	王爱和调研祁婺高速公路项目工程建设	154
新闻链接11	中国工程院院士吕西林赴祁婺高速调研	156

第六章　科技文化贵在有效支撑　　　　　　159

案例1	科技引领·智见未来——祁婺项目全国科普日公路知识普及宣传活动回顾	162
案例2	"科技祁婺"创新发展之路——赣皖界至婺源高速公路建设项目科技工作纪实	169
新闻链接1	祁婺高速举办"BIM引领·智建未来"研讨会	177
新闻链接2	黑科技"智能交通预警系统"亮相祁婺项目	179
新闻链接3	小背包"大管家"——祁婺项目智慧监管信息化系统上线	180
新闻链接4	BIM可视化技术在祁婺高速建设中的应用	183
新闻链接5	信息化平台攻坚人——杨明	185
新闻链接6	"微创新"助力工程品质提升	187
新闻链接7	祁婺项目喜获全国第二届工程建设行业BIM大赛三等奖	188
新闻链接8	祁婺项目办开展高速公路科技知识进校园活动	189
新闻链接9	祁婺项目科普作品喜获2021年全国公路优秀科普作品大奖	190
新闻链接10	中国工程院院士朱合华一行赴祁婺项目调研	192
新闻链接11	"五步布设法"成硅芯管施工标准工艺工法	193
新闻链接12	微创新　大效能——祁婺高速路面摊铺推行智慧工地信息化管控	194

新闻链接13　祁婺项目开展"科技创新月"科普讲解及微创新决赛评比 …… 195

新闻链接14　江西省公路水运工程监理数字化转型暨智慧监理现场观摩会在祁婺项目召开 …… 197

第七章　曲艺文化要能提振士气凝聚人心　　**201**

案例1　歌曲《祁婺飞歌》 …… 204

案例2　头雁风采——祁婺项目"建功祁婺"党建宣传片剧本 …… 205

案例3　平安祁婺——祁婺项目安全生产工作宣传片剧本 …… 207

案例4　清风祁婺——祁婺项目廉政宣传片剧本 …… 211

案例5　太阳坑相赠望远镜——一名红军将领与一个深山猎人的故事（电视散文剧本） …… 214

案例6　画路——祁婺筑路精神宣传片（故事梗概） …… 216

第八章　文娱文化要接地气　　**219**

案例1　项目办员工业余生活管理办法 …… 222

案例2　关于"五四"青年节开展"万米微马跑·建功新时代"活动的通知 …… 225

案例3　一杯清茶敬最美 …… 228

新闻链接1　祁婺项目：弘扬朱子文化　传承朱子家风 …… 229

新闻链接2　祁婺项目举办"万米微马跑·建功新时代"活动 …… 230

新闻链接3　参建单位组织开展庆"六一"活动 …… 231

新闻链接4　祁婺项目书法培训班正式开班 …… 232

新闻链接5　祁婺项目办开展学雷锋志愿服务活动 …… 233

新闻链接 6　祁婺项目办组织"魅力祁婺·女神踏青"活动 …………… 234
新闻链接 7　祁婺项目办开展"植树添绿、助力双碳"活动 …………… 234
新闻链接 8　祁婺项目组织开展节后首次全员核酸采样 …………… 235
新闻链接 9　A1 标组织观看《无声的功勋》…………………………… 236
新闻链接 10　祁婺项目办组织开展"最美宿舍"考核评比活动 …… 237

第九章　展馆文化要有智慧基因　　239

案例 1　祁婺项目展览馆（含 VR 安全体验馆）文化 ……………… 242
案例 2　项目观摩会展板 ………………………………………… 246

附录　　259

附录 1　大道壮歌——江西赣皖界至婺源高速公路建设纪实 ……… 260
附录 2　祁婺项目科技创新工作计划 ………………………………… 269
附录 3　祁婺项目科技文化成果台账 ………………………………… 274
附录 4　祁婺项目科研成果台账 ……………………………………… 282
附录 5　祁婺建设团队文化成果盘点 ………………………………… 283

第一章
项目文化建设要有思想和目标

祁婺项目在科学发展、尊重事实、把握规律的路线指引下，紧紧围绕项目建设的中心，立足于创建平安工地、品质工程，维护工程与自然和谐以及社会经济发展大局，提升研判能力，强化系统创新思维，积极开展文化建设，开创了具有祁婺特色的项目文化建设之路。

项目文化有助于提升管理能力，有助于凝聚各种力量。项目文化不断被建构的过程，也是团队形象不断被塑造的过程。

项目文化建设是一项长期的系统工程，具有独特性、个体性和开放性，也具有统一性、传承性和变革性。它在与外界和其他组织交流的过程中，不断影响其他文化，并积极吸取其他文化的精华，融会贯通地成为自我文化的一部分。

祁婺项目在科学发展、尊重事实、把握规律的路线指引下，紧紧围绕项目建设的中心，立足于创建平安工地、品质工程，维护工程与自然和谐以及社会经济发展大局，提升研判能力，强化系统创新思维，积极开展文化建设，开创了具有祁婺特色的项目文化建设之路。

首先，祁婺项目做好顶层设计，明确了文化共建的目标和方向，也就是建设各方需要以什么样的文化作为建设的内容，只有这样的文化才能充分发挥建设各方的主观能动性。可以说，最初他们确立的项目文化建设目标起到了提纲挈领的重要作用，并在不断完善中发展。他们由此确认，不管什么文化，都需要不断地建设，以完善的制度作为保证，有条不紊地开展各项工作。

其次，祁婺项目搭建载体，创设平台，坚持"纵向深入、横向贯通"的原则，赋能一线，调动各方力量，因地制宜地构建开放协同发展格局，全面落实祁婺项目文化共建的各项要求，将文化建设纳入项目创新发展战略，主动作为，深入人心，形成了"人人都参与、人人都是文化形象代言人"的浓厚氛围，实现了以文化建设的内涵式发展服务品质工程高质量发展，成功培育了祁婺项目文化品牌。

再者，祁婺项目建设各方齐心协力、锐意进取已经形成一种内在的力量，由最初的磨合转变为建设过程中的步调一致。他们不断提升创新谋划能力，采取各种有效举措，树立了祁婺项目鲜明的形象，不仅形成了对工程监理行业具有参考性、指导性的项目文化成果，还促进建设各方深入交流并充分共享"祁婺经验"。这些优秀制度、机制和模式在行业内外产生了重要影响，慕名前来学习者络绎不绝。文化对平安工地、品质工程创建的助推作用彰显无遗。

最后，祁婺项目文化共建内涵丰富、成效显著，多次受到交通运输部、中国公路学会、江西省交通运输厅等上级领导单位的肯定和表扬，获得诸多荣誉，成为新时代交通建设领域项目文化建设的重要文化样本之一。祁婺项目的成功案例提示我们，要正确评价文化创新成果的科学价值、技术价值、经济价值、社会价值和文化价值，以此为培育更多优秀的科技文化工作者营造浓厚的创新氛围。

项目文化建设是人心工程、系统工程，包含着方方面面，其中宣传思想工作具有第一领导力，必须抓传统短板、补常规弱项，才能有新突破、大作为。因为宣传思想工作体现在项目文化建设的每个环节，本书不再单列一章，而是分别作为每章的重要链接，形成对相关文化的呼应，以此印证其实效价值和意义。

案例 1

找准定位·对标榜样·争当标杆

——在祁婺高速项目办揭牌仪式上的讲话

⊙ 俞文生

尊敬的王江军书记，同志们、朋友们：

大家上午好！

在全国、全省上下战疫情、促发展，加快推进重大项目建设之际，今天我们在"中国最美乡村"——婺源，共同见证赣皖界至婺源高速公路建设项目办公室正式揭牌，这标志着江西省又一个出省大通道吹响了全面加快建设的号角！受江西省交通投资集团有限责任公司党委书记、董事长王江军同志委托，我谨代表西省交通投资集团有限责任公司，对祁婺项目办的揭牌表示热烈的祝贺，向项目全体参建人员致以亲切的慰问！

在大家的共同努力下，目前祁婺项目辅道工程已进入路面施工阶段，主体土建施工单位跑步进场，桥梁桩基已开始施工，征地拆迁和谐有序，项目建设如火如荼、成绩喜人！今天的揭牌更是再动员。希望项目办和全体参建单位提高站位、鼓足干劲，认真贯彻中央"六稳""六保"要求，落实江西省委、省政府"项目建设提速年"活动部署，在继续抓紧抓实抓细常态化疫情防控工作的基础上，迅速掀起施工高潮，全力推动项目建设迈出提速提质新步伐。

一是要找准定位。婺源，是一个由徽派文化与绿色生态串联起来的景观长廊，这里的绿水青山、白墙黛瓦已成为一种文化符号。在项目建设过程中，要将生态环保、地域文化融入项目建设理念当中，努力打造交通运输行业生态交通示范工程。

二是要对标榜样。婺源，是中国近代工程之父詹天佑的祖籍，已建成通车的景婺黄高速公路荣获了詹天佑大奖。面对榜样，有压力，更要有动力。全体建设者要对标榜样，牢记初心使命，不负集团重托，坚持"高起点设计、高标准建设、高效率推进、高质量建成"的工作思路，努力把祁婺高速建设成为平安百年品质工程。

三是要争当标杆。祁婺项目设计施工单位均为国内顶尖、世界一流队伍，又采用"监管一体化"新管理模式，项目建设者既要传承又要创新，在抓好项目传统建设的基础上，要在与新基建融合、新型服务区建设、绿色建造新技术等方面取得突破，争当公路交通高质量发展的行业标杆。

风正时济砥砺奋进，破浪扬帆大展宏图。同志们，祁婺项目建设的号角已经吹响，希望大家在集团党委的关心关怀下，在项目建设管理公司的直接领导和交通咨询公司的大力支持下，项目办全体管理人员高速高效、同心同德，参建施工企业大力发扬工匠精神、积极彰显央企担当，在建好美丽祁婺高速公路的同时，积极探索新一代绿色智慧公路建设技术创新体系，为建设交通强国、服务经济社会高质量发展和人民美好出行，贡献更大力量！

谢谢！

（本文系江西省交通投资集团有限责任公司党委委员、副总经理俞文生2020年5月19日在祁婺高速项目办揭牌仪式上的讲话，题目为编者所加）

案例 2

谈谈党建和宣传工作

⊙ 习明星

今天，我先来谈一谈党建和宣传工作。

一、为什么抓党建

首先我们要充分认识加强项目党建工作的意义。

发挥党建独特优势的重要保障。只有扎实有效的项目党建工作，才能使企业各项管理工作在工程项目层面得到全面落实，并对项目安全管理、质量管理、工期管理和成本管理的有效运行提供保证，做到心往一处想，劲往一处使。通过加强项目党建工作，把党员的责任义务融入项目部各项工作之中，强化党员的先锋意识和模范作用，团结带领其他员工共同投身到项目施工生产建设过程中，为项目发展提供不竭的精神动力。

提升项目管理水平的有效途径。随着建筑市场的发展，施工管理逐步从粗放式管理模式向精细化管理模式转变，管理规范化、标准化、信息化已经成为企业发展的主旋律。为此，企业一定要依托项目党组织加强党建工作，通过良好的思想政治教育，有效统一干部员工的思想认识，形成项目管理的强大合力，用心抓细节，用力抓质量，用脑抓创新；通过建设良好的工作作风，有效提升干部员工的工作效率，促进项目管理的有序推进；通过加强党员领导干部队伍建设，强化党员领导干部的组织观念和纪律意识，在项目精细化管理中发挥表率作用；通过开展党员创岗建区、党员盯岗卡控、党员先锋工程等富有实践特色的党建活动，有效将党建工作嵌入到项目日常管理的各环节、各方面，实现工程项目全员、全过程管控。项目部党组织是企业的基层党组织，党战斗力的强弱是以基层党组织作为依托的。我们的基本依托即为工程项目，需要切实履行好统一思想认识、组织学习教育和培训员工的职责，并在施工管理过程中不断提高一线员工的技术水平和综合素质，从而增强企业的核心竞争力。

必须围绕施工任务做好党建工作。之所以要求项目部做好党建工作，是为了做好项目管理。因此项目部党组织应以此为中心，通过积极开展"党员先锋岗"以及"创新创效"等活动加强项目质量管理、项目进度把控、项目成本控制以及项目质量把关。坚持并不断改进"三会一课"制度，不断创新党员教育管理方式方法，最大限度地发挥党员带头作用以及党组织战斗堡垒作用，以在项目管理中最大限度地展示党员先进性。工程项目部参与人员来自五湖四海，因此细致而又深入的思想政治教育就显得尤为重要。只有开展好思想政治教育工作，才能消除矛盾，统一认识，提高干劲，向着目标不断迈进。需要项目部党组织通过开展劳动竞赛、创先争优、示范党支部、全面从严治党示范性工程以及"青年岗位能手四好班子"创建等一系列活动，在项目进度把控、效益提升以及安全质量把关等多方面发挥积极的促进作用，达到崇尚先进、学习先进、争当先进的效果。

二、怎么抓党建

坚持"三个结合"，找准项目党建工作的着力点。

与施工生产相结合。工程项目的施工生产是复杂的动态过程，它的复杂性决定了工程项目党建工作的多元性和复杂性。项目党组织要紧紧围绕与项目施工生产相关联的人、事、物的变化情况，有目的性地开展工作，解决出现的各种矛盾，促进项目参与方的团结与和谐；围绕服务项目这个中心，管好干部，把好方向，带好队伍；从保安全、抓质量、促生产、增效益的角度出发，开展多种多样的活动，激励并带动员工安全高效地完成施工任务。

与企业、项目文化建设相结合。党建工作依托企业、项目文化建设有广阔的平台，因其与文化建设在对象、性质、内容等方面有许多相通、相近之处，项目党建工作要与文化建设结合起来，培养项目理念和项目精神，与企业理念、企业精神相呼应，使其成为员工的主观意识、价值走向，教育员工以文化指导思想、以思想引导行动、用行动创造业绩、用业绩彰显价值，从而打造一支"四个一流"（一流职业素质、一流业务技能、一流工作作风、一流岗位业绩）的项目员工队伍，增强战斗力。

与"家文化"建设相结合。流动、艰苦是工程项目的基本特点，因此首先要做好"家文化"建设。解决好项目人员生活、学习等是重中之重，从物质、制度、精神方面全面规划，努力创建安全、舒适、和谐、充满亲情的工作生活环境。重视员工的感受，关心员工生活，考虑员工需求，解决员工困难。多开展一些能够增强项目凝聚力与文化力的活动，这样才能将党建工作更好地开展下去，使员工在远离家乡、亲人的环境中享受到家的温暖与舒适，体会项目的生机与感召力。工程项目部人员由于经常流动在外，环境艰苦，与家人两地分居，精神世界单调乏味，导致思想问题不断。项目部党组织要在深入了解员工的基础上加强思想教育工作，通过细致且具有针对性的思想教育，消除矛盾，统一认识，让项目部所有人员团结一心，统一企业以及员工之间的利益，以顺利完成项目管理的相关目标，推动项目管理稳中求进。

三、具体有哪些党建工作或活动

开展"支部建在项目上，党旗飘扬在工地上"系列活动，通过"共产党员工程""党员责任示范岗""创建互联网＋学习型党组织""树立典型展现人物事迹"等活动，充分发挥党支部战斗堡垒作用和共产党员先锋模范作用。

第一，结合生产实际开展主题活动。坚持以主题活动统揽项目部党建工作，开展了"创最佳、树信誉、拓市场"主题活动，"弘扬延安革命精神，展示党员风采"主题活动，"干一项工程，交一方朋友，创一份效益，树一片信誉"主题活动，"流血流汗不言苦，干好工程树形象"主题活动等。主题活动的开展有效地凝聚了人心，鼓舞了斗志，项目部广大共产党员只要有工程，就不分白天黑夜、不分节假日地干，重活累活抢在前，困难面前走在前。

第二，针对薄弱环节深化党员责任区活动。随着市场扩张，项目部不断增多，项目部人手显得越来越紧张，大多是一人多岗。针对这一特点，我们在项目部按照一名党员一个责任区的办法划分了党员责任区，提出了责任区工作"五好"的总要求：模范作用发挥好，安全生产任务好，业务技术素质好，清正廉洁自律好，联系职工工作好。同时，我们还根据他们不同的工作特点，提出了具体要求。真正做到了一个党员一面旗、干一路红一路、住一地红一片。

第三，根据工程特点抓党员工程。我们根据项目部"骨头工程"多的特点，把那些急难险重的工程定为"党员工程"。开工前，举行"党员工程"授旗仪式，召开誓师大会，组建党员施工班组，配备能力强、技术硬的党员班组长，成立党员突击队。施工中，组织劳动竞赛，比质量、比工期、比安全，哪里最苦、哪里最险就把党员突击队派到哪里。完工后，召开总结表彰会，大力宣扬在党员工程中涌现出来的先进人物事迹。

第四，基层党组织与工会组织、团支部加强联动共建，利用"党员示范岗""青年文明号""巾帼文明岗"及劳动竞赛等活动，充分发挥党员干部、先进职工、业务骨干的模范带头作用，切实做好新形势下青年职工的传、帮、带工作，使职工队伍素质整体提升，项目团队创先争优的潜能与干事创业热情深度激发。

第五，推行绩效考核奖惩机制，着力破解职工"多干少干一个样"的难题，形成奖勤罚懒、奖优罚劣的工作导向，使职工责任感和执行力增强。

第六，创建"职工之家""职工书屋"，通过开展演讲比赛、篮球赛、羽毛球赛等文体活动，丰富职工文化生活，使职工精神乐观积极，队伍风貌更加昂扬向上。

第七，项目党建工作必须重视企业文化建设，全面加强企业文化建设，尤其要打造企业品牌文化。一是从思想意识形态入手，沿袭企业经过长期社会实践所提炼形成的项目管理理念，比如全体员工共同遵守的思想意识、价值观念、道德标准、行为规范、行为准则及企业规章制度，并根据新形势、新思想，再结合工程项目实际加以创新拓宽。二是从物质形态文化入手，在工程项目办公区、施工现场做好安全标准化管理，树立品牌形象，构建视觉文化，最重要的是以质取胜、创造优质精品工程、建企业千秋丰碑。三是营造浓厚企业文化氛围，做足企业文化宣传工作。项目基层党组织通过张贴企业文化宣传标语、创办项目内部刊物、组织职工文体活动、向企业网站和外媒报送新闻宣传稿件等形式，带动干部职工人人争做企业推介人、项目推介人，进一步扩大企业和工程项目的知名度和美誉度。

第八，提升主题活动效果，加速推动施工进展。有的放矢地组织开展一线党建主题活动，是激发党建工作活力、助力项目攻坚克难、有效调动党员积极性与创造性的重要途径。围绕项目节点目标，启动"大干100天"主题劳动竞赛，党支部为授旗班组发放主题活动T恤，同步开启"党建先锋工程""工人先锋号""青年突击队"的创建活动；在做好项目施工提速的同时，党支部又积极配合项目部深入开展全员"安全之星""质量之星"评选活动，项目部每周对各施工班组中公开评选出的安全管理与质量管理先进个人进行现金奖励，坚持做到周周兑现；同时由党员干部亲自落实现场表彰和奖金发放工作，既起到鼓舞士气、激励先进的效果，又达到提速进度、保障安全、强化质量的目的。

组成项目建设临时党委、党支，利用党的组织优势将众多参建单位拧成一股绳，把党的政治优势转化为推动项目建设的强大动力。

四、谈谈宣传工作

宣传氛围可圈可点，宣传队伍同心同德，新闻产品有声有色。

能力是有限的，而努力是无限的。

面对新形势、新任务，做好我们项目宣传工作，要有新思维、新作为，要树立信心、坚定决心，要用心用情。围绕中心、服务大局，切实担起举旗帜、聚民心、育新人、兴文化、展形象的使命任务，更好地强信心、聚民心、暖人心、筑同心，为彰显坚强思想保证和强大精神力量。

具体工作需要宣传。上面声音的传达，基层声音的上传，对内凝聚人心、鼓舞士气，对外扩大影响、树立形象，都需要宣传工作的推动。

宣传工作需要组织。一是需要组织重视，高层推动；二是需要组织架构，要有相关机构、人员和平台；三是需要组织策划，要围绕中心工作、重点任务和特定时间节点进行主题宣传策划。

要把握宣传规律。宣传有规律和规矩，组织部门宣传更是有自己独特的规律特性。有的要"边做边说"，有的要"先做后说"，有的则要"只做不说"，要准确把握好宣传的时、度、效。

要明确宣传目标。宣传报道不能有思想问题和文字方面明显错误，要及时监测、妥善处置网络舆情；要"肯出力"，形成合力，巧借外力，不断充实、扩大宣传力量；要"出彩"，要学会"圈粉"，提高出镜率、发稿率，要不断提质升量。

要有争先、创新和品牌意识。要充分挖掘做法经验、党建工作方面等优势，树立创新意识，掌握创新本领，打造品牌栏目、品牌活动，实现项目宣传的争先进位。

要强化责任担当，牢牢掌握宣传工作领导权、话语权、主动权。始终坚持正确的政治方向、舆论导向、价值取向，树牢办简报、办刊品质、办网公众号意识，进一步唱响主旋律、守好主阵地。切实把参建员工的思想观念搅动起来，推动问题整改到位、氛围营造到位、督查检查到位。

①对内宣扬企业文化。树立员工的"三感"（归属感、存在感、价值感）

意识，使每一位员工都能意识到企业的形象就在自己手中，认真负责、标准规范地做好每项工作，保证项目安全、质量、进度、效益目标的全面实现。②对外展示项目精神。要通过标准化建设，让到过项目、接触过员工的业主和社会各界人士都能够感受到该项目部是建筑行业的一支文明之师、善战之师、施工劲旅。③要主动向外界展示我们的良好形象。要在项目上推行和使用企业统一形象标识系统，从驻地的规划布置、企化宣传，到工地的标语标牌，都要做到一次到位，统一规范。④要在做好内部宣传和工程质量、现场管理的同时，还要主动和业主、媒体、地方政府建立广泛的联系。通过各种渠道宣传自己，让更多人了解我们的实力，理解其文化和追求，知道其为社会做出的努力和贡献、工程的特色、亮点；要自觉宣传、推广企业文化，增强企业的信誉度和美誉度。

具体文章要紧扣主题不偏、紧贴主线不断、紧盯主旨不虚、紧抓主责不松；要瞄准目标搞竞赛，抓好竞赛奔目标。

五、两点要求

关键时刻冲得上去，危难关头豁得出来，才是真正的共产党人。任何事业都离不开共产党员的先锋模范作用。只要共产党员首先站出来、敢于冲上去，就能把群众带动起来、凝聚起来、组织起来，打开一片天地、干出一番事业。把初心落在行动上，把使命担在肩膀上，在其位谋其政，在其职尽其责，主动担当、积极作为。

一分部署，九分落实。大家一定要有爬坡过坎的压力感、奋勇向前的使命感、干事创业的责任感，为高标准、高质量推进工程项目建设鼓励动员、团结一心、呐喊助威。

（本文系习明星在相关会议上的发言，题目为编者所加）

案例 3

项目代建要有思想
——祁婺项目前期文化策划

⊙ 习明星

2015年交通运输部《公路项目代建管理办法》下发以来，给监理企业转型承担代建和"代建+监理一体化"业务提供了有力的支持，从最近多家监理企业中标"代建+监理一体化"项目情况看，项目建设单位正逐步认可监理承担项目代建工作。

江西交通咨询有限公司从事代建业务比较早，最近又以9500万元的标价成功中标德州至上饶高速公路赣皖界至婺源段新建工程（简称"祁婺高速"）"代建+监理一体化"项目。监理企业对代建项目的实施一定要有特色，项目建设要有思想，为做出品牌、推广这种模式打造良好的基础。

一、工程概况

1. 项目基本情况

祁婺高速是国家高速公路网中G0321的重要组成部分，是江西省"十三五"期间重点建设高速公路项目和重点打通的出省通道之一。路线起点位于赣皖界，途经沱川乡、清华镇、思口镇、紫阳镇、婺源县工业园区，终点接婺源枢纽互通，总长度约40.747公里，概算投资68.3亿元，建设工期36个月。

2. 主要工程数量与特点

工程采用双向四车道标准建设，全线路基土石方746万立方米，桥梁24

座 /13984 米，其中特大桥 5 座、隧道 7 座 /7316 米，桥隧比达到 52.3%。工程具有桥隧比例高、生态保护要求高、沿线地形地质复杂、科技创新应用多等显著特点。

二、建设思想

1. 项目标识设计与解释

①该项目山区地域特征风貌、高速公路、隧道等图案，隧道部分形成字母"W"，整个图案形成字母"Q"；合起来是"祁婺"拼音的首字母"QW"。

②该项目管理口号"齐心、务实，建品质祁婺"中的"齐心、务实"首字拼音首字母"QW"。

③全图总体一个圆，展示"齐心"团结、同心同德的精神风貌；总体线条欢快简洁，展示"务实"求真、高速高效的工作作风；"同心同德、高速高效"也是省高速集团的口号。

④绿色总基调展示中国最美乡村婺源的绿色植被；体现了生态优先、绿色建造、文明施工的建设理念，表明了重视环水保、保护环境、永临结合、建设一条绿色公路的思想。

⑤公路延伸到山上、延伸到远方、延伸到有油菜花的地方"黄色"（看油菜花是婺源旅游最热点），展示了交旅融合的理念和建一条美丽旅游路的目标。

2. 建设的理念

①生态优先、绿色建造、文明施工。

全面贯彻"创新绿色开放协调共享"和人类命运共同体理念，始终以人民为中心，实现"对社会负责、利益相关方满意"的和谐共享目标，减少施工对群众、环境的影响，建设绿色生态工程。注重生态环保选线，加强环保水保管理，综合表土资源和隧道洞渣的利用。

②机械化换人、自动化减人、智能化无人。

推广标准化、工厂化、装配化技术，最大程度运用机械化施工，推动施工单位工人产业化。探讨BIM技术的综合应用，与结合信息化技术结合，搭建智慧管理、智能建造平台，实现业务管理数字化，信息展示可视化，建造过程智能化，指挥决策智慧化。

③抬头看齐、带头示范、埋头实干。

集百年平安品质工程、交旅融合绿色生态美丽公路、BIM+GIS+北斗运用的智慧建造为一体的综合示范项目；以党建为引领，创建廉洁文化示范点，提高对廉洁文化认识，做实廉洁文化"进项目"。

④永临结合、交旅融合、转型发展。

辅道与县乡公路、场地与运营场所、弃渣与观景台、临时与永久电力等多方位永临结合。打造以龙腾服务区为中心的"快进慢游联结部"综合示范窗口，成为集高速服务区、旅游休闲目的地、游客集散服务中心、商业购物综合体、自驾车和房车营地、直升机旅游及安全应急中心于一体的新型高速公路服务区。

项目管理总目标：智慧高效、安全耐久、绿色生态

总目标	针对对象	示范工程或争取奖项	保证措施
智慧高效	管理创新	省厅BIM示范、BIM奖、信息化管理与智慧工地	设计专题1
安全耐久	工程实体	平安工地、品质工程、杜鹃花奖、李春奖	设计专题2
绿色生态	建设过程	绿色公路、美丽旅游路、生态交通示范项目	设计专题3

管理团队总要求：践初心、勤学习、敢担当、守底线

总要求	具体解释
践初心	齐心、务实，建品质祁婺； 一个家，一盘棋，一个调，一条心； 高标准建设，高效率推进，高品质完成； 一切围着项目转，紧紧盯着项目干。
勤学习	勤于思考，敢于实践，善于总结； 行成于思，质源于细，业精于勤； 学习型组织，创新型组织，数字型组织； 改进点点滴滴，品质步步提升。
敢担当	事事马上办，人人钉钉子，个个敢担当； 不为不办找理由，只为办好想办法； 事事有程序，人人守程序； 各自尽力，互相给力，学会借力。
守底线	不破质量底线，不越安全红线，不触廉洁火线； 质量在我心中，标准在我脑中，工艺在我手中； 月月安全月，人人安全员； 不介绍队伍，不推销材料，不收受礼金。

三、文化建设设想

文化文化，以文化人。文化是统一建设思想、总结项目经验、提炼项目特色、鼓舞建设士气的重要抓手。对如何抓好项目文化建设，作为该项目"代建+监理一体化"的承担单位江西交通咨询有限公司尤其重视。监理企业做代建，如果没有做出文化特色、没有做出好名声，以后代建市场的开拓就难以打开局面。初步想法是与媒体文化共建，通过实践与理论结合，及时跟进、总结、宣传祁婺"代建+监理一体化"管理中的创新做法、经验，为推广这种模式提供文化与技术支持。

新闻链接 1

开创 2022 年宣传思想暨意识形态工作新局面

2月20日，祁婺项目召开2022年宣传思想及意识形态工作会议。项目办党委书记习明星出席会议并讲话，项目办党委副书记、纪委书记吴犉华主持会议，常务副主任戴程琳、副主任杨志峰、副主任王凯、总监理工程师陶正文出席会议，项目办各部门正副职、各参建单位党政领导和宣传干事参加会议。

会议要求，项目全体参建者要以更加坚定的政治自觉、奋发有为的进取精神、务实高效的工作作风，不忘初心、牢记使命，传播新时代强音，凝聚全项目力量，在齐心务实、建品质祁婺征程中做出新的贡献。

会议指出，在祁婺项目的第一、第二阶段，宣传思想及意识形态工作坚持了正确的政治方向和宣传导向，围绕中心、服务大局，切实履行了"扬祁婺建设理念、聚祁婺团队精神、育祁婺工匠新人、兴祁婺创新文化、展祁婺品质形象"的宣传思想工作使命，紧密结合项目工作实际，围绕党史学习教育、中国共产党成立一百周年、党的十九届六中全会等重大活动的学习贯彻落实，在项目对内、对外宣传方面取得了可圈可点的成绩，进一步扩大了祁婺项目的社会影响力和美誉度，为前两个阶段工作高质量、高品质的完成，提供了坚强的思想保证和强大的精神动力。

会议强调，要切实解决宣传思想及意识形态工作存在的上热中温下冷、有能力但没有组织好、有组织但没有落实好等问题，坚持用党的创新理论武装职工，用先进的文化培育职工，用正确的舆论引导职工，用高尚的精神塑造职工，用优秀的作品鼓舞职工，用真诚的服务赢得职工。

认识上站位要更高。宣传思想及意识形态工作是项目建设和谐稳定和高质量发展的"压舱石"，在所有工作中起着基石和关键作用，宣传部门要提高政治站位，始终把责任感和使命感放在首位，牢固树立正确舆论导向，规范工作流程，严把审核关口，通过行之有效的正面宣传，充分激发2000多名参建员工的主观能动性和创造力，形成上下一条心、拧成一股绳，把智慧和力量汇聚到项目建设用心用力上来。

工作上效果要更好。要发挥好宣传工作引领、导向、鼓劲、释惑的作用，聚焦项目攻坚克难、创新亮点等重点工作，把"祁婺人"的拼劲、干劲和正能量的东西写出来，把大家奋勇拼搏、创新创造的情况生动真实地报道出来，让每一位职工看得见、听得到项目建设的工作情况和取得的成绩，让每一位职工都把自己当成建"品质祁婺"不可缺少的一份力量。项目办各部门、各项目经理部要树立"一盘棋"的思想，打造统一的大宣传格局，准确真实生动地宣传报道祁婺项目在各方面取得的突破和成果，向社会充分展示祁婺项目的新形象、新气象，吸引更多的人浏览、点赞，让成千上万的人加入我们的"朋友圈"，不断扩大"品质祁婺"的社会影响，提升宣传工作效果。

组织上要齐心合力。要把宣传工作作为"一把手"工程，作为贯穿全年的事情来抓，项目办各业务部门负责人要亲自抓、主动配合，各项目经理部要有专职人员对宣传工作负责。必须压实主抓手，按照"班子带头抓、分级负责抓、全员合力抓"的要求，奋力构建人人都是主力、个个都有责任、处处都是宣传部门、人人都是宣传员的齐抓共管格局。要做强主阵地，以数字化改革为牵引，全面打造有影响力、备受关注、点赞率高的公众号平台。要打好主动仗，突出高度谋划、深度挖掘、广度传播和密度预防，强化宣传的前瞻性、主动性和系统性，坚决打好打赢舆论引导、宣传展示攻坚战。要唱响主旋律，紧紧围绕祁婺建设中心工作，介绍好做法、展示好成果、培树好形象，大力弘扬建设者美、建设成绩好的主旋律，持续唱响"祁婺好声音"。

能力上要务实提高。要加大培训力度，不断提升专、兼职宣传队伍的政治素质和业务水平。宣传人员要不断掌握新知识、熟悉新领域、开拓新视野，增强本领能力，加强调查研究，不断增强脚力、眼力、脑力、笔力，努力打造一支政治过硬、本领高强、求实创新、能打胜仗的宣传工作队伍。项目全体建设者要主动履行宣传之责，积极当好"品质祁婺"的宣传者、展示者、推动者。要锻造一支宣传报道的业余主力军，确保宣传报道工作量变，加快宣传报道工作质变。

会上，祁婺项目办党委书记习明星与各党支部书记签订了宣传思想与意识形态工作责任书。会议还总结回顾了 2021 年宣传思想及意识形态工作，并对 2022 年工作作了安排部署。

（原载 2022 年 2 月 21 日祁婺项目办微信公众号"项目要闻"栏目）

本章小结

项目文化是统一思想、总结经验、提炼特色、鼓舞士气的重要抓手，也是推进工程建设的助力器。祁婺项目以文化融合促进思想融合、行动一致，结合实际情况提炼了"齐心、务实，建品质祁婺"的建设愿景和"践初心、勤学习、敢担当、守底线"的团队要求。从《找准定位·对标榜样·争当标杆》《谈谈党建和宣传工作》《项目代建要有思想》都能看出，顶层设计或高端文化引导至关重要。祁婺项目采取"代建＋监理一体化"模式，更需要通过文化这一抓手增强全体建设者的文化认同，实现目标激励、以文化人的目的。当然，我们也急需更多视野开阔、具有前瞻意识的意见领袖，更好地促进项目文化建设。

思考题

1. 良好的开端是成功的一半。您从祁婺项目文化建设总体规划目标的设置能否得到这样的启发？您认为祁婺项目文化目标的成功设置取决于哪些因素？

2. 如果您是项目主要负责人，在突出文化建设的个性特色方面，会有哪些思考？

第二章
展厅文化要能统揽全局

祁婆项目办一楼展厅环境舒适，主题鲜明，内容丰富，安全简洁，以人性化为核心的完美体验感，充满趣味和美好。同时，祁婆项目办紧密结合当地历史文化，沐浴时代阳光，不断强化干部职工的责任感、使命感、荣誉感、认同感和团队归属感，让文化理念和道德规范入脑、入心。此外，通过展厅文化提炼项目精神，提升项目办干部职工的思想境界和文化素养，规范服务行为，促进文化认同，推动人与项目建设的共同发展。

要想走在行业前列，必须有理论思维，必须坚持正确的思想指引。展厅文化展示可以起到重要的思想和文化引领作用。展厅建设的最终目标是回归现实需要，以便团结带领广大建设者奋力作为。

展厅是展示项目建设理念和核心文化的重要平台，能让来访者留下美好的第一印象。随着多媒体技术的发展，传播渠道变得多元化，全面、立体地生动展现，加之沉浸式、互动式体验，更能让参观者用眼睛发现、用感官触碰，促成更多文化交流与合作。

祁婺项目办一楼展厅环境舒适，主题鲜明，内容丰富，安全简洁，以人性化为核心的完美体验感，充满趣味和美好。同时，祁婺项目办紧密结合当地历史文化，沐浴时代阳光，不断强化干部职工的责任感、使命感、荣誉感和团队归属感，让文化理念和道德规范入脑、入心。此外，通过展厅文化提炼项目精神，提升项目办干部职工的思想境界和文化素养，规范服务行为，促进文化认同，推动人与项目建设的共同发展。

祁婺展厅文化以绿色、蓝色为基调，表现形式多样，既有传统的喷绘展板，又有先进的影像展示设备。该展厅富有祁婺特色，将古诗词中的廉政精神渗透其中，让人见贤思齐。

祁婺展厅分为固定板块和活动板块。其中活动板块根据工程不同阶段的进展第一时间更新内容，灵活机动，每月都有新变化，始终具有新奇感。这样的设计有助于激励、教育员工，也有助于大家主动参与展厅文化建设。

祁婺展厅不仅是对内的，也是对外的。展厅系统展示了项目建设的发展演变过程，是奋斗史和文化史的有机融合，还可以组织文化培训、教育活动，活跃了大家的精神生活，激发了干部员工的自豪感。它带给人的是一种享受，更是一种文化熏陶。

> **案例 1**

齐心、务实，建品质祁婺

——祁婺项目办一楼展厅和会议室解说词

尊敬的各位领导：

大家好！欢迎各位领导莅临祁婺项目指导工作！非常荣幸今天由我担任大家的解说。

景婺黄（常）高速公路的开通，掀开了"茶乡婺源""书乡婺源""中国最美乡村——婺源"的神秘面纱，让婺源这个古老、美丽而又有深厚文化底蕴的小山村有机会呈现在世人面前。祁婺高速将成为婺源继景婺黄（常）高速公路之后的又一出省通道。

一、大门鸟瞰图

现在您看到的"齐心、务实，建品质祁婺"，是我们的建设愿景。祁婺祁婺，齐心务实，既诠释了项目全体建设者的初心，又是落实江西省交通运输厅厅长王爱和"以祁婺项目为引领，打造新一代高质量高速公路建设标准"要求的具体行动。

下方是祁婺高速鸟瞰图，起点位于赣皖省界（婺源与安徽祁门交界处），途经沱川乡、清华镇、思口镇、紫阳镇、婺源县工业园区，终点接婺源枢纽互通。

祁婺高速全长40.7公里，投资68.3亿元，建设工期36个月，计划2023年上半年建成通车。全线共有桥梁24座，隧道6座，枢纽互通1处（婺源），一般互通3处（沱川、清华、龙腾），服务区1处（龙腾）。

项目具有地形复杂、桥隧占比大（桥隧比高达53%）、生态保护要求高（婺源为最美乡村）、科技创新点多等特点。

尽管祁婺项目建设困难多、任务重、工期紧，我们相信在江西省交通运输厅、江西省高速公路投资集团有限公司和项目管理公司党委的正确领导下，我们一定能战胜困难。

祁婺项目办一楼展厅实景图（大厅正门）　　党建文化墙

二、党建专栏

您现在看到的是党建版块。

高速建设文化和地域文化有机融合是项目办党委确立的文化目标。祁婺项目坚持党建工作与工程建设、品质工程打造深度融合，把党的组织优势转化为推动项目建设的强大动力，项目办党委确立了"党建＋品质工程"的党建模式，最终实现"党员有品行、干部有品德、项目有品质"的党建目标。

三、项目管理

祁婺项目建设管理采取"代建＋监理一体化"模式。这种模式在江西井睦高速公路项目首创，成功试点于江西宁安项目，后被交通运输部在全国推行。项目管理成员大部分来自江西交通咨询有限公司，平均年龄36岁，大学及以上学历占88%，是一个年轻化、专业化的建设管理团队。他们将全面贯彻"创新、协调、绿色、开放、共享"五大发展理念，秉承"事事马上办、人人钉钉子、个个敢担当、处处讲质量、时时重安全"的工作要求，落实

"生态优先、绿色发展、数字建造",打造"优质耐久、安全舒适、经济环保、社会认可"的品质工程。

这是项目管理的组织架构和项目进度计划的基本情况。

项目管理　　　　　　　　　　　　建设理念

四、项目特点

现在展现在大家面前的 5 个展板,是祁婺项目的特色亮点工程。分别是:①沱川特长隧道为省界隧道,全长 4650 米;②凤山水特大桥、南山路特大桥、新亭特大桥、十亩特大桥和花园大桥等 5 座桥梁,全采用装配式 60 米跨钢混组合梁,这么大跨径 π 梁在全国还是首次;③三望源特大桥为涉铁桥,上跨九景衢铁路回头岭隧道;④龙腾服务区是单边服务区,具备出入功能,结合交旅融合理念重点打造;⑤婺源枢纽立交是项目终点,建成后原德婺高速与杭瑞高速形成的"T"字枢纽将变成"十"字枢纽立交。

五、项目动态

现在您看到的这 4 块展板,主要对项目动态进行展示,内容将随着项目建设的推进实时更新。这期的主要内容是:项目开工前期工作,新冠疫情得到控制后辅道施工单位复工复产,快速推进路基土石方施工。

项目风采

六、核心理念

接下来您看到的是祁婺项目 LOGO 标识。

由山区地域特征风貌、高速公路、隧道等图案构成。整个图案形成字母"Q",隧道部分形成字母"W",合起来是"祁婺"拼音的首字母"QW";"QW"也是"齐心、务实,建品质祁婺"中的"齐心、务实"首字拼音首字母;

全图总体一个圆,展示"齐心"团结、同心同德的精神风貌;线条欢快简洁,展示"务实"求真、高速高效的工作作风;"同心同德、高速高效"也是高速集团的口号。

LOGO 两边的"初心、齐心、决心、匠心"的四"心"是祁婺项目 LOGO 含义的具体化。

"初心"指:"高标准建设,高效率推进,高品质完成"祁婺项目建设的目标要求；

"齐心"指：团结起来，凝心聚力，一切围着项目转，紧紧盯着项目干；

"决心"指：怀着坚定不移的意志和必胜决心，攻坚克难，实现项目建设目标；

"匠心"指：追求改进点点滴滴、品质步步提升的工匠精神，竭力打造品质祁婺。

我们相信，只要四"心"齐聚，祁婺项目一定能够达到既定目标。

七、咨询公司

祁婺项目为江西第一条通过市场招标确定，由江西交通咨询有限公司采用"代建 + 监理一体化"管理模式建设的项目。"代建 + 监理一体化"管理模式的主要特点就是决策迅速、环节少、管理高效。

现在您看到的是江西交通咨询有限公司的发展历程。

八、大屏幕

正中间的大屏幕上将滚动播放祁婺项目的现场整体情况、工程建设情况、对现场的监控等，动态演示项目建设方案和工艺。

九、高速集团

现在您看到的是江西省高速公路投资集团有限公司简介和江西省高速公路网络图。按江西省高速公路网规划，至 2035 年，全省高速公路将突破 8000 公里，具有 39 个省际通道出口，形成"10 纵 10 横 21 联"全省多中心放射状高速公路网。

祁婺项目所在位置处在江西省的东北角。

十、"四个一流"

现在您看到的"四个一流",是 2019 年底集团第二届党代会提出一流企业的目标,结合项目建设,我们这样解读——

一流管理:健全项目管理、抓好风险防控、提升工程品质

一流效益:推动永临结合、深化交旅融合、助力转型发展

一流担当:坚持党建引领、牢记初心使命、强化责任担当

一流形象:注重生态环保、加强文明施工、促进和谐稳定

我们的目标是努力实现"四个一流",助力江西省高速公路投资集团有限公司打造高质量可持续发展的一流企业。

十一、践初心、勤学习、敢担当、守底线

现在您看到的是团队建设版块,"践初心、勤学习、敢担当、守底线",这 12 个字是祁婺项目团队建设的总要求。

践初心:前面已有阐述,现在着重向您介绍其余 9 个字。

勤学习:要求团队成员勤于思考、敢于实践、善于总结,务必保持认真、谦虚的状态,始终做个学生。

敢担当:要求团队成员"不为不办找理由,只为办好想办法;事事有程序,人人守程序"的服务工作态度。

守底线:要求团队成员"不破质量底线、不越安全红线、不触廉洁火线"打造品质工程,建设平安工地;不介绍队伍、不推销材料、不收受礼金。

最后是可以随时更新的项目风采展示版块,有工作场景、施工现场、活动开展和员工生活等。

今天的讲解就到这里,谢谢大家!

效果图——大厅正门

效果图——一楼会议室

效果图——党建文化墙

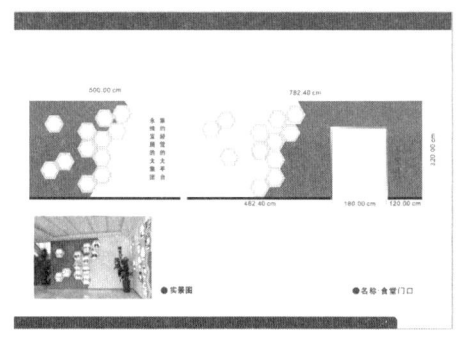

效果图——风采展示

效果图——项目概况

效果图——正门背面

案例 2

祁婺项目 VI 识别系统

LOGO

办公岗位索引

办公室岗位牌 　　　　　　　茶杯

一次性纸杯 　　　　　　　纸抽盒

纯净水 　　　　　　　雨伞

项目文化屏保

本章小结

祁婺项目一楼展厅文化是整个项目文化的"龙头",起着重要的示范作用。这种展厅文化让人处处看在眼里、时时记在心中,提醒全体建设者,如果没有特色的文化和鲜明的品牌,以后在代建市场很难打开局面。尤其对项目团队建设总要求的提炼和"四个一流"的项目解读非常接地气,既紧密结合当地文化资源及项目建设实际,又与行业、国家高质量发展要求同频共振。对于管理者而言,这种高度提纯的能力极富挑战性。

思考题

1. 祁婺项目一楼展厅文化给您留下最深刻印象的是哪个部分,为什么?

2. 如果您是祁婺项目主要负责人,前来指导一楼展厅设计,您认为还有哪些方面可以做得更好?

第三章
廉政文化要以情动人

祁婺项目办与婺源纪委共建廉洁机制,向建设者家属先后三次发出"一封廉洁家书",多次组织"一封家书"系列活动,营造了"廉政为民"的浓厚氛围,积极打造了"清风婺源、清风祁婺"品牌形象,体现了一线建设团队良好的职业道德和社会公德,形成了强大的廉洁从业的文化动力。

廉政文化是中华民族优秀传统文化的重要组成部分，也是现代文化的重要组成部分，更是我们今后加强和改进文化体制建设的重要内容。廉政文化以廉政为思想内涵，以文化为表现形式，是廉政建设与文化建设结合的产物。廉政文化一旦形成和固化，由此产生的道德约束力往往比制度更强、更持久、更稳定。

祁婺项目办与婺源纪委共建廉洁机制，向建设者家属先后三次发出"一封廉洁家书"，多次组织"一封家书"系列活动，营造了"廉政为民"的浓厚氛围，打造了"清风婺源、清风祁婺"品牌形象，体现了一线建设团队良好的职业道德，形成了强大的廉洁从业的文化动力。

廉政文化建设的核心价值观是务实（务求工作实效）、为民（一切为了群众）、清廉（艰苦奋斗、廉洁奉公）。廉政文化建设离不开继承和发扬党的艰苦朴素的优良作风。祁婺项目提示我们，要结合传统文化建设，以时代精神为主题，赋予廉政文化新的内涵，与制度建设相得益彰，从每位干部职工点滴做起，加快管理艺术及技术创新，实现项目建设的全面超越和更大发展。

在不断紧跟时代潮流的同时，始终在党的领导下扎实推进廉政文化建设。要加强党的领导，保证廉政文化建设的正确方向。廉政文化建设作为一项系统的行业和社会工程，需要有效的制度加以保证和实施。廉政文化作为一种特殊的文化，除了意识形态的功能外，还具有更大的可操作性和实用性。

祁婺项目廉政文化建设过程中，领导干部充分发挥岗位职能，积极配合上级各项文化建设的决策，及时在工作中发现问题并结合实际提出整改方案，在做好组织和领导工作的同时，不断加强和改进自身工作、学习和生活作风，充分发挥带头示范作用。祁婺项目廉政文化融入反腐倡廉"大宣教"格局，有着较强的感染力、渗透力和影响力，成为优化党风廉政环境的重要途径，形成了"人人思廉、人人崇廉"的党风廉政建设新格局。

案例 1

中共祁婺高速项目办纪委与中共婺源县纪委监察委"清风婺源、清风祁婺"廉洁共建工作备忘录

甲方：中共祁婺高速项目办纪委

乙方：中共婺源县纪委监察委

为了积极推进"高速公路建设管理纪委 + 项目属地纪委监察委"廉洁风险联防联控，祁婺高速项目办纪委和婺源县纪委监察委本着共同打造阳光工程、廉洁工程、和谐工程，为加快推进项目建设奠定基础，促进地方社会经济发展为目标，经双方友好商量，达成如下合作备忘录。

1. 本备忘录是甲、乙双方按照创建"清风婺源、清风祁婺"廉洁共建工作部署，通过开展廉洁风险联防联控，共同构建全岗位覆盖、全过程监督的廉政风险防控体系，切实把预防廉政风险和职务犯罪工作渗透到祁婺高速项目建设管理的全过程，较好地发挥联防联控提前预防的"防火墙"作用，确保工程优质、干部优秀。

2. 在廉洁风险联防联控工作实施过程中，甲、乙双方利用各自资源职能优势，建立沟通交流工作机制、廉政教育共享机制、问题线索移交机制和案件查办协作机制，对祁婺高速项目实行监督联动、风险防控等方面合作的框架性文件，双方以诚信、廉洁、高效、共赢为目标，密切合作，加大日常廉洁教育，盯住关键部门、重要岗位、重点环节，围绕项目征地拆迁、违规插手工程建设等廉洁风险点领域，加强协调配合，开展联合检查，建立全面合作关系。

3. 为深入推动廉洁风险联防联控工作，甲、乙双方建立如下合作机制：

①主动沟通交流机制。祁婺高速项目办纪委既要加强内部垂直廉政管理，也要主动融入属地监管大局，主动加强交流，寻求工作支持，积极探索加强"高速公路建设管理纪委 + 项目属地纪委监察委"纪检监察工作协作的有效

方式和实现形式，联合婺源县纪委监察委开展祁婺高速项目建设的廉政检查工作，推动项目建设纪检监察工作"对内防控、对外联控"迈向高质量。

②廉政教育共享机制。婺源县纪委监委应将祁婺高速项目办纪委纪检干部纳入培训计划，采取参加培训、跟班学习、以案代训等方式，帮助祁婺项目纪检监察干部提高能力素质。婺源县纪委监委可共享省高速集团、项目建设管理公司纪委监察委的关于项目建设廉政管理制度、项目建设警示教育片等廉政教育资源，祁婺高速项目办纪委可共享婺源县纪委监察委廉政纪录片、警示教育片、宣教基地等廉政教育资源。同时，婺源县纪委监察委派专家为祁婺高速项目办或参建单位进行廉政教育。

③问题线索移交机制。坚持谁主管谁负责，信访线索双向移交，办理结果双向反馈原则。婺源县纪委监委收到反映祁婺项目参建单位或人员的信访举报，或在监督检查中发现涉及祁婺项目参建单位或人员的涉嫌违纪违法的问题线索，应在履行审批程序后，转祁婺高速项目办纪委或其上级归口办理。祁婺高速项目办纪委或其上级纪检监察机构收到涉及婺源县有关人员信访举报，或在监督检查中发现婺源县有关人员问题线索后，应及时向婺源县纪委监委信访部门移交。办理情况应相互向对方通报。

④案件查办协作机制。祁婺高速项目办纪委在监督检查、审查调查工作中，需要婺源县纪委监委协助的，可以在履行相关程序后向婺源县纪委监委提出协查申请，婺源县纪委监委应协调相关职能部门给予支持配合；婺源县纪委监委在监督检查、审查调查中，需要祁婺高速项目办纪委（或参建单位）提供有关信息时，祁婺高速项目办纪委（或参建单位）应积极支持配合。双方要在坚持依规依纪依法的前提下，积极探索项目建设纪检机构与地方纪委监委协作合作的简易程序。

4.本备忘录有效期自签订之日起至2023年4月30日止；本备忘录一式四份，甲、乙双方各执两份，签字盖章后生效。

案例 2

一封廉洁家书

尊敬的祁婺项目参建人员家属：

大家好！

因为祁婺项目建设，我们相遇了。我们相遇在一个简约古朴、如诗如画的小山村，山秀、水清、人雅。来到婺源，"人要平、心要静"这种情绪会油然而生，我们希望这块神奇土地的"红、白、绿、黑"能感染您的家人。

"红、白、绿、黑"虽是婺源的四大特产，但其有丰富的文化内涵。

"红"是荷包红鲤鱼。"荷包鲤鱼跳龙门"，寓意您的家人在这里将会有不同程度质的飞跃，而且不只是他（她）一个人，而且他（她）是带着您的，"荷包"指的就是您。当然这只是一个角度，"红"还代表着心中的信仰、坚定的理想信念、对党的无限热爱。在今年抗击新冠的特殊战役中，再一次证明有了党的坚强领导，才能取得战役的胜利。

"白"是沱川豆腐。"小葱拌豆腐"一清二白，寓意两袖清风，为人清廉。祁婺项目的起点位于婺源的沱川乡，而终点又位于婺源的武口乡源头村——朱熹"方塘"所在地，这预示着"清廉"将贯穿祁婺项目建设的始终。

"绿"是婺源绿茶。"茶"与"俭"素来有联系，蕴含着清高廉洁与节俭朴素的思想品格，被视为一种节俭生活的象征。祁婺项目蜿蜒在婺源的茶山之中，您的他（她）将闻着茶香、品着茶茗，体味着茶之精神，在三年的项目建设过程中一定会让您放心。

"黑"是婺源龙尾砚。砚是文房四宝之一，但它的本质还是坚硬的石头，有着读书人"不为五斗米折腰"的风骨。

我们相信，在婺源这个廉洁文化如此深厚的地方，您的他（她）一定能抵御腐蚀、拒绝"围猎"，为祁婺项目打造"廉洁工程"贡献一份力量。

当然，在他（她）的个人廉洁之路上，您的作用不可低估、不容忽视，因此也恳请您协助您的他（她）：

守住"一扇门",守住抵御腐蚀的"心门"。把好"两道关",在项目建设过程中,把好亲友"说情关""围猎关"。勤说"三不要",不该吃的不要吃,不该拿的不要拿,不该去的不要去。算好"四笔账":一是算好经济账,工资福利待遇已经让我们衣食无忧,只有不图小利、不贪身外之财,家庭才能保安康;二是算好家庭账,幸福美满的家庭生活来之不易,不能让一生的幸福毁于一时的贪欲;三是算好自由账,人生最大的悲哀莫过于犯罪入狱失去自由;四是算好健康账,心底无私天地宽,心胸坦荡益寿年。

总之,让我们携手种植祁婺项目的廉洁之树,在项目建设完工之时,廉洁树上结满廉洁之果。同时,也向大家征集廉洁家书,请您积极参与。最后,祝您和您的家人幸福安康!

此致

敬礼!

祁婺项目办纪委
2020 年 4 月 23 日

编者按:

祁婺高速公路项目办纪委以廉洁家书的方式,向全体建设者发起倡议,希望大家坚定信念、坚守廉洁,请建设者家属协助守好门户,共同抵御腐蚀、拒绝"围猎",为创建"廉洁工程"贡献力量。这封廉洁家书在建设者及其家属中产生强烈反响,很多人拿起笔来写下自己的感悟。这些感怀互勉之家书,既有参建人员对廉洁家风的感恩,也有家属的劝谏,情真意切,精神可嘉。

一封家书

亲爱的:

夏季来临,不知婺源那边是否也和重庆一样炎热,希望你保重身体、保持热情,同时,一如既往地克己冷静、履职守廉。

平常我们沟通的话题多是家庭琐事,今天之所以想用写信这种方式和你聊聊"廉洁"这个话题，是因为我深刻地意识到：作为项目领导，你的一言一行将直接影响职工，"廉"字面前，你不能有丝毫松懈！

你一直很爱这个家，也很爱孩子。那么，什么才是给孩子最好的教育呢？我认为，首要者是我们干净做人、磊落做事。因为唯有如此，才能让孩子在人前挺直腰杆说话。同时，不管身处哪个岗位，无论职位高低，也只有守住清廉不断努力，才能对得起企业为你提供的平台，才能无愧于心。

"正人必先正己"，要教育别人遵纪守法，自己首先就要正家风、作表率。为此，作为家属，我和孩子一定会勤俭节约，绝不利用你的权力去做任何有损企业声誉和利益的事情。

而你，更要严于律己。我知道你职责管辖范围内有很多施工队伍，免不了会有人因为工程上的事或自身利益找你帮忙，甚至请吃送礼。但俗话说"吃人家的嘴短，拿人家的手软"，如果你因此给企业信誉或工程质量造成了影响，就会成为企业的罪人、项目的罪人。常看到电视上有的干部为帮家人"捞实惠"，不惜丢掉党性、人格，到头来令国家和单位蒙受损失，自己也身败名裂。所以，我和孩子宁可苦一点，也绝不允许你走偏走歪。须知，你干净担当，坚决守住清正廉洁的道德底线，脚踏实地为项目建设和企业发展尽责奉献，无愧于共产党员这个称号，就是我们最大的骄傲！

总而言之，请你记住"莫伸手，伸手必被捉，党和人民在监督"，不贪不占，秉公办事，尽职尽责——这便是我和孩子共同的心声。

祝工作顺利！

你的妻子：李英

国以家为基　家尚廉则安

亲爱的爷爷：

您是一名生于旧社会、长在新中国的老共产党员，还在我们很小的时候，您就教育我们"没有共产党就没有新中国"，人活于世，必须学会感恩、学会忠廉、学会自律、学会勤俭。

"忠廉勤俭"的家风让我受益终生，让我在因疫情而和家人难得长聚时，毅然主动向项目领导请缨成为第二批复工人员；更让我在日复一日的平凡工作中紧绷廉洁之弦，认真履职、克己奉公。

有个寓言故事说，永州人都很会游泳。一天，数人划船横渡湘江时被大浪打翻，大家拼命向岸边游去，但一位平时最擅游泳的人却因不舍腰上缠着的一千枚钱币，而沉到水底淹死了。这个故事一直警醒着我，让我懂得人若有了贪欲，便会作茧自缚。

作为一名项目管理人员，只有像家风所倡导的那样，修身养心、"忠廉勤俭"，才能使贪腐无处滋生。

国以家为基，家尚廉则安。传承廉洁好家风，我们一直在努力，请爷爷放心！

孙儿：胡成志

父亲，您在天堂还好吗

亲爱的父亲：

转眼，您离开我们十年了。十年生死两茫茫，不思量，自难忘……

四十年前，您是我的骄傲。那时您常带着戏班子到周边乡村演出，也曾参加县里的文艺比赛，我还总是把您编的剧本偷偷拿出去在玩伴面前炫耀……虽然您的付出没能给家庭生活带来改观，但您一直乐此不疲——因为能给别人带去快乐。

三十年前，您是我的传奇。那时老百姓的日子刚从贫穷过渡到温饱，手艺人成了香饽饽，而您也无师自通地成了一名木匠。上门邀请制作家具的人越来越多，家里的生活也得到了很大改善——一切只因您的自力更生和匠心坚守。

二十年前，您说我是您的骄傲。记得刚走出大山时，您千叮咛万嘱咐，让我在外要挺直腰杆，清清白白做人、干干净净做事。虽然因为底子薄，我的生活一直过得紧巴巴，却也着实坦荡。如今我的书法在家乡和单位已小有名气，常带着您的孙女免费为社区居民送春联。虽然没有经济回报，却增进了邻里和谐——一如多年前的您。

十年前，您患上绝症撒手离去。记得拿到您的化验单时，我全身都在颤抖，您却平静地以不愿承受放化疗苦痛为借口拒绝治疗。其实，不过是因为我那时刚在城里立足，几个姐妹又都生活在农村，您不想拖累我们罢了……

您走得如此匆匆，但在我心里，您始终都是家里的支柱。是您让我明白：人活出怎样的精彩，全在于自己做主。有的人以钱财论成败，有的人以权势论英雄，而我却更愿意像您一样简单幸福地生活，清廉释然。

亲爱的父亲，好想对您说，我一直在努力成为您的骄傲！

儿子：陈峰

一根黄瓜 = 一顿痛打

亲爱的妈妈：

现在已是深夜十一点半了。听说您打来过电话，并特别叮嘱一定要记得您常跟我们说的话。我百感交集，谆谆教诲我们又怎能忘记呢？

您生育我们兄妹四人。父亲原在公社、乡镇工作，一家八口全靠他微薄的工资。为了贴补家用，您于是学了裁缝手艺，常常是鸡鸣起、半夜眠。好不容易熬到子女成年，您的身躯被生活重担压弯了……

妈妈，还记得唯一一次痛打儿子的情形吗？那时，因为我偷摘了人家菜园里的一根黄瓜，您边打边训："做贼就从偷菜起！"这个场景让我铭记至今，也正是在那一刻，我恍然明白什么叫"勿以善小而不为，勿以恶小而为之"。

您常说："钱是好东西，但要取之有道。做人做事要三稳三硬，身稳、嘴稳、手稳，政治要刚硬、业务要过硬、名利要铁硬。"您的话如黄钟大吕，时时在我耳边回响。自工作时起，不管是在施工单位，还是在监理单位，您的儿子都做到了清清白白、坦坦荡荡。

您们的不贪、不奢与节俭，同时也影响了您的儿媳。她常对我说："爸爸作为一名基层干部有口皆碑，相信你一定也会像爸一样，把好人生的各道关口！"您知道吗？上次老家有个人给我送礼，想让我帮他找点工程的活干，被我拒绝后又找到了您的儿媳妇，最后同样吃了闭门羹。

父母在，人生尤知来路；父母去，人生只剩归途。而今，父亲已离开多年，您一定要保重好身体，并请相信，我们都会珍惜工作、尽心履职，把优良家风传承下去。

儿子：曹胜华

（以上征文原载《中国交通建设监理》2020年第7期）

案例3

祁婺项目建设参建人员廉洁从业规定

第一章　总　则

第一条　为了规范祁婺项目建设参建人员的行为，维护江西省高速集团高速公路项目建设良性发展，有效区分项目办（含参建单位）和参建人员的责任，树立祁婺项目建设参建人员在社会上的良好形象，促进江西高速集团项目建设事业的健康发展，更好地为高速集团项目建设服务，依据国家有关法律和法规制定本规定。

第二条　本规定适用于祁婺项目建设所有参建人员在建设过程中的行为规范。

第三条　本规定参建人员指祁婺项目办（含代建监理部）所有相关人员。

第二章　职业道德及廉政守则

第四条　维护国家和行业的荣誉和利益，按照"守法、诚信、公正、科学、廉洁"的规定从业。

第五条 认真执行国家和地方有关工程建设的法律、法规、规范、标准和制度，切实遵守承诺、履行合同义务。

第六条 参建人员应树立勤政廉政形象，加强廉政学习，严格遵守中央八项规定精神及省交通运输厅"九规范"、廉政建设"八条禁令"和项目廉政建设制度；自觉增强廉洁自律意识，筑牢拒腐防变的思想防线。

第七条 参建人员不得在与祁婺项目相关的施工、材料和设备生产供应单位兼职；不得与所祁婺项目的施工、设备制造和材料供应商等关联单位或个人有直接或间接的经济利益关系。

第八条 严禁参建人员参与或介绍其亲友参与所祁婺项目相关的施工活动。

第九条 严禁参建人员为所祁婺项目指定建筑配件、设备、材料供应商或介绍承包商和劳务队伍。

第十条 严禁参建人员收受参建单位、设备制造和材料供应商等关联单位或个人的任何礼金和任何形式的加班费、辛苦费、津贴、补贴等费用，也不得在参建单位、设备制造和材料供应商等关联单位或个人报销任何票据。

第十一条 严禁参建人员参与或接受参建单位、设备制造和材料供应商等关联单位或个人安排的可能影响公正执行公务的宴请以及旅游、健身、娱乐等活动。

第十二条 严禁项目管理机构负责人教唆、示意或纵容各级参建人员违规工作。

第十三条 严禁参建人员在试验检测工作上弄虚作假，出具不实证明和检测报告；严禁参建人员在计量支付工作上弄虚作假；严禁参建人员在工程变更和隐蔽工程施工中，串通参建单位弄虚作假以谋取私利。

第十四条 严禁参建人员将不合格的工序、建筑材料、建筑配件和设备按照合格签字；严禁参建人员将不合格的单位、分部、分项工程按合格签字。

第十五条 若非参建单位的原因，参建人员应在规定的时限内认真、严格地完成对参建单位所报资料的复核、审核和验收工作，严禁以不正当理由推迟复核、审核和验收工作。

第十六条 公正地维护项目办（含代建监理部）和参建单位的合法权益，不损害他人名誉，互相尊重，互相帮助，共同营造守法廉洁的建设环境。

第十七条 有关监理人员的行为规范。

严禁监理人员借用监理资质承揽监理业务。

监理人员应严格遵守与监理单位的工作合同，全面接受监理单位的管理考核，无正当理由不得随意辞职。对无正当理由辞职的监理人员，其他监理单位不得随意聘用。

监理人员不得同时在两个或两个以上的监理单位注册和从事监理活动。

严禁使用假监理从业资格证书从事监理工作。

第三章　工作纪律

第十八条 在建设过程中，必须坚持实事求是、科学严谨的态度；处理各方面的争议时，必须坚持公平和公正的立场。

第十九条 参建人员在祁婺项目前期工作阶段（勘察设计、征地拆迁、招标投标）、建设实施阶段（材料采购、分包管理、质量控制、安全管理、计量管理、设计变更及索赔管理、项目资金管理）和交竣工验收阶段（交工验收、竣工决算审计、缺陷责任期、竣工验收），必须坚持"不插手、不干扰、不干涉"原则。

第二十条 监理人员在提供咨询、评审或决策时要做到不偏不倚，忠诚正直地履行监理职责。不徇私情、不袒护影响工程质量安全的任何行为和个人。

严格按照监理合同规定的内容条款进行工作，认真履行监理合同所承诺的义务和承担约定的责任。

第二十一条 各专业参建人员应相互配合，及时、负责地解决设计或施工中出现的各种问题，对有争议的问题应及时上报，以便得到及时妥善处理。

第二十二条 牢固树立"优质服务、优良作风、优秀品质"思想，提供服务既及时又周到，工作作风既严谨又诚恳，工作方式既讲原则又不缺少灵活。

第二十三条　自觉接受主管单位或上级领导的监督与管理，自觉维护祁婺项目办（含代建监理部）在社会上的形象和声誉。

第四章　管理与监督

第二十四条　由于祁婺项目采用"代建+监理一体化"模式，江西省高速集团监理咨询有限公司和江西省高速集团项目管理公司都是祁婺项目的监管单位，同时受两个单位的监督管理。

第二十五条　祁婺项目建立全体参建人员信息共享平台，及时公布参建人员从业行为表现，加强参建人员的从业动态监督与管理。

第二十六条　祁婺项目办（含代建监理部）须在驻地醒目位置设置廉政承诺公示牌和举报电话，直接或者间接地接受社会及交通建设从业人员对参建人员行为的监督。

第二十七条　江西省高速集团项目管理公司、江西省高速集团监理咨询有限公司及参建人员从业的祁婺项目办是接受实名举报的责任主体。

第二十八条　以上各条款参建人员应严格遵照执行，互相监督，并接受社会监督，如发现参建人员有以上违规行为，可向举报责任主体如实举报，一经查实，将对违规参建人员进行处罚。

第二十九条　举报人员必须提供准确客观的真实证据，以利于管理部门核实查证。本规定不接受任何匿名举报，如存在捏造事实伪造证据的现象，举报查处责任单位须及时澄清事实，给相应参建人员恢复名誉，必要时追究举报人的法律责任。

本规定自发布之日起施行。

案例 4

赣皖界至婺源高速公路建设项目反商业贿赂协议

甲方：赣皖界至婺源高速公路项目建设办公室（以下简称"甲方"）

负责人：

乙方：中标单位（以下简称"乙方"）

负责人：

为全面加强赣皖界至婺源高速公路项目党风廉政建设，筑牢反腐倡廉的防线，规范项目建设全过程各参与方的管理行为、参建人员的工作行为，有效防控廉政风险，从源头上预防违规违纪违法事件的发生，杜绝商业贿赂行为，根据中华人民共和国《反不正当竞争法》、国家工商行政管理局《关于禁止商业贿赂行为的暂行规定》（国家工商行政管理局令60号）等有关法律法规，经甲乙双方协商，达成如下反商业贿赂协议，以资双方信守履行：

一、本协议所称商业贿赂，是指各中标单位、参建单位及其相关工作人员（乙方）为销售或者购买商品或服务而采用财物或者其他手段贿赂项目办或受项目办委托的第三方管理单位、人员（甲方）的行为。前款所称财物，是指现金和实物，包括各中标单位、参建单位及其相关工作人员为销售或者购买商品或服务，假借促销费、宣传费、赞助费、科研费、劳务费、咨询费、佣金等名义，或者以报销各种费用等方式，给付项目办或受项目办委托的第三方管理单位、人员的财物。后款所称其他手段，是指提供国内外各种名义的旅游、考察等给付财物以外的其他利益的手段。

二、甲方人员不得以任何名义向乙方索取贿赂；收受贿赂人员，甲方将按照法律法规视情节轻重给予相应处罚，情节严重构成犯罪的，移送司法机关追究刑事责任。

三、属甲方人员主动索贿，乙方不配合甲方或其上级机关调查其人员受贿行为；或乙方违反协议，单位或工作人员贿赂甲方人员，以图获取不正当利益，经查证属实的，除需承担造成项目的一切损失外，还将按以下措施进一步处理：

1. 被检察机关、人民法院、市场监督管理机关立案查处或认定，被追究违法刑事责任，造成严重不利影响的，对相关责任单位每次课以签约合同价 1.5‰ ~ 2‰ 的违约金，并将相关违法行为报江西省交通主管部门备案，建议将其在江西省交通建设市场从业单位信用降为 D 级。

2. 被省交通运输厅、省高速集团等纪检监察机关、部门查处，存在严重违纪行为，被作为典型事件处理，造成严重不利影响的，对相关责任单位课以签约合同价 0.8‰ ~ 1.5‰ 的违约金，并将相关违纪行为报江西省交通主管部门备案，建议将其在江西省交通建设市场从业单位信用降为 C 级（原信用等级为 C 级的降为 D 级）。

3. 被项目管理公司及项目办的纪检监察部门查处，存在违纪行为造成不利影响的，对相关责任单位课以签约合同价 0.5‰ ~ 0.8‰ 的违约金，在当年的企业信用评价中扣除信用分 5 ~ 10 分，并取消相关单位、人员在项目建设期间的所有评先资格。

4. 乙方应积极配合甲方纪检监察部门对商业贿赂问题进行调查，如隐瞒贿赂事实、隐瞒甲方人员索贿事实，经甲方纪检监察部门查实，对项目造成不利影响的，课以 2 万元 / 次违约金，在当年的企业信用评价中扣除信用分 2 ~ 5 分，并取消相关单位、人员当年的所有评先资格。

四、乙方必须与工程分包、劳务分包、设备租赁与采购、材料供应、技术咨询服务等相关单位签订反商业贿赂协议，并报甲方纪检监察处备案。如上述所列的相关单位、人员对甲方人员行贿，经查证属实的，参照上文第三条处理。

五、乙方主动提供甲方人员索贿线索，经甲方纪检监察部门查证确有索贿行为，甲方将对乙方给予奖励，并按纪检监察的保密规定对提供线索的乙方人员进行保密。

六、甲乙双方设定专人专线接受双方反映情况。

（甲方）电话：　　　　　　联系人：

（乙方）电话：　　　　　　联系人：

案例 5

要有一颗敬畏之心

——在祁婺项目廉政教育会上的讲话

⊙ 习明星

刚才和大家学习了中央纪委监委的 2021 年反腐记，目的是让大家清楚中央反腐的态度、国家反腐的形势。我们所处的工程建设领域也是国家反腐的重点，大家身处其中，一定要敬畏"法纪红线"、敬畏"廉洁底线"、敬畏"道德防线"。下面和大家提四个方面的要求。

1. 把住自己的嘴

一方面，说话不要不着调。该说的话必须要说，如对违规违纪行为、工程质量和安全隐患，不但要说，而且要说到位、说到底。但是关于处罚不能信口开河；不利于团结、不利于项目建设的话不要说；凡处于保密阶段的事项（如招投标等）就要坚决不说，任何人不得跑风漏气。另一方面，嘴不要乱张。不该吃的饭不要去吃，不该喝的酒不要去喝。正常接待或横向工作协调也要控制好量，大家要严格执行集团"禁酒令"。

2. 管住自己的手

一是不要主动伸手要，绝不可耍权威、弄强势，坚决杜绝不给好处不办事，给了好处乱办事的现象。二是不要被动伸手接，不准收受红包、有价证券、礼品和支付凭证。三是不要在相关单位动心思，不准利用职权或职务之便持应由个人支付的消费凭证要求相关单位支付报销。四是不要让手乱发痒，禁止项目办工作人员参与任何形式的赌博。请大家在上述方面千万莫伸手，伸手必被捉。

3. 拴住自己的腿

要远离营业性娱乐场所，比如：歌厅、舞池、泡脚屋、按摩店、桑拿浴等娱乐场所。如果去了娱乐场所，谁买单，自己会买单？是不是就把心思花在了相关单位上。如果去了就算自己买单，也说不清、道不明。

4. 慎用手中的权

大家要习惯"吾日三省吾身"，做到警钟长鸣，自觉用党纪国法和反面典型告诫自己，切实把手中的权力用在法规、制度规范运行上和项目建设所需、组织所盼上。大家在施工现场，手中掌握着安全、质量的管理权，面对问题、隐患，大家有指出并要求纠正的权力，但不要随口张口就是处罚多少，这样随口的处罚是否是在向施工人员传递信号，你有收点好处的心思？怎么处罚要履行严格程序，经过审核再下达处罚通知。

总之，年关已近，大家要审视反省这一年的行为，有则改之，无则加勉。参建人员要把《祁婺项目参建人员廉洁从业规定》作为自己的行为规范，要把《祁婺项目反商业贿赂协议》《廉政合同》作为参建准则，为建设"清风祁婺"做出各自的努力。

（本文系习明星 2022 年 1 月 11 日在祁婺项目廉政教育会上的讲话，题目为编者所加）

案例 6

履行全面从严治党"两个责任"

——祁婺项目办党委政治建设暨全面从严治党"两个责任"约谈讲话

⊙ 习明星

同志们：

根据全面从严治党有关规定，每年都要开展一次政治建设暨履行全面从严治党"两个责任"约谈。今天的谈话和约谈主要有两个环节：第一个环节，听取各单位2021年度政治建设和履行全面从严治党"两个责任"工作情况汇报；第二个环节，我就进一步加强政治建设、履行全面从严治党"两个责任"讲几点意见。

刚才，项目办机关支部书记王凯、A1标支部书记张涵刚、A2标支部书记陆桂义、A3标支部书记刘灵波，按照谈话和约谈清单分别汇报了有关工作情况。应该说，各支部在抓好政治建设、履行全面从严治党"两个责任"方面采取了一些办法和措施，做了一些工作，取得了一定成效。

当然，开展谈话和约谈，主要目的不是来总结经验、讲好话的，而是来找问题、找差距的。结合平时掌握的情况以及各单位的汇报情况，有这么几点不足：一是施工单位党建和工程建设还是联系得不够紧密，相融互促工作还需要去深入开展；二是党员"领头雁"活动开展有点形式化，带动效果体现还不明显；三是项目办党委布置的部分工作，各支部没有结合自身实际制定实施细则加以落实；四是在抓重点把方向上，少量关键工作督促不到位，质量安全管控问题还是不少，离交通运输部平安百年品质工程示范要求还有差距，附属工程招标推进较慢等等。这些今后需要改进。

下面，我就进一步加强政治建设、履行全面从严治党"两个责任"，讲四点意见。

一、讲政治，做到忠诚于党、立场坚定，营造良好政治生态

讲政治，是对马克思主义执政党建设历史经验的科学总结，共产党人理想信念坚定，真正心中有党，在党言党、在党爱党、在党兴党，在大是大非面前旗帜鲜明，在风浪考验面前无所畏惧，在各种诱惑面前立场坚定，在关键时刻靠得住、信得过、能放心。

一是要严肃党内政治生活，增强政治责任和政治担当。习近平总书记强调，党要管党，首先要从党内政治生活管起；从严治党，首先要从党内政治生活严起。我们要加强和规范党内政治生活，严肃党的政治纪律和政治规矩，增强党内政治生活的政治性、时代性、原则性，不断提高党内政治生活质量和水平。必须强化责任意识，知责于心、担责于身、履责于行，敢于直面问题，不回避矛盾，不掩盖问题，真正做到履职尽责、忠诚担当。

二是要不断提高政治执行力，坚定政治方向和政治原则。一个党员干部是否讲政治，关键是看执行力如何。要经常同党中央精神对标对表，切实做到党中央提倡的坚决响应，党中央决定的坚决执行，党中央禁止的坚决不做，坚决维护党中央权威和集中统一领导。在工作中，既要提高执行之能，也要夯实执行之责。必须把坚持底线思维、坚持问题导向贯穿工作始终，做到见微知著、防患于未然。权力就是责任，有责就要担当。

三是要巩固党史学习教育成果，锤炼政治品格和政治能力。党史学习教育告一段落，但不等于结束，我们要保持持续的学习热情，推进党史学习教育常态化，组织党员开展更多的体验式学习和实践活动，不断提高理论修养、政治素养，在工作和生活中时刻铭记党员身份、做合格党员，通过党史学习教育实现自我净化、自我完善、自我革新、自我提高。

二、讲学习，做到勤于思考、善于创新，提升岗位胜任能力

学习是文明传承之途、人生成长之梯、政党巩固之基、国家兴盛之要。重视学习，善于学习，是我们党的优良传统和政治优势，是党始终走在时代前列的重要保证。只有加强学习，才能增强工作的科学性、预见性、主动性，才能使决策决定体现时代性、把握规律性、富于创造性，才能克服本领不足、本领恐慌、本领落后的问题。

一是要加强思想理论武装。党员干部要深入、系统地学习贯彻习近平新时代中国特色社会主义思想及党的十九大和历次全会精神，并将之作为自己的行动指南，用新思想武装头脑、指导实践、推动工作，做到学思践悟、知行合一，自觉做中国特色社会主义共同理想的坚定信仰者和忠实践行者，把我们这支队伍打造成一支具有铁一般信仰、铁一般信念、铁一般纪律、铁一般担当的党员干部队伍。

二是要增强"建功祁婺"本领。习近平总书记强调：我们既要政治过硬，也要本领高强。面对"齐心务实、建品质祁婺"愿景和目标，我们如何才能立足岗位"建功祁婺"呢？需要我们不断增强学习本领、增强创新本领、增强落实本领、增强驾驭风险本领，例如提高规避安全风险的能力，创新安全管控措施，筑牢安全红线的防护网；需要我们持续增强专注力、执行力、约束力，例如提高落实项目办党委行政各项安排的执行力；需要我们只争朝夕、攻坚克难、奋力跨越，不断增强干事创业本领，例如部分关键工作进度缓慢，这就需要我们创新思维，采取有效措施积极应对；需要我们学先进、找差距、补短板，始终保持旺盛的动力与活力建设品质祁婺。

三是要加强党建文化建设。去年，项目管理公司印发"陆路同行"党建品牌创建方案，我们也围绕"建功祁婺"开展了党员"领头雁"、工匠"赛风采"和班组"赶帮超"等活动，但党建促工建的效果不明显。比如我们现在的隧道、钢梁架设、路面摊铺等施工现场，缺乏党建文化元素，"党员领头雁""党员突击队"的旗子可以插一些吧？"建功祁婺"的马甲在工地上可以穿上吧？我们不能在搞活动、拍照片时做做样子，而是要常态化去做，真正

营造出党建带工建的浓厚氛围。

三、讲责任，做到不忘初心、牢记使命，发挥党员引领作用

作为党员干部，我们一定要以身作则，率先垂范，把心思集中在"想干事"上，把胆识体现在"敢干事"上，把能力展现在"会干事"上，把目标锁定在"干成事"上。

一是要加强班子自身建设。推进党建工作不能单打独斗，特别是在项目上，建设工期短，要发挥好党组织堡垒作用，就需要班子统一思想认识、强化协作配合、形成工作合力，共同做好党支部或者项目部的各项工作，并注重培养后备力量、发挥骨干力量，努力把党支部打造成一个坚强的基层堡垒，筑造一支讲团结、有活力的优秀团队。

二是要加强党员队伍建设。党支部要管理好党员、带好队伍，强化日常教育和监督管理，强化党性党风党纪教育，不断提高教育的针对性和实效性。要做好发展党员工作，努力把党员培养成骨干，把骨干发展成党员。要结合项目建设实际，设立党员责任区、党员示范岗、党员攻坚岗，引导党员在项目建设中勇挑重担、冲锋在前，发挥党员的先锋模范作用，保证党员队伍的纯洁性和先进性。

三是要加强党员引领作用。要做维护团结的"头雁"。单位"一把手"要以身作则，严格要求，认真贯彻落实好民主集中制，做到大事讲原则，小事讲风格。班子成员也要正确对待自己，正确对待同志，正确对待组织，做到严于律己，宽以待人，各司其职、各负其责。切实做到心往一处想，劲往一处使，形成领导班子的整体合力。要做遵规守纪的"头雁"。作为党员干部，我们要严格遵守政治纪律和政治规矩，带头贯彻民主集中制，严格落实"三重一大"决策制度，严格遵守"四个服从"，严格按程序办事、按规则办事、按集体意志办事，切实做到办事不离"章"、行为不越"轨"，习惯在受监督和约束的环境中工作。要做修身养德的"头雁"。要自觉加强理论学习和党性修养，持之以恒学习习近平新时代中国特色社会主义思想，不断筑牢思想防

线，切实解决好世界观、人生观、价值观这个"总开关"问题，牢固树立正确的政绩观、权力观、利益观，坚决补好精神之钙、固好思想之元、守好为政之本。

四、讲廉洁，做到严字当头、合力监督，树好"清风祁婺"品牌

一是要强化作风建设，持续反对四风。认真贯彻落实中央八项规定和实施细则精神，以"永远在路上"的坚韧锲而不舍地抓好作风建设，关注四风问题新变化、新特点、新表现，重视日常监督检查和关键节假日的明察暗访工作，及时纠正党员干部在思想上、工作和生活中的作风问题，以良好的党风政风带动项目风气持续向好向上。

二是要强化执纪问责，坚决纠正损害群众利益行为。我们要坚持人民至上，坚守人民立场，群众利益无小事，凡是涉及一线工人反映强烈的问题、凡是涉及沿线群众生产生活的问题，我们都要认真对待，自觉抵制不作为、慢作为、乱作为等不良作风。严肃查处违反政策、以权谋私以及侵害群众利益等违规违纪行为。

三是要强化内部监督，坚决防止"灯下黑"。要拓宽监督渠道，加大监督力度，把党内监督和党外监督有效结合起来，形成监督合力。要围绕容易滋生腐败的重点领域、关键环节，不断健全权力运行制约和监督机制，持续强化抓早、抓小、抓防控的手段和方法，推进不敢腐、不能腐、不想腐的机制建设。

（本文系习明星2022年1月在祁婺项目办党委政治建设暨全面从严治党"两个责任"约谈会上的讲话，题目为编者所加）

案例 7

创建"清风祁婺"品牌

——祁婺项目办作风建设情况汇报

祁婺项目办坚决贯彻落实江西省交通运输厅、江西省交通投资集团有限责任公司作风建设要求，采取多项举措，大力整治形式主义、官僚主义，精简发文办会，努力为参建单位减负，使各单位各部门集中精力抓项目质量、推项目进度、保项目安全。

一、建设情况

祁婺项目自组建以来，项目办党委抓作风建设的总体思路是"以文化人"，通过策划祁婺高速建设文化，提出了根治作风建设中"怕慢假庸散"顽疾的对策，例如对项目管理团队建设的总要求，其实质也是对作风建设的总要求，同时出台的《祁婺项目管理大纲》《祁婺项目参建人员廉洁从业规定（试行）》等，都是对参建人员的行为进行规范，主要做法如下。

1.贯彻落实党的路线方针政策，各级党委重大决策部署要求方面

①杜绝对上级党委精神只做表面上口号式、机械式的传达，整治以监督检查落实文件现象，联系本项目实际创新举措，不做表面文章、禁止过度留痕；安排布置与督促落实并重。

②在考核过程中重点检查是否有以本单位利益至上，贯彻执行上级单位决策部署不坚决，有令不行、有禁不止，打折扣、做选择、搞变通的情况；制定契合实际，切实可行的目标，并进一步加强检查督查，确保上级部署落到实处。

2. 在联系员工、服务员工，重点整治员工群众身边影响强烈的形式主义突出问题方面

①关心沿线群众利益和疾苦，对群众反映强烈的问题积极应对，对群众合理诉求规定时限解决，并安排纪检监察部门人员定期、不定期到各参建单位与沿线政府、村庄进行明察暗访和回访等，了解项目办各部门各监管处在服务群众过程中是否存在吃拿卡要、糊弄群众、弄虚作假、欺上瞒下等问题，规范程序，形成震慑。

②按规定公开征拆补偿等应公开事项等，公布监督电话，制定接访规范，耐心倾听、解决沿线群众关心的问题。着力提升办事效率，认真履行首问责任制、一次性告知、限时办结制度，避免群众"多头跑""来回奔波"。

③在履约履责方面，面对遗留问题、攻坚克难问题，要求"新官理旧事"，在相关责任人更替后由继任者继续履约履责，依据合法合规条款，依法依规办事。

3. 在机构设置，解决人浮于事、互相扯皮，精减人员，提高工作效率问题方面

祁婺项目采用"代建＋监理一体化"建管模式，采用扁平化、信息化管理，高标准要求、高效率推进、高品质完成推进项目建设，对项目管理团队建设提出了"践初心、勤学习、敢担当、守底线"十二字总要求，一切围着项目转、一切盯着项目干。

4. 重点整治检查调研频次过多过滥、浮于表面等突出问题方面

①坚决制止文山会海反弹回潮，严格控制开会次数、时间，不开无实质内容、不研究真实情况、不解决实际问题的会；对上级文件，必认真研究并制定落实方案后执行，严格发文程序，控制发文数量，自开工以来，项目办党委、行政每月发文数均严格控制，多则10篇左右，少则1~2篇。

②严格督查检查考核频次，避免了多头考核、重复考核，考核重实绩不重痕迹，不以会议、文件、表格等痕迹而以安全、质量、进度实际工作成效

论优劣，从未以考核名义向下级摊派工作，给参建单位造成负担。

③在下工地方面不搞走马观花，只为发现问题、解决问题，不听汇报、不看材料，向一线施工管理技术人员直接了解情况，对发现的问题提出整改意见并督促相关部门、单位抓落实。

二、努力方向

纠正"四风"不能止步，作风建设永远在路上。各级领导干部要带头转变作风，身体力行，以上率下，形成"头雁效应"。祁婺项目将结合党员"领头雁"活动，加强作风建设。

1. 提高政治站位

作风关系党的生死存亡，抓作风建设、与不正之风做斗争贯穿党的百年历程。深入学习领悟关于作风建设一系列重要论述，提高政治判断力、政治领悟力、政治执行力，充分认识不正之风的政治本质、政治危害，不松劲、不懈怠、不停步，更加有力有效纠"四风"树新风，不断巩固拓展作风建设重大战略成果。

2. 坚持严字基调

"四风"问题具有顽固性、反复性，稍有松懈便反弹回潮、卷土重来，作风建设永远在路上。深入一线、深入群众开展调查研究，摸清底数实情，及时分析研判，准确掌握"四风"新情况新动向，有针对性加以纠治。

3. 压紧压实责任

督促落实党委（党组）主体责任、书记第一责任人责任，逐级传导压力、层层抓好落实；纪委要履行好监督责任和协助职责，加强对下指导督导，强化日常监督，扎实做好问题查处、典型引路、重点推动、专项治理等工作，精准有效推进作风建设。

4.强化系统观念

把反"四风"、反浪费与反腐败统筹起来,把抓"关键少数"和管"绝大多数"结合起来,把日常监督与执纪问责衔接起来,把所有监督力量整合起来,推动形成祁婺项目系统集成、协同高效的工作格局。

5.完善制度机制

做实以案为鉴、以案促改,对反复出现、普遍发生的问题,深入分析、找准症结,健全制度、堵塞漏洞;善于运用信息化、大数据等技术手段纠治"四风",建立健全群众监督网络,增强作风建设的精准性、有效性。

6.坚持立破并举

在坚决纠治不正之风、解决突出问题的同时,大力倡导新风正气,结合党史学习教育,继承弘扬党的光荣传统和优良作风。要立足纪委监督职责,引导党员干部加强自我改造,锤炼党性心性,传承红色基因,争做党的光荣传统和优良作风的忠实传人。纪检监察干部要以身作则,坚守人民情怀,带着感情做好正风肃纪反腐工作,带头查找解决自身形式主义、官僚主义问题。

总之,祁婺项目将围绕创建"清风祁婺"品牌,加强作风建设,为建设"品质祁婺"保驾护航。

新闻链接 1

祁婺项目开展"追寻红色足迹·传承廉洁基因"主题党日活动

为助力平安百年品质工程项目建设,推动党史学习教育活动进项目、进工地,4月23日,祁婺项目办机关党支部联合中铁二十一局集团三公司A1

标段党支部、中铁大桥局 A2 标段党支部、中交一公局厦门公司 A3 标段党支部共 40 余名党员,到婺源县委旧址——洙坑,开展"追寻红色足迹·传承廉洁基因"主题党日活动。

在婺源著名的红色教育基地洙坑,全体党员干部聆听当地老党员、老干部讲述革命斗争史,与他们面对面交流;红军后代林华祥为党员们上了一堂微党课,带着大家回忆了革命先烈们的艰辛斗争、为夺取革命胜利不怕流血牺牲的英雄事迹;党员代表分别带领大家学习了《论中国共产党历史》和《党史论述摘编》的部分章节;在革命烈士陵园,全体党员重温入党誓词。随后,在重走长征路中,大家参观了红军哨楼、防空洞、会议遗址、红军井和婺源苏维埃政府旧址等十多处革命遗址。

据悉,祁婺项目办自组建以来,依托项目沿线红色教育资源,积极组织开展形式多样的学习教育活动,引导带领广大参建者在复工复产、抢险救灾、攻坚克难、"六保六稳"等工作中不断展现新作为。

(原载 2021 年 4 月 25 日祁婺项目办微信公众号"党史学习进行时"栏目,作者:王凯、孙臣领、韩仃仃)

新闻链接 2

项目公司第四季度"纪法教育大讲堂"在祁婺高速举行

为深入贯彻落实全面从严治党工作要求,落实党风廉政建设党委主体责任和纪委监督责任,促进"两个责任"和"一岗双责"落地生根,有序推进"送纪法进项目"活动的开展,12 月 5~7 日,江西省交通投资集团有限责任公司项目建设管理公司第四季度"纪法教育大讲堂"在祁婺高速举行。

参会人员观看了警示教育片《强化政治监督》,进行了廉政知识测试,开展了纪检监察工作大讨论。江西省委党校党史党建教研部讲师张志芳结合党的十九届六中全会和江西省委十五次党代会精神，为大家作了一个紧扣主题、把握精神、启发思维、鼓舞干劲的报告。

活动要求，一是要深入学习六中全会精神特别是习近平总书记重要讲话精神，深刻认识"两个确立"的决定性意义，进一步增强"四个意识"，坚定"四个自信"，做到"两个维护"，坚定历史自信、把握历史主动，以只争朝夕的精神将全面从严治党、党风廉政建设和反腐败斗争推向前进。二是要以学习六中全会精神为重点巩固党史学习教育成果，从党的奋斗历程中汲取智慧力量，在真学深悟习近平新时代中国特色社会主义思想上下更大功夫，把学党史、悟思想的成果转化为办实事、开新局的成效。三是要边学习、边专研、边工作、边总结，运用党的百年奋斗历史经验，深化对纪检监察工作高质量发展的规律性认识。坚持严的主基调不动摇，一刻不松、持之以恒正风肃纪反腐，在不敢腐、不能腐、不想腐一体推进上取得更多制度性成果和更大治理成效，更好地服务于全省高速公路项目建设。

7日上午，全体参会人员到婺源县廉政教育基地赋春镇严田村接受了廉政教育和家风家训教育。

（原载2021年12月14日祁婺项目办微信公众号"项目要闻"栏目）

新闻链接3

新年送"廉礼" 春节有"廉味"

春节临近，年味渐浓。日前，祁婺项目办纪委创新了一份"礼单"，向项目办各处室和各参建单位送去了一份"廉礼"，让全体项目参建者在感受"年文化"的同时，也释放出"廉文化"，呈现出一股新的年味气息。

念"廉经"，警示教育常态化。1月21日下午，祁婺项目办纪委组织召开节前廉政教育会，项目办领导班子、各处室及各参建单位党支部书记、项目经理、总工等相关人员参加学习。会上用一个个鲜活的反腐案例为全体参会人员敲响了警钟,让咬咬耳朵、扯扯袖子成为常态,让大家思想得到再洗礼,精神得到再净化,时刻紧绷拒腐思想防线。

敲"廉钟",节前督查全覆盖。1月中旬开始,祁婺项目办纪委便组织深入各现场监管处、施工单位和工区开展节前作风问题明察暗访,主要围绕违规送礼、吃拿卡要、大吃大喝、酒后驾驶等易发频发问题进行督促提醒,严防"四风"问题发生,拧紧"纪律"螺丝。

寄"廉语",引导全员过廉节。1月18日,祁婺项目结合违规送礼、违规发放津补贴、公款消费、公车私用、违反疫情防控规定等内容,以漫画形式在微信公众号推送了《清风祁婺:2022年春节提醒,风清气正、廉洁过年》。同时,向项目建设者家属发送了《廉洁家书》,促使全体建设者进一步强化自我约束,坚守廉洁底线,营造风清气正春节氛围。

送"春廉",营造春节新气息。2022年元旦后,祁婺项目办纪委便着手策划送"春廉"活动,购买了春联纸、空白挂历,组织项目建设者中的书法爱好写"春廉",并逐个送到项目办班子成员、各处室及各参建单位,要求挂在办公室或会议室等公共场所,让大家抬头见"春廉"。

通过送各种形式的"廉礼",让过年充满"廉味",确保项目全体建设者不想腐、不能腐、不敢腐,形成项目喜闻乐见的"廉文化"。

(原载2022年1月24日祁婺项目办微信公众号"清风祁婺"栏目)

新闻链接 4

致祁婺项目建设者的第三封廉洁家书

4月22日,祁婺项目办召开2022年第二季度生产调度会。项目办党委书记、主任习明星出席会议并讲话,党委副书记、纪委书记吴犊华、常务副主任戴程琳、副主任王凯、总监理工程师陶正文参加调度。项目办各处室负责人及各参建单位项目经理、总工、生产副经理、安全总监参加会议。

会议指出，通过全体参建人员的共同努力，祁婺项目较好地完成了第二阶段目标任务，取得了可喜成绩。特别是今年一季度以来，面对异常严峻的疫情防控形势，项目各参建单位在做好自身防疫工作的同时，勇于担当，主动作为，加强物资调度，并积极组织党员干部和青年志愿者协助地方开展疫情防控工作，树立了良好的社会形象，为项目建设有序推进奠定了坚实基础。

结合第二季度项目大会战目标任务，会议要求全体参建人员，在思想上同心、目标上同向、工作上同步。一是思想上需要进一步统一，做到零偏差。思想有落差，执行就会有偏差，思维掉队，行动就会掉队，结果一定会掉队，全体项目参建人员要紧盯大会战任务，做到目标上思想要统一、理念上思想要统一、执行上思想要统一。二是行动上需要进一步提速，做到零时差。要会行动，做到加强学习"能担当"，不断提升自身素质。要真行动，有行动的热情、激情，做到迎难而上"勇担当"，用创新思维、苦战办法、率先速度适应二季度大会战的要求。要坚持行动，做到坚持原则"敢担当"，坚守目标要求、规范规定、原则和规矩，出色地完成任务。三是责任上需要进一步压实，做到零放过。要树立"高标准执行是本职、不执行是失职、执行不好是不称职"的责任意识。要"明责"，明确责任项目、工作措施、责任部门、完成时限，定责任、设目标、交任务。要"履责"，经常评估检查责任履行情况，确保履责到位。要"督责"，根据制度做到督责不间断，问责不手软，做到不负责就问责，不担当就挪位。四是安全上需要进一步严管，确保零事故。切实克服麻痹思想、厌战情绪、侥幸心理、松劲心态。要从严、从细运用"扫雷小能手"开展拉网式、地毯式的隐患排查。要加强网格化管理，防止出现宽、松、软现象，对排查的隐患实行销号管理。需要落实安全管控重点部位及关键作业工序领导带班、巡视及现场技术员和安全员值守制度。五是质量上需要进一步规范，确保零缺陷。要加强工序验收，施工单位每道工序要自检，代建监理部要抽检，不符合要求的，坚决返工。要加强工地巡视，让标准形成习惯，习惯符合标准，实现平安百年品质工程示范目标。六是防疫上需要进一步重视，确保零感染。要始终绷紧防疫这根弦，按照最严格的防疫标准、最保险的防疫措施，看好自己的门，管好自己的人，确保项目参建人员零感染。

（原载 2022 年 4 月 23 日祁婺项目办微信公众号"清风祁婺"栏目）

本章小结

工程建设廉政风险防控历来都是项目办工作的重中之重。祁婺项目没有刻板地要求、空洞地号召，而是谨记一句话：感人心者，莫先乎情。见面会，他们首谈廉政工作，通过写一封廉洁家书、与婺源县纪委监委廉洁共建等形式让廉政意识入脑、入心。正如一位干过很多工程的项目经理所言："见面会让我很有感触，也很有收获。从事交通基础设施建设，在诱惑面前抵御得住腐蚀很重要。项目办把廉政思想教育工作做在前头，未雨绸缪，在某种程度上也是为大家'松绑'。"这些以情动人、环环相扣的举措是切实可行的，由此培育的廉政文化也是润物细无声的。

思考题

1.举例证、敲警钟是目前常用的一种廉政教育的方式。与之相比，祁婺廉政文化是否给您带来新启发？

2.如果您是某项目经理的亲人，当接收到项目办邮寄来的廉洁家书，会有何反应？您对这种正面说教持什么态度？

第四章
党建文化要发挥引领作用

祁婺项目树立先进的党建文化理念，提升文化建构自觉，以党建文化为文化先锋旗帜，引领和弘扬先进文化，吸收优秀文化的精华，不断充实党建文化。他们遵循"继承中发展，融合中创新"的原则，培育了"祁婺党建"优秀文化品牌。

项目党建文化作为党建工作的重要内容，在各项工作推进过程中发挥着重要作用。党建文化是建设中呈现的各类文化观念的总和。一是思想观念，包含党的指导思想、最高理想、纲领路线等；二是组织观念，强调个人利益必须服从组织利益，必须遵纪守法等；三是行为观念，发扬艰苦奋斗等优良作风；四是价值观念，为人民服务；五是标识观念，如祁婺项目推出的"红马甲""领头雁"等。

党建文化是一种内涵丰富的特殊文化形态，既有一般意义上的文化特征，又有独特的党建特征。党建文化除了要对党的建设实践进行文化反映与文化构建外，更要对党建实践提供文化支持与文化导引。切实履行举旗帜、聚民心、育新人、兴文化、展形象的使命任务，能够进一步激励广大建设者听党话、跟党走。

祁婺项目树立先进的党建文化理念，提升文化建构自觉，以党建文化为文化先锋旗帜，引领和弘扬先进文化，吸收优秀文化的精华，不断充实党建文化。他们遵循"继承中发展，融合中创新"的原则，培育了"祁婺党建"优秀文化品牌。

为了保证该项工作切实有效，祁婺项目制定了一套科学的领导机制作为保障，不断总结一线党建实践经验，丰富党建文化内涵。他们树立了一批先锋模范人物，培育和表彰了一批优秀团队，将他们的带头作用发挥到极致，为祁婺项目建功新时代注入了强大精神动力。

案例 1

党建引领促"三控" 项目建设有"三品"

⊙ 习明星

为了贯彻落实好江西省交通投资集团有限责任公司"党建高质量发展年"部署要求，充分发挥党建引领作用，以高质量项目建设助推集团改革发展，祁婺项目办在项目建设中坚持党的全面领导，高标准推动祁婺项目党的建设，夯实党务日常工作，使党建工作与项目建设进度、品质工程打造相融合，充分激发党建引领作用、支部堡垒作用和党员的先锋模范作用，把党的组织优势与"代建＋监理一体化"新模式优势叠加，转化为推动项目建设的强大动力，促进质量、进度、投资"三控"严格落实，合同、信息"两管"有序展开，对内对外"一协调"及时到位，最终实现祁婺高速项目"三品"：党员有品行、干部有品德、项目有品质。

相关要求

项目党建工作总体目标：
四无三安二工一品牌。
党员干部坚持"四无"：
无工作过错，无责任事故，无有效投诉，无违规违纪。
项目建设实现"三安"：
工程安全，资金安全，干部安全。
项目现场打造"二工"：
廉洁工程，文明工地。
项目党建创建"一品牌"：
有特色、有亮点、可推广、可复制的项目党建品牌——"清风祁婺"

具体做法

一、以学为本，加强党员品行修养

1.明确每周固定学习日，以党员干部为重点，突出思想教育，强化道德建设，把政治理论学习作为项目参建单位日常学习的重要内容。以习近平新时代中国特色社会主义思想为指导，促使"党建＋品质工程"建设引领真正落地，并为更好地落实"两个责任"，从项目办党委到代建监理部、参建单位直至施工一线压力层层传导。

2.结合地域文化，项目办各基层党组织举办各种活动，如"读书修德、以德律己"活动、探寻优良家风活动；引导党员干部学习程朱理学精华，学习詹天佑爱国敬业创新务实精神，学习金庸先生"侠之大者、为国为民"的深厚情怀，并以系统内身边先进人物和先进事迹教育引导党员干部；组织观看违纪违法案件的警示教育片等活动，开展警示教育，增强党员干部的廉政勤政意识，促进党员干部廉洁从业。

3.坚持谈心谈话制度，项目办党委与各基层党支部结合廉政学习与保密教育宣贯，对党员干部实现五必谈五必访：新进党员必谈，离职党员必谈，思想出现波动党员必谈，岗位变动党员必谈，犯错误党员必谈；党员生病住院时必访，女党员生育时必访，党员家庭有红白喜事时必访，党员家庭生活困难时必访，党员家庭不和睦时必访，充分展现各级党组织的人文关怀，使广大党员始终保持高昂的工作热情。

二、强化监督，重视干部品德培育

1.以项目管理为核心，规范民主决策程序，坚持党组织决策前置程序，规范"三重一大"集体决策程序，落实领导干部干预插手工程项目全程纪实制度，明确招标、施工、验收、变更、计量等各环节各流程中的监督主题和监督作用，并明确各项工作时限，各项工作实行限时办结制。

2. 建立风险管控监督体系，并与相应的项目管理体系与质量管理体系进行深层次的融合，以"PDCA循环"工作方法中的计划、执行、检查、处理步骤为基础。运用责任清单、履职清单、考核清单、整改清单四个单据，通过计划制定、有效实施、成果检查、结果验证的管理循环模式，不断地纠正错误思路作法和不恰当的行为，综合式地提升党风廉政建设的最终质量，充分发挥监督体系在各项工作中所起到的重要作用，最终提升项目管理的质量。

3. 加强对权力运行的全面监督，从行业管理的角度切入，首创参建单位与项目办签订反商业贿赂协议新模式，采取严厉措施，杜绝不廉洁行为发生，对违反协议单位，依据有关规定给予党纪、政纪或组织处理、移送司法机关、赔偿损失以外，还增加违约条款，给予违约金顶格处罚，直至解除合同，并要求赔偿因此造成的损失；对于严重违约单位，在反商业贿赂合同中加入根据违约行为和评价标准报请省厅建设管理处扣除该单位交通基本建设从业单位信用评价分直至在江西省交通建设信用等级直接降为D级的处罚条款，从源头加强治理，约束、培育规范的工作行为习惯。

三、创新载体，保障项目品质提升

1. 通过BIM技术辅助工程设计、计量，减少变更、减少计量支付等程序中人为干预；并为后期运营管理提供珍贵的第一手数据，实现建设运营管理无缝对接；通过E-MOBILE7掌上自动办公系统实现工作时间内人员、车辆去向记录、考勤打卡、规范工作秩序、提高工作效率；利用GIS与北斗系统辅助工程项目验收、质量检测等工作，降低工作强度，提高安全系数，减少人为失误干扰；有效提升工程质量管控水平。

2. 在廉政、安全、品质工程创建各展示平台中，将各种科技感强的多媒体互动展项与高科技声光电展示手段相结合，通过图文展板、数字展示技术、多媒体场景等手段，运用图片、模型、影片、场景等进行展示，给参观者留下更深刻、更直接的印象。让参观者细致深刻地、多维度地实际体验到贪腐之害，体会到安全之重，感受到质量之美，将"灌输式"静态教育转变为

"互动式"交流,使廉政教育、安全学习、质量管控效果最大化,使干部员工受到心灵的触动与警醒,更好地营造讲廉政、讲安全、讲品质的浓厚氛围。

努力实现叠加效应

根据党建工作要求和祁婺项目建设实际,"党建 + 品质工程"管理模式主要落地于品质工程打造过程中的协调管理、合同管理、信息管理、进度管理、质量管理、财务管理、安全管理等,即"党建 + 协调管理""党建 + 合同管理""党建 + 信息管理""党建 + 进度管理""党建 + 质量管理""党建 + 财务管理"和"党建 + 安全管理"等,党建引领始终贯穿于品质工程打造的全过程和各环节。通过抓好党建基础为党员品行、干部品德坚定组织基础,创新党建宣传工作为工程品质打造注入灵魂,以及创建载体为"三品"实现建设组织阵地等,我们相信,今后将能更进一步展示出祁婺项目党建工作的明显成效。

案例 2

党员要当好"领头雁"

——在 1+N"领头雁"活动启动仪式上的动员讲话

⊙ 习明星

今天我们举行党员 1+N"领头雁"活动启动仪式。这是提升项目全体党员先锋模范和引领作用,带动和带领参建员工积极作为,高标准、高效率、高质量推进祁婺高速公路建设的重要工作安排,也是项目办党建工作与项目建设工作结合,落实省高速集团党委"党建高质量发展年"活动的具体行动。

秋天,我们经常看见成群的大雁向南飞,它们常常排成"人"字或斜"一"

字形，雁群之所以有如此严明的纪律，跟飞在最前面的领头雁有着密不可分的联系。领头雁在雁群里拥有绝对的领导力和号召力，才能带领着族群穿越千山万水。今天参加活动的党员或领导干部，就是雁群里的领头雁！平时看得出来，关键的时候站得出来。我们怎么身体力行，以上率下，当好"领头雁"？

一是要当一只勤学善学的"领头雁"。要切实提高自身的本领，带着大家加强学习，提升建设品质祁婺的能力，才能飞得准、飞得高、飞得远、飞得久，才能产生"头雁效应"，形成头雁先飞领飞、群雁跟飞齐飞的壮丽景观。

二是要当一只遵规守规的"领头雁"。要带头尊崇规范规定，牢固树立规范作业、规矩操作的习惯，认真执行工点标准化，让标准成为习惯，让习惯符合标准。坚决做到质量红线不可逾越、规范底线不可触碰。头雁带对方向，群雁才能振翅高飞，要在"带"团队而不是"管"团队上下功夫！管人不是本事，带人才是本事。

三是要当一只求真务实的"领头雁"。要在提高工作效率上下功夫，要做到事事有程序、人人守程序，工作程序应简尽简，工作方案应优尽优。要把高标准要求与项目实际紧密结合在一起，人人钉钉子，个个敢担当，事事马上办。群雁高飞头雁领，党员干部作为"关键少数"，是干事创业的风向标、导航仪，要切实发挥示范表率作用，带头履职尽责，带头担当作为，带头承担责任，以担当带动担当，以作为促进作为，引领广大参建人员把担当写在行动中、体现在效果上。

四是要当一只乐于奉献的"领头雁"。党章明确规定党员要讲奉献，所以要带好头。要大力弘扬"特别能吃苦、特别能战斗、特别能攻关、特别能奉献"的精神，要发扬"埋头苦干、拼命硬干、创新巧干"的"脊梁"作风。始终牢记自己的党员身份，清楚自己身上肩负的光荣和使命。要不怕吃苦，当一只老黄牛；要甘于付出，当一回活雷锋；别人不想做的事，要主动去做；别人不敢接的活儿，要主动去担。头雁勤，群雁就能高飞远翔。

崇高的事业需要榜样的引领，奋斗的精神激发前行的力量。同志们，一名党员是一面旗帜，是一个榜样，是一根标杆，是一只"领头雁"。寒冬来了，春天就不会远了！在这样一个孕育希望的季节，我们拉开了"领头雁"

活动的序幕，我们一定要将"领头雁"的带动作用充分发挥出来，感召一群人、带动一群人、凝聚一群人，层层立标杆，人人作示范，将大家一起拧成一股绳，同唱一首歌，就一定能形成头雁领航、群雁齐飞的"头雁效应"，这必将为"齐心、务实，建品质祁婺"提供不竭动力！

谢谢大家！

（本文系习明星2021年1月13日在1+N"领头雁"活动启动仪式上的动员讲话，标题为编者所加）

案例3

祁婺项目党员"领头雁"活动实施方案

根据江西省高速公路投资集团有限公司第二次党代会要求，坚持以习近平新时代中国特色社会主义思想为指导，全面加强项目党建工作，充分发挥党员的先锋模范作用，提升项目参建人员的精气神，根据祁婺高速项目党建工作方案，拟在建设过程中组织开展1+N党员"领头雁"活动（简称"领头雁"活动）。方案如下：

一、指导思想

任何事业都离不开共产党员的先锋模范作用。只要共产党员首先站出来、敢于冲上去，就能把群众带动起来、凝聚起来、组织起来，打开一片天地、干出一番事业。

所以，围绕和加强祁婺高速公路建设的中心工作开展"领头雁"活动，不断提升参建党员的先锋模范和引领作用，带动和带领参建员工积极作为、努力创新，高标准、高效率、高质量推进祁婺高速公路建设。

二、活动目标

通过"领头雁"活动,结合党员的工作责任义务,亮身份、亮承诺、亮作为,强化党员的先锋意识,充分发挥一名党员就是一面旗帜的先锋模范作用,成为各项工作的领头雁,团结带领其他员工共同投身到项目生产建设之中,为项目发展提供不竭的精神动力,实现"雁阵效应"。

"领头雁"活动,以党员为发力点,由1名党员带领"N"个群众成立活动小分队(具体由各党支部根据党员人数与群众人数比例进行组建),在各自工作的岗位上冲在一线,挑战重点、攻克难点、展示亮点,让党旗在一线飘扬,党徽在一线闪光,党员在一线担当,群众在一线作为。

三、活动领导小组

组　　长:习明星　常务副组长:吴犊华

副组长:戴程琳　熊伟峰

成　　员:王凯　各参建单位项目经理部党支部书记、项目经理

领导小组下设办公室,办公室设在项目办纪检监察室,办公室主任由王凯兼任,各参建单位党务干事为成员。

四、主要活动内容

实行党建工作挂点制,戴程琳同志挂点A1标经理部党支部,吴犊华同志挂点A2标经理部党支部,熊伟峰同志挂点A3标经理部党支部,实现党建工作"领头雁"。

1.对各参建单位党建工作全面指导,对"领头雁"活动开展进行督导。

2.指导组织各参建单位党支部、项目经理部开展首件制、工点标准化、技术难点攻关、四新技术运用、安全管理等方面的"领头雁"活动,推进实施"党建 + 品质工程"党建模式。

3. 指导组织各参建单位党支部、项目经理部开展关键节点、关键目标、专项目标等方面的"领头雁"活动，推进实施"党建＋工程进度"党建模式。

4. 指导组织各参建单位党支部、项目经理部开展党建活动、文化建设、廉政建设、思想建设、内业管理等方面的"领头雁"活动，推进实施"党建＋项目软实力"党建模式。

5. 指导组织各参建单位在财务管理、行政管理等各方面开展"领头雁"活动。

五、活动步骤

1. 各党支部选定党员"领头雁"在各项管理中的着力点，确定党员"领头雁"在各岗位、各节点和各工种等方面的分布。例如，在财务管理中，有成本控制党员"领头雁"，在安全管理中，有安全标准化党员"领头雁"等，组成党员"领头雁"活动小分队。

2. 各党支部制定1＋N党员"领头雁"活动实施方案，明确支部党员"领头雁"在各项管理中的分布。

3. 一名党员可以在多工种、多岗位或多节点发挥"领头雁"作用，即一个党员可以既是首件制的领头雁，又是技术难点攻关的领头雁，或者还是某个关键进度节点的攻坚领头雁等等。

4. 项目办党委举行党员"领头雁"活动启动仪式。各党支部召开机关、项目经理部党员"领头雁"活动动员大会。

5. 各党支部组织开展党员"领头雁"活动，每半年进行活动情况小结。

六、活动安排

1. 活动时间：全建设期开展党员"领头雁"活动。
2. 活动小结与考核

①活动小结。由各单位对"领头雁"活动开展情况进行小结，提炼先进典型事迹、经验做法，进行广泛宣传。

②年度考评。每年6月由活动领导小组对各参建单位年度活动开展情况进行考评。

③总结表彰。七一前后，召开活动表彰大会，对优秀党员和领头雁小分队进行表彰。

七、活动要求

1. 加强领导，狠抓落实。各党支部应成立活动组织机构，组织活动开展，发现和解决遇到的困难和问题，提升活动小分队提高攻克重点、难点的本领，确保活动落地。

2. 联系实际，注重实效。各单位要把活动开展与完成进度目标、创建"平安工地"、建设百年平安品质工程有效结合，使活动成为加强党员教育、提高党员素质和增强党组织凝聚力、战斗力、创造力的过程，实现党员有品德、干部有品行、工程有品质。

3. 强化宣传，营造氛围。各参建单位应全方位、多角度宣传活动开展情况，形成强大的舆论合力，让活动化于心、践于行，增强活动的浓厚氛围。

案例 4

项目党建创"三品"

2020年6月，祁婺项目开工建设前就策划了包括党建文化在内的一系列项目文化，提出了"建功祁婺"的党建目标。2021年6月，江西交通投资集团项目建设管理公司党委提出了创建"陆路同行"党建品牌的工作方案。我们严格对照方案，结合江西省交通投资集团有限责任公司"党建高质量发展年"和对项目办党建工作的具体要求，提出了"党员有品行、干部有品德、工程有品质"的党建工作思路，使党建与工建相融互促，形成齐心、务实的工作氛围和精神面貌，建设品质祁婺。

一、对"项目党建"工作的理解

我们先想清楚，项目建设为什么要特别重视党建工作，也就是充分认识加强项目党建工作的重要意义。由于高速公路项目参建人员来自五湖四海，人员庞杂，因此细致而又深入的思想工作就显得尤为重要。只有开展好思想教育工作，才能消除矛盾，统一认识，提高干劲，向着目标不断迈进。而党建工作完全能够围绕统一思想这个政治任务来抓，凝聚全体参建单位、全体参建人员"心齐"。

第一，通过扎实有效的项目党建工作，带领大家眼往一处看，心往一处想，劲往一处使。让项目的各项管理工作、思路和要求得到全面落实，并为项目安全管理、质量管理、工期管理和成本管理的有效运行提供保证。把党员的责任义务融入到各项工作之中，通过开展领头雁活动，强化党员的先锋意识和模范作用，团结带领其他员工齐心投身于生产，为项目建设提供不竭的精神动力。

第二，通过扎实有效的项目党建工作，带领大家用心抓细节，用力抓质量，用脑抓创新。这也是提升项目管理水平的有效途径。为了实现新时代的高质量发展，建设项目管理逐步从粗放式管理模式向精细化管理模式转变，管理规范化、标准化、信息化成为主旋律。为此，我们依托加强党建工作，发动大家积极创新，赶学比超，形成项目管理的强大合力。

第三，通过扎实有效的项目党建工作，带领大家事事有程序，时时讲程序，人人守程序。这样才能增强组织观念和纪律意识，建设良好的工作作风。通过开展党员创岗建区、党员盯岗卡控、党员先锋工程等富有实践特色的领头雁党建活动，有效将党建工作嵌入到项目日常管理的各环节、各方面，有效提升干部员工的工作效率，促进项目管理的有序推进，形成工程全员、全过程管控的巨大能力。

在项目办的党建宣传栏中，我们以朱熹的诗词精到地表达出项目党建工作的目的——"为有源头活水来"，就是要不断地更新知识，才能不致腐朽，才能增强本领，才能能干事、干成事；"问渠哪得清如许"，就是要风清气正、廉洁清廉，不出事。项目党建工作，也就是要带领大家：能干事、干成事、不出事。

二、祁婺项目党建工作的主要做法

接着，我们要弄明白，项目党建工作到底要怎么抓、抓什么，也就是正确把握项目党建工作的重点方向。围绕"陆路同行"党建品牌的创建，我们认真找准项目党建工作的着力点，开展领头雁活动、劳动竞赛、创先争优以及"最美班组"创建等一系列活动来加强项目质量管理、做好项目进度把控和成本控制，促进党建工作在进度把控、效益提升以及安全质量把关等多方面发挥积极的促进作用，达到崇尚先进、学习先进、争当先进。也就是说，项目党建工作必须围绕生产管理这个中心任务来抓，实现工作的"务实"。

第一，项目党建工作与生产任务相结合。从保安全、抓质量、促生产、增效益的角度出发，瞄准目标搞竞赛，抓好竞赛奔目标，开展多种多样的活动，营造"陆路同行"氛围，激励并带动员工安全高效地顺利完成施工任务。一是在党员干部中开展"1+N"党员"领头雁"活动。选拔优秀党员担任"党员领头雁"，在工作中，引领带动 N 个技术管理骨干，努力把质量安全、规范作业、标准化管理提升到一个新的台阶。二是在技术能手中开展"2+N"工匠"赛风采"活动。各参建单位选树 2 名以上工匠能手，并以此带动 N 个参建人员争相学工匠、做工匠，培养一批执著专注、精益求精、一丝不苟、追求卓越的施工人才。三是在优秀团队中开展"3+N"班组"赶帮超"活动。各标段评选出三个优秀班组，组织大家进行观摩学习，形成相互学习、互帮互助的良好氛围，为建设品质祁婺提供不竭动力。

第二，项目党建工作与为民办实事相结合。认真落实学党史、办实事的具体要求，实现路地共赢，为项目建设营造一个和谐的建设环境。一是"两区三厂"临建"永临结合"，实现利用最大化。比如，我们一个标段的经理部将作为旅游宾馆永久保留；路面黑、白站占地将作为未来的旅游停车场、旅游小镇建设等基地。二是施工便道建设永久化，完善地方道路网。按"永临结合"理念改造"四好农村路"及乡道18.3公里。三是关注沿线乡村产业，提高乡村振兴参与度。聘用项目沿线建设工人，解决当地群众就业，开设"民工学校"，对民工进行电工、电焊工、特种设备操作、安全管理、后勤保障等方面的业务技能培训，为当地群众再就业、再创业添活力。四是积极协助地方开展疫情防控、抗洪抢险，彰显社会责任担当。做好自身疫情防控的同时，协助地方开展全员核酸检测志愿服务。参与婺源多次边坡坍塌道路保通抢险、抗洪抢险，对南昌铁路局景德镇工务段汛情抢险进行支援，树立了良好的社会形象。

第三，项目党建工作与祁婺项目文化相结合。我们认真培养项目理念和项目精神，使其成为参建者的主观意识、价值走向，增强战斗力，打造一支拥有一流职业素质、一流业务技能、一流工作作风、一流岗位业绩的项目建设队伍。对内加强文化宣传，使每一位参建人员都能意识到项目的形象就在自己手中，认真负责、标准规范地做好每项工作，保证项目安全、质量、进度、效益目标的全面实现。对外展示项目精神和良好形象，让更多人了解我们的工作，理解高速公路项目建设文化和追求，了解我们为社会做出的努力和贡献、工程的特色和亮点，增强项目的美誉度，让到过项目、接触过项目的社会各界人士都能够感受到祁婺项目团队是建筑行业的一支文明之师、善战之师、施工劲旅。

第四，项目党建工作与"家文化"、廉洁文化相结合。工程项目部人员由于经常流动在外，环境艰苦，与家人两地分居，精神世界单调乏味，因此解决好项目人员生活、学习等是重中之重，从物质、制度、精神方面全面规划，努力创建安全、舒适、和谐、充满亲情的工作生活环境。重视员工的感受、关心员工生活、考虑员工需求、解决员工困难。围绕"陆路同行"党建品牌的创建，开展能够增强项目凝聚力与文化力的活动，建立了《项目办人员八小时之外生活制度》，使员工在远离家乡、亲人的环境中享受到家的温暖与舒适，体会项目的生机与感召力。并通过细致且具有针对性的思想教育，消除矛盾，统一认识，团结一心，做好激励和利益平衡，推动项目管理稳中求进。

同时，我们下发了《祁婺项目"廉洁文化"进工地活动实施方案》，组织了探寻优良家风活动，引导党员干部学习程朱理学精华，学习詹天佑爱国敬业、创新务实的精神，学习金庸先生"侠之大者、为国为民"的深厚情怀等，增强全体参建党员干部党性修养，有效落实党风廉政建设及中央八项规定等精神。

三、党建促工建所取得的成绩

在"陆路同行"党建品牌的感召下，众多"领头雁"充分发挥模范带头作用，带领广大参建人员，立足岗位，创新创效，祁婺项目积极争取获得了"全国首批交通平安百年品质示范、省厅首批BIM技术应用示范和全国生态交通示范"等三个示范，用实际行动、工作成果诠释"作示范、勇争先"的担当作为，努力创造了新时代"第一等"项目建设成绩。一是"永临结合"建设理念被省厅作为党史教育为民办实事的典型案例推广。二是"智慧安全教育体验馆"系列成果获得中国公路科普作品奖一等奖，并入选江西省科普教育基地。三是BIM技术在项目的应用实践，获"交通BIM工程创新一等奖"等多个全国性奖项。四是积极开展微创新，荣获全国微创新大赛金奖2项、银奖3项、铜奖1项。五是在2021年全省高速公路建设项目评比中获得"优秀"等次，在全省交通运输系统平安工地考核评比中连续两年获得第一名。六是人才培养取得了积极成效，为其他项目输送副主任或副总监以上人才7人。

成绩的取得振奋人心，但依然有提升的空间。我们将以今天的会议为新的起点，严格落实集团领导讲话精神，在以后的工作中，一如既往地学习兄弟项目的好做法，不断优化管理，不断完善提升，主动担当、积极作为，在项目建设管理公司的领导下努力创建"陆路同行"党建品牌，将祁婺项目建设精品工程、绿色工程、平安工程、廉洁工程，为集团高质量发展、为交通强省建设贡献力量。

（本文系2022年7月12日习明星在江西省交通投资集团有限责任公司项目建设管理公司"陆路同行"党建品牌推进会上的发言，题目为编者所加）

> 新闻链接 1

工地上的彩色"马甲"

近年来,在我们走过的建设工地,几乎每个员工都会穿着一件黄色的马甲。这种黄,大多是明黄或橘黄,非常亮眼。工地上这样的黄色往往成为一道非常亮丽的风景,一道确保员工安全的屏障。

进入工地的第一天,项目安全部门就会为大家配发一件黄马甲,并告知上班时必须戴好安全帽,穿好这件黄马甲,它能够为你带来许多幸运,可以让工地上的机械车辆司机尽早发现你的位置,也能帮助同事迅速找到你,帮你避开安全风险,保护好你的安全。

我们的黄马甲多为网状,夏天不热,冬天不重,轻飘飘,亮晃晃。马甲前后各有一道宽约两厘米的反光条。不要小看这个反光条,作用大着呢。晚上加班或走在工地上,只要有灯光,那条反光条就会发出亮眼的光芒,提醒来人或来车:这里有员工。此刻,反光条可以起到对来人或车辆的警示作用,也能让他们及早发现穿马甲的你。

建筑工地的劳动往往是夜以继日,施工现场车来人往,各类机械频繁移动,对于员工来说安全风险很大。如果没有黄马甲,施工人员就会时刻处于危险境地。有了这样的黄马甲,机械车辆操作人员随时都能发现并及时提醒或避让。

工地上,员工的黄马甲白天格外醒目,距离很远都能看清楚。到了晚上,反光条借助灯光就会反射出耀眼的光亮。虽然这样的黄马甲非常廉价,但却非常实用,它能够为每一个穿着黄马甲的人提供一分安全保障。由于现在每个项目上场之后,或者新员工来到工地,项目部和工班都会将安全教育作为进入工地的第一堂课,员工们的安全意识逐步增强,对自身保护意识更浓。因此,员工们上班的时候,无需提醒,就会自觉穿上黄马甲。

祁婺项目开展"党员领头雁"活动之后,为了让党员在项目建设中亮身份,特意为共产党员制作了"红马甲",这样的红马甲同样也镶嵌了反光条。红马甲虽然不像黄马甲那样明亮,但穿着红马甲站在黄马甲员工之中,便显得与众不同，它不仅让党员置于群众监督之下，也让党员时刻不忘自己的身份，自觉发挥模范带头作用。

有时候黄马甲员工发现了红马甲党员有违章现象，就会及时提醒他们：你违章了，你的做法不符合规范，党员要自觉带头啊，要带好头啊等等。党员们也会第一时间接受提醒或批评，及时纠正自己的行为，保持好执行规范、执行纪律的先锋模范作用。

随着冬天的到来，大部分地区进入了结冰状态，路面湿滑，桥梁的脚手架结冰，户外施工人员的黄马甲就更加重要了。白色的安全带、安全绳与黄马甲形成鲜明对比，安全员不仅通过黄马甲可以及时判断作业人员所处的位置，也能很容易关注到他们是否系好了安全带、是否挂好了安全绳，随时提醒他们遵守安全规范，确保自身安全。

在祁婺高速建设工地，还有一种"绿马甲"。绿马甲是现场监理人员的身份标志，也是一种管理严谨、注重细节、追求品质的象征。黄马甲、红马甲、绿马甲，是一种和谐的统一，是一种互相监督、互相激励的统一，也是互相提醒、互相关爱的统一。工地上有了黄马甲，员工就多了一份心安，安全就多了一份保障。工地上有了红马甲，员工就多了一份鼓励和慰藉，党员就多了一份责任，多了一份担当。工地上有了绿马甲，施工就多了一份精致，品质就多了一份匠心。

彩色马甲，是工地上一道亮丽的风景线，是我们建设者拼搏奉献的象征，是项目建设快速推进、规范管理的标志，也是品质工程、品质祁婺建设的保证。请爱惜它，珍视它，穿好它。

（原载 2020 年 12 月 18 日祁婺项目办微信公众号"祁婺文苑"栏目，作者：孙臣领）

> 新闻链接 2

祁婺项目办党委召开党史学习教育布置会

3月25日，祁婺项目办党委召开会议，布置党史学习教育，对项目办各参建单位和各部门党史学习教育进行安排部署。项目办党委书记、主任习明星出席会议并讲话，党委副书记、纪委书记吴犊华在会上作学习教育具体安排，代建监理部总监理工程师熊伟峰出席会议，项目办纪检监察处王凯主持会议，项目办各处室负责人、参建单位党组织负责人、党务干事参加会议。

会议认真传达学习了上级党史学习教育动员会精神。一是要认真系统学党史，突出学习重点，突出形式多样，突出学习实效。二是要融会贯通悟思想，坚持不懈加强思想理论武装，坚持历史和现实贯通、理论和实践结合，自觉用习近平新时代中国特色社会主义思想武装头脑、指导实践、推动工作。三是要为民服务办实事，深入践行以人民为中心的发展思想，坚持把抓好学习教育与解决实际问题结合。四是要改革创新开新局，把学党史同总结经验、观照现实、推动工作结合起来，推动各项重点工作任务落实落地、见行见效，奋力开创各项事业新局面。

习明星在讲话中指出，要提高站位，统一思想，深刻认识开展党史学习教育的重要意义，充分认识开展党史学习教育是牢记初心使命、坚定信仰信念的必然要求，也是传承红色基因、建设高质量平安百年品质工程的迫切需要，还是抓好项目廉政建设、作风建设的有力抓手。通过学习教育，进一步坚定打造品质工程、建设绿色公路、创建平安工地的理想信念，努力把学习教育成果转化为推进祁婺高速公路高质量建设的强大动力。

习明星强调，要努力实现学史明理、学史增信、学史崇德、学史力行。要聚焦"明理"抓实学习，认真学习党的历史，充分利用项目所在地红色资源，以革命旧址为课堂、革命历史为教材，丰富学习方式，通过红色故事展演大赛、红色歌曲传唱等方式，推动党史教育走深走实、深入人心。要聚焦"增信"深刻领悟，认真学习掌握我党百年历程不断推动理论创新，形成的重大理论成果，特别是领悟习近平新时代中国特色社会主义思想的精神实质、丰富内涵和实践要求，做到学懂、弄通、做实。要聚焦"崇德"保持本色，注重用党的奋斗历程和伟大成就鼓舞斗志、明确方向，注重用党的光荣传统和优良作风坚定信念凝聚力量，注重用党的实践创造和历史经验启迪智慧、砥砺品格，绷紧为政清廉之弦，强化廉洁意识、筑牢防腐堤坝。要聚焦"力行"促进转化，做好转化文章，切实把学习效果转化为发展的强大动力，把党史学习教育与推动工作的落地相结合，与完成全年工作任务相结合，发扬"晴天大干、雨天巧干、晚上挑灯干、一天当作三天干"的攻坚精神，推动各项工作开新局、见成效。

习明星要求，要统筹用好新媒体、公众号、宣传栏等载体，加强与主流新闻媒体的沟通联系，通过全方位、多层次、立体式传播手段，为党史学习教育营造浓厚氛围，在学习教育过程中把提高站位与联系实际结合起来，把赓续血脉与创新发展结合起来，把规定动作与自选动作结合起来，推动党史学习教育深入员工、深入基层、深入人心，促进项目在第二阶段起步之初即迅速进入全面大干的崭新局面，为新时代交通强省、交通强国贡献力量。

（原载 2021 年 3 月 26 日祁婺项目办微信公众号"项目要闻"栏目，作者：王凯、汪慧）

新闻链接 3

祁婺项目开展"学史增信——坚持特色路，致敬筑路人"活动

4 月 29 日，在"五一"劳动节来临之际，祁婺项目办邀请婺源茶业职业学院的师生们来到项目建设一线，以"唱红歌奉香茗"的方式致敬"最美筑路人"。

此次活动以"学史增信——坚持特色路，致敬筑路人"为主题，现场设

在祁婺项目龙腾服务区，50余名茶院学生与祁婺项目建设者面对面、心连心。

活动首先为7名"最美筑路人"颁发了荣誉证书，随后婺源茶业职业学院的同学们用"敬茶"这种独特的方式，表达了对一线劳动者的敬意。活动中，茶院学生现场表演了合唱《不忘初心》、歌伴舞《听我说谢谢你》、舞蹈《红》等文艺节目，活动氛围轻松愉悦。

"最美筑路人"A2标段的王赛表示："非常荣幸获得'最美筑路人'的荣誉，感谢项目办和施工单位对我的认可，我将以这份荣誉为起点，立足岗位，更加努力，为建设咱们祁婺项目奉献自己的力量。"

"荣获这个荣誉我很激动，其实很多同事表现也很优秀。我是祁婺项目办派遣在钢梁生产企业的驻厂监理，在今后的工作中，我一定会尽力加强监理业务方面的学习，把好钢梁生产的质量监督关，力争做成江西省行业的典范。""最美筑路人"称号获得者胡成志说道。

参加演出的茶院学生卢萍说："非常感谢给我这样一个机会，让我们茶院学生来生产一线展现自己的茶艺、舞蹈，也由衷地向祁婺项目建设者说一声你们辛苦了。"

开展此次活动，是祁婺项目办党委推进党史学习教育的一项具体行动，旨在提升党史学习教育成效，使全体参建党员干部增强信心、信仰和信念，激发广大项目建设者打造"品质祁婺"的劳动热情，实现"建功祁婺"的雄心壮志。

（原载2021年4月30日祁婺项目办微信公众号"项目动态"栏目）

新闻链接4

俞文生到祁婺项目为党员干部讲授党史学习教育专题党课

6月25日下午，江西省交通投资集团有限责任公司党委委员、副总经理俞文生到祁婺项目办为党员干部讲授党史学习教育专题党课，江西省交通投资集团有限责任公司规划建设部党支部、祁婺项目办全体党员及各参建单位党务、行政负责人、党务干事共 20 余人参加学习。

课堂上，俞文生深入阐述了党史学习教育的重大意义，再次强调了集团党委对党史学习教育的总体要求，并充分肯定祁婺项目办党委在党史学习教育中取得的成效，特别是为民服务办实事、切实践行永临结合建设理念方面的做法，得到省厅认可和推广。就思想伟力和精神伟力两个层面，俞文生围绕井冈山精神对项目建设工作的指引作了深入讲解。他强调，一是要坚定执着追理想，要树立崇高的理想信念，高速公路建设者在项目之初就要设定目标，并在项目建设过程中持之以恒，高质量完成项目建设任务，打造国内一流项目；二是要实事求是闯新路，要结合现实情况突出特色亮点，在项目建设过程中坚持解放思想、实事求是，进一步提升创新能力；三是要艰苦奋斗攻难关，要身体力行艰苦奋斗，项目建设者更要做到吃苦在前，享受在后，不负使命，不要丢失廉洁奉公的高尚情操，在革命精神感召下，认真抓好每个环节，抓安全、质量等责任体系落实；四是要依靠群众求胜利，要始终相信群众依靠群众，切实注意群众利益问题，提前谋划，积极为群众办实事，服务好当地群众、保障好本项目民工工资发放，营造良好的项目建设环境。

祁婺项目办党委书记、主任习明星主持党课学习时指出，要加强学习，切实用党的伟大历程启迪智慧，切实转化为工作水平、能力提高；要尽责履职，用党史学习教育推动工作落实落地；要狠抓作风，将党史学习教育成果展现在工作作风改进上，清正廉洁、务实高效，确保下半年任务圆满实现，真正实现平安高速、美丽高速、和谐高速、廉洁高速。

（原载 2021 年 6 月 27 日祁婺项目办微信公众号"项目要闻"栏目，作者：王凯）

本章小结

祁婺项目结合江西省高速公路投资集团有限公司"党建高质量发展年"要求，充分发挥党建引领作用，以高质量党建促高品质工程。他们提出了"党员有品行、干部有品德、工程有品质"的党建工作思路，使党建工作与推进工程进度、打造品质工程相融合，通过开展1+N"领头雁"等活动，充分发挥党建引领作用、支部堡垒作用和党员的先锋模范作用，形成浓厚的干事创新氛围。

思考题

1. 在建设一线，如何做才能把党建和工程建设紧密结合？您觉得祁婺项目的成功之处有哪些？

2. 如果您是祁婺项目的一位党员，身穿"红马甲"出现在一线建设现场，您最在意或最关注的是什么？这种"视觉识别系统"在党建文化中具有什么意义？

第五章
管理文化源于真抓实干

很多项目影响力的缺乏或失败其实并不在技术层面，而是由于项目管理文化的匮乏。项目管理文化可以引导、塑造卓越的团队，对项目管理成败起到关键作用。祁婺项目管理文化渗透在工程建设与管理的各个环节，与本书其他章节介绍的廉政文化、党建文化、科技文化等都有交叉，具有你中有我、我中有你的血肉联系。

项目管理不仅是一门学问,还是一种文化。我们在应用项目管理艺术或技巧时,也应将之视为一种文化,以便研究其价值观、方法等,解决应用过程中不同管理文化或管理模式的冲突与碰撞,最终使项目管理达成目标和内容的高度融合。

工程项目从前期工程可行性研究报告到施工组织与管理最终到竣工验收,需要成千上万建设者的共同努力。这些建设者来自全国各地的诸多企业,企业性质或许有所不同,人员生活、工作习惯及文化思想均有差异,除了需要项目内部充分磨合外,还要共同应对外部复杂的环境。这就势必要求建设各方高度协调和系统安排,从而保证工程项目的整体统一性和执行的高效率。

项目管理内容涉及质量、安全、进度、费用等等,是一门系列交叉学科。项目管理文化则是一种价值观和信念,能影响建设各方,很好地解决项目管理这些问题。那么,我们如何衡量其作用大小呢?通常的做法是通过财务、运营和社会性指标综合评价,同时兼顾项目在建设过程中及竣工验收、投入运营后社会各界的反响,以此判断该项目管理及管理文化达到了什么样的高度。

很多项目影响力的缺乏或失败其实并不在技术层面,而是由于项目管理文化的匮乏。项目管理文化可以引导、塑造卓越的团队,对项目管理成败起到关键作用。

优秀的项目管理文化具备四个特点。一是高度参与度。项目组织者制定的文化建设策划对项目完成有重要影响,建设者高度参与才能有力促进工程建设。而且,随着时间推移,这种影响力会加速扩散。二是强烈的责任感。项目管理文化使来自五湖四海的建设者短时间内明确项目建设的目标和使命,明确各自权利和义务,提高工作效率,促进项目建设。三是较强适应度。优秀项目管理文化反应灵敏，能够根据环境变化及时调节，作出预见性的判断，缩短响应时间。四是保持连续性。项目管理水平的不断提升和改进依靠优秀的管理文化，管理文化作用的持续发力最终使建设各方实现共赢。

祁婺项目管理文化渗透在工程建设与管理的各个环节，与本书其他章节介绍的廉政文化、党建文化、科技文化等都有交叉，具有你中有我、我中有你的血肉联系。本章独立介绍，除了彰显管理文化重在执行落实之外，还以一些具体管理手段、制度、理念、观点等为读者提供更为直观、更为直接的感受，便于读者参考。

案例 1

走到一起就是缘分

——在甲方乙方签约前见面会上的发言

◎ 习明星

邀请各家公司的领导过来，急着开这个见面会，主要是受疫情影响，国内经济面临新形势。国家要求加大基础设施建设投入，我们的思想必须统一到加快建设这么一个总体要求上来。通过辛苦的前期工作来看，三家单位我们都很中意。希望接下来，让我们满意。怎么才能叫我们"满意"呢？就是要派能展示你们能力的人来，把工作按时保质干好，干出特色、干出品牌、多出彩。

今天是见面会，还没有签合同，并非甲方乙方，我们是平等的。以后建立了合同关系当然也是平等的，但以后会有个甲乙，遇到困难或问题还是要多商量。

一、就见面会工作补充几点

1. 总体感觉特别好：认真听、仔细记，受益匪浅，学到了东西，为后续工作理清了思路；当然，对所记录的，我也会监督到位。

2. 总体要求是要互相理解：不仅本次谈判，包括未来的合同管理，也应该互相理解。我们都要在合同的基础上合法合规地处理，既要实事求是，又要互相理解。

3. 表达三层意思：表示欢迎，走到一起就是缘分！表示感谢，积极参与投标，支持工作；表示祝贺，第一中标人。马上就是合同关系，希望遵照合同，合规合矩，履行合同，互利共赢。

4. 提出两个请求：人是第一生产力。派能干、肯干、敢干的专家型项目经理团队过来。项目特殊，要求也特殊，希望总部大力支持。接着就是带我们去看你们最好的工地，把最好的装配设备引进来，解决生产工具的问题。当然我们也会带你们去看江西最好的工地。怎么样像榜样看齐，等下我会讲。

二、着重强调几个建设理念

1. 齐心务实、建品质祁婺的建设愿景。路线长度40.747公里，概算投资68.3亿元。重点工程：特大桥5座，隧道6座，桥隧比52.3%。项目特点难点：地形复杂、桥隧比例高、生态环保要求高、创新应用多。所有的工作都要针对项目特点、难点。江西省交通运输厅工作会要求以祁婺项目为引领，打造新一代高质量高速公路建设标准。

2. 生态优先、绿色建造、文明施工的现场建设管理要求。全面贯彻"创新绿色开放协调共享"和人类命运共同体理念，始终以人民为中心，实现"对社会负责、利益相关方满意"的和谐共享目标，减少施工对群众、环境的影响，建设绿色生态工程。注重生态环保，加强环保水保管理，综合表土资源和隧道洞渣的利用。

3. 机械化换人、自动化减人、智能化无人的建设技术导向。推广标准化、工厂化、装配化技术，最大运用机械化施工，推动工人产业化。探讨 BIM 技术的综合应用，与信息化技术结合，搭建智慧管理、智能建造平台，实现业务管理数字化，信息展示可视化，建造过程智能化，指挥决策智慧化。

4. 抬头看齐、带头示范、埋头实干的建设工作精神。集百年平安品质工程、交旅融合绿色生态美丽公路、BIM＋GIS＋北斗运用的智慧建造为一体的综合示范项目。

三、做好服务，项目办对自己团队和参建单位的要求

1. "代建＋监理一体化"的管理模式：高效、环节少；决策迅速；三个臭皮匠顶个诸葛亮，要集思广益，不缺少任何一方意见，不偏激，更专业、更认真、更细致、更慎重、三思而行。

2. 紧盯建设目标：智慧高效、安全耐久、绿色生态。目标很多，不能三心二意，和 BIM 智慧建造示范、百年平安品质工程示范、绿色生态公路示范三个示范结合。

3. 团队建设要求：践初心、勤学习、敢担当、守底线。践初心：高标准建设，高效率推进，高品质完成。一切围着项目转，紧紧盯着项目干，一切以有利于快速推进项目建设、高质量完成好本工程建设为出发点。勤学习：建设学习型组织，创新型组织，数字型组织，实现勤于思考、敢于实践、善于总结，达到用所学到的东西去实现改进点点滴滴，始终要做个学生，谦虚进步，达到品质步步提升的状态。敢担当：工作作风要事事马上办，人人钉钉子，个个敢担当；要不为不办找理由，只为办好想办法，今天再晚也是早，明天再早也是晚；做事情要有规矩讲规矩，事事都要有程序、人人都要守程序，不是乱担当。守底线：有万无一失、一失万无的底线思维，不破质量底线、不越安全红线、不触廉洁火线；质量方面要求质量在我心中，标准在我脑中，工艺在我手中，这样才不会破质量底线；安全方面要做到一时一刻不放松、一丝一毫不马虎，不能抱一丝幻想，不放过一个漏洞或风险点。月月

安全月、人人安全员,天天是紧张状态。这样才不会越安全红线。廉政方面是火线,是高压线,要求不介绍队伍、不推销材料、不收受礼金。

四、对公司总部的相关要求

1. 落实三条线。

质量底线:公司总部现场成立质检部,副总或总工定期回访参加季检制度,争取获评李春奖、鲁班奖、百年平安品质工程,总部要建立考核、激励、奖惩制度,给予项目关注支持。我们招标也预设了品质工程措施奖,希望三家比学赶超。

安全红线:安全咨询单位、平安工地阶段考核各单位轮流组织、平安工地冠名奖励,需要总部力量支持。

廉政火线:从源头治理反商业贿赂告知、定期确认制度,希望大家支持。

2. 前期集中派公司各方面的专家(管理、技术、安全、协调、电力、临建、党建、宣传等),做好项目策划、标准要高、起点要高,借鉴好做法、好经验,通过找标准、抄标准,实现超标准。去你们最好工地看一看,或者说你们知道的我们知道的最好的工地看看,尽快组织。在审查你们施工组织设计前组织完。项目经理班子团队,要求4月5日前确定,今天你们预选的来了,会后你们去看一下现场,全面了解项目特点难点后,希望回去再仔细研究确定。

3. 组织人员到现场,全面核查图纸、原地面标高、边坡开挖线、隧道进出口位置、涵洞通道等结构物位置等,争取图纸能够再修改完善一遍,便于后续施工顺利开展。

4. 项目建设过程中,希望给予项目经理部经济上、技术上、管理上、组织上的帮助,经济上前期投入、过程中专款专用,技术上把脉把关、管理上支持协助,组织上倾斜关照一线人员,全面关心本项目的经理部。

5. 过程中紧盯李春、鲁班奖创建等目标,为了工程完工后申报这些奖项,过程中就明确专人收集相关资料。这么大的项目,总归需要有一些成果。希望你们也提出一些具体目标。

（本文系习明星在甲方乙方签约前见面会上的发言，题目为编者所加）

案例2

同心共建树标杆

——祁婺项目2021年上半年工作汇报

⊙ 习明星

2021年上半年，在江西省交通运输厅的关心关怀和江西省交通建设工程质量监督管理局的监督指导下，我们认真领会江西省交通投资集团有限责任公司工作会议精神，贯彻落实江西省交通投资集团有限责任公司项目建设管理公司工作部署，深入践行"创新、协调、绿色、开放、共享"五大发展理念，围绕"智慧高效、安全耐久、绿色生态"总体建设目标，着力推进项目建设，基本完成了上半年工作任务。

一、项目工程概况

德州至上饶高速公路赣皖界至婺源段新建工程总长度约40.7公里，概算投资68.3亿元。主线采用双向四车道高速公路标准，路基宽度为26米，沥青混凝土路面，设计时速100公里/小时，项目桥隧比高达53%（特大桥5座，隧道6座）。项目主体工程2020年6月开工建设，计划于2023年上半年建成通车，建设工期36个月。

工程具有以下特点、难点：一是桥隧占比高、斜坡高墩多、技术难度大；二是地形地质复杂，路线线位高，组织难度大；三是生态敏感点多，旅游景点密布，环保要求高；四是目标定位高，行业关注大，创新应用多。

二、项目推进情况

我们充分发挥"代建 + 监理一体化"优势，科学管理调度，主动担当作为，克服了疫情防控、梅雨季节等不利因素影响，营造了开工即大干、起步即冲刺的施工氛围，各项工作有序推进。

基本建设程序情况：关口前移，快速推进基本建设程序报批，努力破解以往项目边建设边报批的现象。用地手续6月份获得批复，水保方案预计7月中旬批复，环保方案预计8月中旬批复；项目质量监督申请已受理、施工许可已批复，具备全面施工条件；清单核查已完成上报项目建设管理公司审查。

招标工作情况：严格执行招标程序，认真规划、精心组织，已完成的招标实现了零投诉。3月底完成主体工程招标，4月底完成合同签订，7月上旬完成甲控材料招标；7月底前完成第三方检测招标。

临建工程情况：按照"临建有品质、临建保品质"的总体要求，运用BIM技术、航拍摄影技术，对临建进行多设计方案比选，将地方徽派建筑特色融入临建，与周边环境相协调。目前，施工单位驻地建设（含试验室）已完成；主要拌和站、钢筋加工场建设接近尾声，预计在7月下旬全面投入使用。

征地和房屋征收情况：采取总体包干的模式与当地政府签订协议，让地方政府和项目办同时担负起主体责任，减少了"特事特议"事项，快速推进了征迁工作。截至目前，主线内房屋已全部完成征收拆除，红线用地交付75%左右。7月底基本可以全部完成红线用地交付。

工程进展情况：截至目前，路基清表完成55%；路基土石方工程完成43万立方米，占年度计划10.1%；涵洞工程折算完成8道，占年度计划8.4%；桥梁桩基完成71根，占年度计划8.6%；墩柱完成6根，占年度计划1.6%；长隧道的进洞套拱完成2处；婺源枢纽互通部分匝道的拓宽改建已开始实施。

三、主要做法

我们坚持党建引领、廉洁护航、文化助力和创新驱动的工作思路，紧盯年度目标任务，对照建设重点难点，努力探索和打造品质工程。

1.强化全员教育培训，提升团队素质。我们以教育培训为抓手，竭力建设一支政治过硬、素质过硬、能力过硬的建设管理团队。一是请专家"授"。项目进场以来，先后邀请专家、学者、教授开展了环保水保、安全生产管理、建设法律法规、品质工程创建等培训。二是行家"传"。利用雨天、夜间等时间段，由行家里手讲解《安全技术》《工点标准化》《品质工程方案》等管理制度及要求，帮助年轻员工和新进场员工提升业务能力。三是老同志"带"。各业务部门、现场管理组自觉形成了以老带新的学习氛围，加快了新员工和年轻员工的成长速度，激发了团队的工作积极性和责任感，为项目建设增添了活力。进场以来，我们开展了各类教育培训17次（1000余人次），并利用微信、QQ工作互动平台组织全员交流探讨，促进了团队素质的提升。

2.吸取行业标杆经验，提高建设标准。按照"找标准、抄标准、超标准"的思路，先后10余次组织项目管理人员到浙江、广东等品质工程创建先进省份，及萍莲、大广、信江航电枢纽等先进项目观摩学习，借鉴他们在品质工程创建、标准化建设、工业化生产、装配化施工、信息化应用、党风廉政建设等方面的先进做法和成熟经验，结合项目实际进行提炼，编制了符合工程特点、项目需求、品质提升的高标准的实施方案、细则和办法，如《工点标准化实施方案》《施工安全标准化实施细则》《机制砂使用管理办法》等。

3.组织比武竞赛活动，营造争先创优氛围。牢固树立"不为不办找理由、只为办好想办法"的工作要求，组织开展了品质临建、BIM运用、工点标准化、标准试验室建设等比武竞赛，发挥"首件制"的作用，组织了桩基施工、涵洞施工、边坡修整等现场观摩，让施工单位在比武竞赛中用成绩发声，在观摩学习中向榜样看齐，比学赶超的项目建设氛围有了良好的开端。

4.融合区域人文特色，践行永临结合理念。婺源自然生态环境优美，历史文化厚重，县域范围均为AAA级景区。项目施工便道、场站在建设过程中全面推行永临结合、文化融合。一是施工便道与地方"四好农村路"相结合（12公里/1条），与规划的乡村道路相结合（6.3公里/14条），实现了路地共赢。二是所有大临设施建设全部采用"徽派式"建筑或涂装，与地方特色文化结合，使临建成为风景。三是临建与地方规划用地和旅游资源相结合，A1标经理部将作为沱川乡旅游宾馆永久保留，A2标经理部场地按清华镇新农村规划进行平整。四是项目VR安全体验馆与服务区规划设计相结合，安全体验馆将成为服务区徽派文化展示馆，实现场馆和VR设备的全价值利用。

5. 践行生态穿越，构建绿色品质。秉承"绿色发展＋旅游文化"理念，推进绿色工地建设，打造生态文明示范项目，助推地方旅游经济发展。一是落实"一桥即是一景，一路即是一观"的建设标准，沿线纵、横向便道边坡全部挂网喷播，沿线桥梁施工全部绿色＋企业文化墙围挡，主要桥梁施工点配备泥浆池分离机，施工与景观融合，减少对环境和旅游的影响。二是清表土与地方乡镇签订协议（第一批次约5.2亩），将荒地改造成高产茶园种植地，减少了弃土，造福了地方。三是两区三场全部配置污水处理设备、PM2.5环境监测成套系统、脉冲除尘装置等，保证除尘降噪，用先进技术设备将环境影响降到最低程度。

6. 引进先进管理团队，突出专业化优势。一是引进安全咨询团队。为项目提供全方位的安全咨询服务，安全策划、安全管理、安全监督更科学合理、更全面到位。二是引进BIM应用开发团队。以项目智能管理系统为依托，在大临场站建设、便道选线、互通区地形营造、枢纽互通交通导改等工程设计、施工过程中BIM技术得以广泛使用。三是引进信息化管理团队。构建OA协同办公、BIM＋GIS应用、智慧监理等十大功能综合信息管理平台，实现质量监管、人员管理、智慧建造、数据采集、实时监测、安全预警、施工评价等综合功能。项目办将第三方纳入项目部门，实现一体化管理、协同化办公，有效提升了项目管控能力和效率，让管理更标准统一、更规范高效，为项目决策和建设品质工程提供了专业支撑。

7. 携手地方共创共建，营造和谐建设环境。为全面深化"路地"关系，实现与地方资源共享、优势互补、互利共赢，营造良好的项目建设环境，项目积极与地方携手共创共建。一是开展党建共建。与婺源县委联合开展了"重走红军路"主题教育活动，与某乡镇党委开展了"走进红色地标、重温入党誓词、牢记党员使命"主题党日活动。二是开展廉洁共建。与婺源县纪委监察委联合开展"清风祁婺"联创共建活动，签署了《"清风祁婺"廉洁共建工作备忘录》，完善廉政风险防控体系建设，遏制项目建设职务犯罪行为，着力打造阳光工程、廉洁工程、和谐工程，实现工程优质、干部优秀、资金安全的目标。三是开展企民共建。项目办会同施工单位与学校、敬老院、村庄或贫困家庭结对子，开展帮扶活动。现已投入 20 余万元帮助思口镇中心小学平整广场、修砌围墙；拟投入 8 万余元对清华中学校门出口道路改造，解决学校进出的交通安全难题；拟投入 50 余万元对沱川乡河西、河东两个自然村的饮用水管道进行改移，解决 500 余户村民生活用水难题。

四、建设体会

1. 项目文化是项目推进的"助力器"。以文化融合促进思想融合、行动一致。以"齐心、务实，建品质祁婺"为建设愿景，以"践初心、勤学习、敢担当、守底线"为团队要求，对项目办驻地进行了文化设计，让员工处处看在眼里、时时记在心中，增加了全体建设者的文化认同，实现了目标激励、以文化人的目的。

2. 顶层设计是项目推进的"航向标"。项目管理策划对项目建设的引领作用尤为重要，以全员参与、集思广益的方式开展项目顶层设计，让总体目标、工程管理、项目创新、廉政建设、项目宣传等各项管理制度深入思想、贯彻始终，促进员工在实际工作中统一思想，明确目标，稳扎稳打，步步为营。

3. 设计提升是项目推进的"着力点"。在施工组织设计过程中，利用 BIM 技术在施工便道选线、取弃土场选位、临建选址、场站布局和功能区划分等方面开展多方案动态模拟和比选，不断优化施工组织设计方案，从源头提升质量和品位。

4. 规范流程是项目推进的"指南针"。没有规矩，不成方圆。在项目推进中，以建立健全管理制度、实施方案、实施细则作为规范流程的有力抓手，做到事事有程序、人人讲程序。

5.责任到人是完成基本建设程序的"主抓手"。项目建设用地、施工许可、水土保持方案、环境影响报告书等开工前置条件，必须采取任务分解、挂图作战的方式，将目标任务细化、量化、层层分解、责任到人、时限到日，才能保证正常开工。

五、当前存在的困难和问题

一是临时用电将制约桥隧施工进展。婺源县范围的原电力供应能力较差，在涉及本项目35kv和110kv的电力迁改问题的协商过程中，地方供电部门提供的接改电方案反复调整，提出迁改费用过高（明显高于以往项目）。如不能快速确定迁改方案和费用，将会严重制约桥隧施工进展。

二是饮用水源迁改影响工程全面推动。沿线村庄存在26处饮用水源取水口与路线交叉，涉及农户530余户，影响桥隧开工17处，协调迁改工作量比较大，对7月全面推动工程建设存在一定影响。

三是婺源县拟启动花园至沱川段县道升级改造工程，将会造成A1、A2两个标段主要运输通道中断。即使升级完成，高速公路施工也会造成重新损坏，重复投入资金修复。

四是项目沿线主要河流发生了超百年一遇的洪灾，造成跨越清华水的四座钢便桥冲毁，A2、A3两个标段主要运输通道中断，影响雨季后施工迅速进展。

六、下一步工作打算

为全面落实江西省委省政府、江西省交通运输厅关于加快重点工程建设、重大项目投资的指示，根据《江西省交通投资集团有限责任公司2020年工作要点》和《江西省交通投资集团有限责任公司2020年重点工作任务分工落实清单》，结合祁婺高速主体工程建设"三过半"的年度目标，我们将详细分解、统筹推进，确保目标任务实现。

一是坚定思想，快速完成项目开工前置条件。坚持"预则立，不预则废"的工作思路，逐一理清影响全面开工的因素，力争在 7 月底一项不缺地全面完成施工许可报批，全面完成红线用地交付，全面完成纵、横向施工便道，推动全面开工。

二是双管齐下，临建和主体工程两手一起抓。详细分解第三季度的工作任务，以抢抓开工为主线，抓住 7 月承上启下的关键作用，确保涵洞工程开工率超过 60%、桥梁工程开工率 100%，主要隧道完成套拱施工，具备进洞施工条件，为八九月份实现大干快上奠定基础。

三是同心共建，积极做好征迁服务工作。主要人员靠前调度指挥，成立红线用地、杆线迁移、水源迁改调度领导小组，加强与地方的统筹协调，实行每周现场联合办公制，发挥项目办高位调度职能，快速突破限制条件。

四是精心组织，全面推动品质工程建设。严格落实江西省交通运输厅关于品质工程创建要求，完善品质工程创建方案，出台品质工程措施费使用管理办法，结合班组创建、首件工程做好部署，结合微创新、微改进做好推动，努力提升项目建设品质。

五是不畏艰难，制定洪灾应对措施。成立洪灾处置工作专项调度小组，开展灾后调查和处置工作。对施工单位产生的损失进行统计，启动保险理赔、设施打捞工作，减少施工单位损失。启动灾后重建，立即开始重建钢便桥，同时结合现有地方道路、规划改路等条件，进行道路拓宽、硬化，实现尽快临时通行，避免长时间影响工程进展。

总之，我们将继续学习各兄弟项目的好做法、好经验，认真全面贯彻落实今天会议的精神，进一步加强服务意识，进一步提高主观能动性，发挥业主的引领作用和"代建 + 监理一体化"模式的优势，确保全面完成下半年的建设任务。

（本文系习明星 2021 年 7 月 14 日所作的祁婺项目 2021 年上半年工作汇报，题目为编者所加）

案例 3

把任务落实到每天的具体行动中

——第一阶段施工总结及第二阶段施工部署发言

⊙ 习明星

尊敬的各位领导、同志们：

大家好！今天，我们在这里召开第一阶段总结暨第二阶段施工部署会，认真总结第一阶段任务完成情况，分析存在的问题和差距，动员部署第二阶段工作。上午，刘震华副厅长、俞文生副总经理等领导一行视察了项目施工现场，现在又亲临会议指导，为阶段先进单位、优秀个人颁奖，这是对我们全体参建人员的极大鼓舞和鞭策。在此，我谨代表祁婺项目全体建设者，对各位领导百忙之中亲临会议，表示热烈的欢迎和衷心的感谢！

下面，我简要汇报第一阶段任务完成情况和下一阶段的目标计划。

一、第一阶段任务完成情况

在省交通运输厅、省交通投资集团的正确领导下，我们认真贯彻项目建设管理公司的工作部署，得到了地方政府大力协助，科学组织，精心调度，项目建设开好了头、起好了步，第一阶段任务完成良好。

（一）全面完成了阶段任务

截至目前，路基土石方完成83.5%；涵洞通道完成84%；桥梁桩基完成80%；承台系梁完成48.6%；墩柱台身完成43.1%；隧道初支完成27.4%、二衬完成17.1%；防护工程完成28.6%，排水工程完成20%，上边坡绿化完成48.9%。超额完成了一阶段"三过半"的目标任务（路基土石方过半、桥梁桩基过半、涵洞通道过半）。

（二）突出抓好了三项活动

一是突出抓好了工点标准化。创造性地提出了《祁婺高速工点标准化实施方案》，狠抓《方案》落地。根据各工点特点、作业要求、施工环境等因地制宜制定工点作业布置图，使现场施工标准统一、规范有序；通过开展路基边坡、桥梁钻孔桩、隧道爆破作业等工点标准化观摩，总结编制可推广、可复制的工点标准化图册；并积极申报《江西省公路工程工点标准化管理指南》（地标），发挥工点标准化保品质的长效机制。

二是突出抓好了劳动竞赛。我们严格合同履约，采取约见法人代表、调整项目经理或其他班子成员、增加专业管理人员等方式加大管理力度，深入开展"大干60天"等劳动竞赛，强化评比考核，落实激励机制，加大奖惩力度，促使各参建单位在工作中"比树企业形象、比规范化管理、比精细化施工、比微创新应用"等，极大地调动了全体参建人员的积极性、创造性，营造了只争朝夕、大干快上的浓厚氛围。

三是突出抓好了平安工地创建。从规范安全生产管理制度、安全培训、风险源管理、安全生产费管理、作业禁令、应急预案等26项工作入手，逐项制定操作细则，出台《祁婺高速公路"平安工地"达标标准》。坚持安全生产大教育、大培训、大宣传、大检查、大整改，严抓安全生产费专款专用、用足用实。充分利用第三方安全监管模式的专业化优势，诚恳邀请地方安监部门进行现场指导和监管，确保了安全生产零死亡、零事故。

（三）努力打造了六个品牌

一是精雕细琢打造"品质祁婺"。大临建设方面，围绕"临建有品质，临建保品质"，结合BIM技术对临建方案进行比选，实现投入最小化、场地规范化、功能齐全化、效益最大化的目标。工点标准化方面，按照工点标准化图册对作业点进行布置，实现现场整洁有序，达到提质量、促安全，切实打造平安百年品质工程。

二是永临结合打造"绿色祁婺"。我们以"最小的破坏、最大的利用"为原则，全方位策划永临结合，推进绿色公路建设。实现了施工便道与地方道路的结合、承包人驻地建设与地方乡镇需求和新农村建设结合、项目 VR 安全体验馆和项目建设文化展示馆相结合、弃土场与茶叶种植地改造结合等等，既达到了路地共赢，又落实了低碳环保。

三是数字驱动打造"数智祁婺"。坚持"BIM 引领，智建未来"的理念，大力推行互联网 + "数智建造"应用，依托 BIM 技术积极探索信息技术与公路建管技术的深度融合。4 月 8 日交通运输部公路局主持召开的 BIM 运用推进会上，我们的做法得到了与会领导的肯定，已经获得全国和全省 BIM 奖各一项。

四是匠心巧思打造"创新祁婺"。延伸了管理模式创新，充分发挥"代建 + 监理一体化"优势的同时，引进安全咨询、BIM 应用开发、信息化管理三个专业化管理团队，实现工程管理专业化。推进了工艺工法创新，先后创新应用了边坡液压夯、轻型塑钢模板、高分子养生保水膜等 20 余项"微创新"。开展了管理手段创新，如在隧道中实现了 AI 人脸识别、车牌自动识别、人员机械实时定位等智慧工地管理；在监理工作中运用北斗基站和专用新设备，精准高效校核施工单位的 GPS 测量放样等。

五是以人为本打造"平安祁婺"。结合项目特点推行了平安祁婺"3456"安全管理顶层设计，即"三个目标、四化管理、五项举措、六有机制"，并以"创平安工地"为目标，以"安全生产标准化达标"为抓手，全面强化施工安全管理，为工程建设保驾护航。

六是党建引领打造"建功祁婺"和"清风祁婺"。按照"党建 + 品质工程"的党建模式，通过开展 1 + N 党员"领头雁"活动，发挥党员干部在项目建设中的先锋模范作用，打造了"建功祁婺"的党建品牌。通过抓日常廉政教育和监督，与地方纪检监察部门开展廉洁共建活动，打造了"清风祁婺"的廉洁品牌。

二、差距和不足

第一阶段任务虽然全面完成，在质量、安全管理等方面也取得了一定的成绩。但对照4月12日省交通投资集团2021年重大项目建设推进会的要求，我们还存在一些差距和不足。一是梁板预制等部分工程进展滞后不均衡，个别标段水中工程重视不够，项目实现全流水作业还有差距。二是墩柱等混凝土外观不够完美，工点标准化坚持不够深入持续，离会议提出的打造经得起历史检验的"平安百年品质工程"、打造"国内前列、省内一流、人民满意"的典范项目的要求还有差距。三是现场高空作业、隧道施工的安全隐患时常出现，抓实抓细安全生产工作的责任还压得还不够实。四是水土流失、道路扬尘等情况还时有发生，生态优先、绿色发展的理念贯彻到项目建设的全方位、全过程还不够。

面对上述进度、质量、安全和环保方面的差距和不足，我们要站在全面落实新发展理念、全面推进交通强国和交通强省建设的高度，进一步提高工作要求、进一步拓宽工作思路，进一步创新工作举措，扎扎实实地点滴改进、加以解决。

三、第二阶段的目标任务

第二阶段自2021年3月1日至2022年的2月28日，共12个月。我们的主要目标是：路基土石方、涵洞通道、桥梁下部构造基本完成，隧道掘进和梁板预制完成80%以上，桥梁基本实现半幅贯通，路面基层摊铺和钢混组合梁安装完成过半，基层备料基本完成，ATB及中下面层备料完成50%以上。

对照任务目标，我们将继续坚持党建带路、创新领路、和谐开路、文化引路的主线，把握重点，抓好要点，攻克难点，确保任务全面完成。

（一）扎实提高管理效能

本月底，项目建设管理公司将召开项目建设管理效能提升专项推进会，深入研究推进项目建设"七统一"管理，推动项目建设提质增效。集团也拟在上月调研几个子公司的基础上，就理顺项目管理机制、提升项目管理水平等开展封闭式大研究、大讨论。我们将以此为契机，一切围着项目转，紧紧盯着项目干，加大项目办自身建设和管理力度，进一步完善各项规定、优化各项流程，健全建设标准化体系，真正做到事事有程序、人人守程序，全面提高管理水平和工作效能。

（二）扎实抓好标准化管理

围绕"智慧高效、安全耐久、绿色生态"的总体目标，把标准化管理活动贯穿建设的全过程，把标准化管理的要求融入工程质量、安全、环保、廉政等各项工作，把"粗活细作、细活精做、精益求精"的管理理念落实到日常行为里，真正使标准成为习惯、习惯符合标准、结果达到标准。一是抓好质量管理标准化。严格工序操作、工艺流程，严把材料关和交验关，全面攻克钢混叠合梁的拼装、运输、架设等标准化生产作业难题，本项目钢结构的体量特别大，相当于5座鄱阳湖二桥，是第二阶段质量管理的最重要工作。二是抓好安全生产标准化。突出抓好隧道施工、高空作业等关键安全生产防范工作，要有隐患就是事故的理念，月月都是安全月、人人都是安全员，确保不发生任何安全责任事故。三是抓好环保施工标准化。以"生态优先、绿色建造、文明施工"为宗旨，落实绿色发展理念，建设一处、绿化一处，施工一片、恢复一片，做到"工完、料尽、场地清"和"施工不流土、竣工不露土"。

（三）扎实推进工程进度

坚持倒排工期，抢抓有利季节，不断掀起一个又一个施工高潮。一是科学组织，抓住关键工程和关键线路，做好任务分解，实现挂图作战。二是加大投入，组织开展平行作业、轮班作业、流水作业，形成热火朝天的作业场景。三是强化手段，通过BIM技术的应用和信息化管理平台，逐步实现"业务管理数字化、信息展示可视化、建造过程智能化、指挥决策智慧化"，确保高效快速。四是做好协调，加强对有关政策精神的精准学习把握，更加主动与地方政府、群众的沟通，妥善处理好扬尘、改路、接水等问题，营造良好的施工环境。

（四）扎实打造项目文化

一是将"齐心、务实，建品质祁婺"的建设愿景和"践初心、勤学习、敢担当、守底线"的团队要求等项目建设文化深植于全体参建者脑中，以文化人，激发大家的干劲和热情。二是结合地方人文特色和地域环境，围绕婺源绿水青山打好绿色生态牌，围绕地域旅游经济产业打好旅游文化牌，围绕开放式服务区开发、服务区品质提升打好交旅融合经济牌。三是推进项目党建和廉政文化建设。开展好党史学习教育工作，深化"党建＋品质工程"、"领头雁"等活动。围绕打造"清风祁婺"廉洁品牌，做到不介绍队伍、不推销材料、不收受礼金，实现工程优质、干部优秀。

我们将以本次会议为新的起点，全面落实本次会议的重要讲话精神，坚定信心加油干，开拓创新大胆干，砥砺奋进务实干，上下齐心合力干，把第二阶段的任务落实到每一天的具体行动中，落实到每一件具体的工作上，坚持不破质量底线、不越安全红线、不触廉洁火线，确保二阶段目标胜利实现。

（本文系习明星在 2021 年 4 月 15 日第一阶段施工总结及第二阶段施工部署会上的发言）

案例 4

金秋的第一份果实

——在婺源隧道双幅贯通仪式上的讲话

⊙ 习明星

同志们：

秋天来了，丰收的季节就到了。祁婺项目转入第二阶段施工以来，全体建设者辛勤付出、拼搏奉献，全面掀起了建设高潮。A3 标段更是捷报频传：

一座座桥梁正在架通、一段段路基即将交工……今天，又实现了关键控制性工程：婺源隧道的双幅贯通。在此，我谨代表项目办对婺源隧道的贯通表示热烈祝贺！向 A3 标段全体参建人员表示衷心的感谢！

婺源隧道自 2020 年 8 月 1 日开工以来，全体施工人员历经了 370 多个日日夜夜的艰苦奋战，克服了围岩较差的实际困难，发挥了一线工人的聪明才智，自创了多项小微创新、小型工具，采取分段毫秒爆破技术实现了光面爆破的最佳效果，隧道建设质量得到了充分的保证，为"品质祁婺"的建设贡献了力量。在这里，我特别要向刚刚受到表彰的优秀协作队伍、一线工人致以崇高的敬意！

A3 标段进场以来，项目经理部紧紧围绕"齐心、务实，建品质祁婺"的建设愿景，精心组织、科学调度、合理安排，认真践行永临结合理念，落实工点标准化管理，推行智慧智能化管控，在月度、年度和阶段考核评比中均取得了较好的成绩。但我们应该清醒地认识到，后续的施工任务还特别繁重，还将面临紫阳隧道贯通、高墩高空作业、梁板预制架设、桥面系施工和婺源枢纽交通导改等诸多重点、难点。

经项目办仔细研究，为全面落实年度目标，充份利用秋季这个江西施工黄金季节，拿出 800 多万元进行奖励激励，制订了为期 3 个月的"攻坚主项目标任务、打造平安百年品质"的"秋季会战"专项活动。今天你们争取到了金秋的第一份果实。希望 A3 标段全体参建人员一如既往保持饱满的热情、昂扬的斗志，继续秉承"固基修道、履方致远"的企业使命，继续发扬"自强奋进、永争第一"的企业精神和"精雕细琢、精益求精"的工匠精神，全面落实交通运输部平安百年品质工程示范的高要求，超越自我、快乐工作、美好生活，在秋季会战中结出累累硕果，高质量完成全部建设任务，全面展现中交一公局厦门工程有限公司"双百亿"品牌企业的风采！

谢谢大家！

（本文系习明星 2021 年 8 月 19 日在婺源隧道双幅贯通仪式上的讲话，题目为编者所加）

案例 5

努力只能合格，拼命才能优秀

——在清华隧道双幅贯通仪式上的讲话

⊙ 习明星

同志们：

大家好！

祁婺项目在大家的共同努力下，丰收的喜讯一个接一个，今天迎来了清华隧道双幅贯通的大喜日子。在此，我谨代表项目办对清华隧道的贯通表示热烈祝贺！

清华隧道虽然只有 561 米，但它的地质条件极差、施工难度极大、安全风险极高。今天它的胜利贯通，展示了我们管理团队特别能组织、特别能应对的专业实力，展示了我们施工队伍特别能吃苦、特别能战斗的优良作风，展示了我们"齐心、务实，建品质祁婺"的良好风貌，所以在这里我向 A2 标段全体参建人员表示衷心的感谢！

A2 标段二工区总部新领导黄浩波总经理刚刚上任，就亲临我们祁婺高速帮助指导，这对我们二工区所有作业队伍、所有参建人员都是最大的鼓励！也充分体现了公司总部对祁婺建设的高度重视，对打造品质祁婺的坚强决心！黄总是我的老同事、好兄长，他严肃果断、雷厉风行的作风一直是我学习的榜样，所以我和大家一样，深受鼓舞，信心满满，我们将勇敢面对接下来的更大挑战。

一是继续高品质推进项目建设。祁婺项目列入交通运输部全国首批平安百年品质工程示范项目，我们深感责任重大、使命光荣。要想实现示范目标，我们必须具有坚定的意志、充分的信心、足够的能力，必须坚持"努力只能合格，拼命才能优秀"的思想，必须坚持"说干就干、干就干好"的态度。

二是继续高速度推进项目建设。项目进入攻坚阶段，前面的难点还有很多，艰苦的战斗仍在继续，我们必须一个山头一个山头地攻，一场战役接着一场战役地打！只有跑出建设加速度，才能满足新时代社会经济发展的新要求，才能适应交通强国、交通强省建设的新需要。

三是继续高安全推进项目建设。要以"经常睡不着、半夜又惊醒"的压力来抓安全，牢固树立"隐患就是事故"的理念，一时一刻不放松，一丝一毫不马虎，做到零容忍、零放过，始终把安全放在第一位去抓紧抓实抓细，确保零事故、零死亡，实现"平安工地"的目标。

同志们，让我们撸起袖子，晴天大干、雨天巧干、晚上挑灯干、一天当作三天干！

谢谢大家！

（本文系习明星2021年9月28日在清华隧道双幅贯通仪式上的讲话，题目为编者所加）

案例 6

开会 + 不落实 =0

——在祁婺项目2021年11月生产调度会上的发言

⊙ 习明星

这两天徒步看了下工地全线，一步一步走，喜忧参半：喜的是我们三个月的大干成效不错，忧的是距离平安百年品质工程创建与交通运输部示范工程的要求还是有差距。但最大的忧虑还是进度，所以提前开个调度会。主要目的是总结三个月攻坚大干的成绩，动员争分夺秒决胜年度目标任务。为进一步统一思想、鼓舞士气、激发斗志，今天下发了"冲刺年度目标"的活动方案，下发前已与各单位商量，大家也积极认领了年终冲刺的目标任务。

前段时间开展了为期三个月的主项攻坚活动，今天组织的是冲刺年度目标活动。我们组织这么多活动的目的是：瞄准目标搞竞赛，抓好竞赛奔目标！今天又一项目标定了，也就是短时间的冲刺点有了，我们一定要"与时间赛跑"，强化"一分钟也不能耽误"的紧迫感。从现在开始，就对各项任务倒排时间节点，拧紧发条，紧张快干，确保年底目标冲刺决胜中"跑出"优异成绩。谈到赛跑，大家都有感受，准备要足，斗志要高，反应要快，步伐要稳，韧劲要强。那么，在当前形势下抓好项目建设进度、提升工程质量和生产安全工作水平也是如此。下面我就以"与时间赛跑"为主题，提几点要求。

一、与时间赛跑，必须咬定目标、矢志向前

赛跑只有保持必胜信心，紧盯目标，奋勇争先，才有可能站上领奖台，拿到奖牌。我们必须坚持以勤补晚、以快补迟，千方百计把耽误的时间和进度抢回来，比如C匝道的交通导改。要有强烈的效率意识，突出以天保周、以周保旬、以旬保月，什么时间完成什么任务，都要心中有数。要有强烈的问题意识，瞄准短板和弱项持续发力，聚焦突破，精准攻坚，决不能让一些单项工作拖全局后腿，比如月岭出口段的路基。要有强烈的争先意识，决不能甘于平庸。不但要在项目争先，还要在全省争取进位。

二、与时间赛跑，必须精准发力、创新施策

运动员参加赛跑，需要结合自身特点和实际情况，制订科学的比赛战术。在当前形势下，我们必须因势而谋，科学调度，拿出创造性办法，采取创新性举措，努力取得事半功倍的效果。要善于谋划，无论我们做什么事，只要一门心思琢磨，就没有干不好的事。我们在前一阶段部署三个月攻坚的时候，也做了一些这样的安排。通过大家努力，取得了可喜的成绩，这就是思谋在先了。所以要坚持谋定而后动，聚焦现实问题制定针对性措施，确保工作推进务实高效。当前要全力谋划解决好桥下地形营造、路基收尾、桥面系施工等难题。项目办各部门要善抓重点，帮助施工单位把握关键环节，瞄准攻坚点位。

三、与时间赛跑，必须狠抓落实、合力攻坚

赛跑只有每一步迈得坚实有力，才能跑得快、跑得稳。过去的一年半，我们一步一个脚印，埋头苦干，迎来了全省品质观摩，成为全国品质示范工程。现在项目进入了一个焦急期，感觉抓重点亮点比较难。我们要大力弘扬"万众一心加油干"的团队精神，大家通力合作，比如路面全断面的典型示范、隧道洞门处理等，还是有很多可以打造的亮点。各项目经理、总工程师要时刻牢记"我抓了什么、做了什么"，充分发挥"关键少数"作用，既做指挥员又做战斗员，统筹用好各种资源，组织调动各方力量。

四、与时间赛跑，必须风清气正、奖优罚劣

赛跑必须遵守规则，否则就有可能被裁判罚出场。三个标段要自觉在思想上、行动上与项目办保持高度一致，确保令行禁止、政令畅通。各标段既要追求争先创优高线，全力以赴推动各项工作进位争先，又要守住廉洁自律底线，始终绷紧纪律之弦。要营造浓厚的真抓实干氛围，进一步加强正向激励，强化鞭策约束，真正通过这场赛跑，让担当作为的标段、个人出彩。我们在考核评比时，必须重实绩、重效果，不得搞平衡、搞照顾，真正奖得让人心服口服，切实发挥好评比表彰激励作用；该批评的批评，该通报的通报，该问责的问责，真正以硬核手段倒逼埋头苦干。

今天调度会也开了，但仅仅是动员，开会不等于落实、不等于行动，反而是开会 + 不落实 =0，还浪费开会的时间。所以从今天起，要按照赛跑的节奏加强检查，但也千万注意防止假检查、走过场的检查、没有目的的检查，有检查没发现等于零，那是形式主义；而检查有发现问题但没处理也等于零。就检查工作，我也谈几点建议。

一是检查每天工作的安排和实际进度。千万注意，有重视没投入等于零。你每天安排得好好的，但没有相应的配套投入，那只是写在纸上的安排。也要注意，今天完成了明天没持续还是等于零。你今天进度达到了，明天就放

松了，甚至明天退步了，最终还是会落空。所以要天天检查、天天对照。

二是检查每项工作的标准和落实情况。千万注意，有标准没达标等于零。工点标准化我们项目是带头了，但有标准我们会主动去达标吗？能不能达标？这也需要持续检查。查到有差距的，就要整改。整改不能说一下动一下，有整改没保持等于零。今天改了工地清爽了，施工一两天，又回到从前，这就是没保持，没有形成习惯。怎么让标准形成习惯，让习惯达到标准，就是一个持续保持的问题。一定要形成习惯，一两次的达标是不行的！路面工作才开始，达标工作更为重要。

三是检查内部的工作状态和存在的问题。为什么要检查工作状态？因为我们需要一个团结一心的团队，需要齐心务实的作风，必须通过检查发现队伍中存在的"掉队"问题，特别是思想"掉队"的问题。我们决不允许任何一个人"挂空挡""掉链子"。因为任何环节的问题都可能影响总体目标实现。

最后特别想谈一下生产安全的问题。有生产没安全依旧等于零。加上年终岁末，安全生产风险、农民工工资引发的问题也会明显增多，必须始终绷紧安全这根弦。

一是思想认识上真正"紧"起来。坚决克服麻痹大意和侥幸思想，重点环节、重要工点要采取严之又严、细之又细的有力有效措施，确保安全生产形势持续稳定。二是隐患排查上真正"细"起来。要真正把隐患当成事故看待，突出涉路施工、高空作业等重要环节。对发现的每项安全隐患，能立即整改的立即整改，不能立即整改的要限期整改到位。江西省交通投资集团有限责任公司项目建设管理公司特意召开以"查隐患"为主题的会议，目的是让大家带着查隐患的眼睛，全员管安全。三是措施落实上真正"实"起来。要创新方式方法，把传统手段和大数据、5G、物联网等科技信息化手段有机融合，强化安全管理，特别是路面工程施工怎么推动，包括安全生产费的使用与管理。四是春节将至，农民工工资问题要特别引起重视。首先思想上必须有准时、足额发放农民工工资的正确认识；其次要做好农民工工资专项检查和摸排，加强农民工工资专用账户管理、实名制管理，落实农民工工资维权信息公示。三个施工单位一定要落实农民工工资发放的主体责任，对恶意欠薪、农民工工资管理不力的，我们也会予以惩戒。

完成年度目标任务时间格外紧、任务格外重，必须打起精神，以"今天再晚也是早、明天再早也是晚"的干劲，利用好每一天，全力跑好"冲刺年度目标"这一程。有我们的与时间赛跑，有我们的严格检查落实，有我们的安全护航，我们一定能把这 45 天的大干，变成争气、争光的施工大会战，也一定会胜利完成今年的目标任务，再度展现祁婺风采。

（本文系习明星 2021 年 11 月 15 在祁婺项目生产调度会上的发言，题目为编者所加）

案例 7

春节前的三个话题

——在 2021 年度总结会议上的讲话

⊙ 习明星

今天开年终总结会，除了总结表彰先进、拜个早年、布置节日期间安全工作等常规工作外，我们还有几个主要目的：一是晒一晒去年干得怎么样；二是听一听大家怎么想；三是看一看今年准备怎么干。

我们表彰的只是先进的代表，先进还很多。建设过程中，涌现了一大批优秀个人、优秀工匠还有美丽班组等等，但先进不是仅仅体现在表彰上，而是表现在平时工作中。应该说，没有得到表彰的先进更多，甚至有的没受表彰的更优秀，还有很多同志高风亮节，把先进让给别人，所以还有很多幕后英雄、默默的奉献者。在这里，我对大家一年的辛勤劳动表示衷心感谢。因为你们，祁婺才这么精彩、才这么出彩！

下一个话题就是拜年。有钱没钱，回家过年，是中国的文化，也是优良传统。首先,我希望大家把工作安排好,尽量都能开心地回家过年。工作的目的就是为了幸福的生活,但是工作性质决定了我们在尽量满足人民美好生活向往的同时,还有些需要克服的问题。一个是怎么去尽量满足向往,那就是一定要让农民工兄弟有钱回家,没钱年过得就不幸福了。所以拜托几位,一定要提高站位,去落实农民工工资问题,不折不扣地落实,让农民工朋友过一个祥和美满的春节!另一个我们工作性质决定需要一部分人值班值守,以防突发情况和常规巡视检查,也要安排好,留下的同志如何丰富节日期间生活要安排好,要尽量安排当地同志值守,但也必须考虑安排带班领导,让留下的同志也过一个祥和美满的春节!回去的同志注意路途安全和防疫工作。今天借此机会,我代表祁婺项目办向你们、向全体参建者,并通过你们向你们的家属拜个早年,祝大家在新的一年里,身体健康!工作顺利!合家幸福!

节日期间安全布置,刚才大家都做了统筹安排,我都同意,请大家按照刚才说的抓好落实。

再一个话题:去年工作怎么看、今年工作怎么干?刚才听取了施工单位的年终工作汇报,监管处也做了补充。听了大家的发言,有三点比较明显的感受:一是大家工作有亮点,一年收获满满;二是大家信心有提高,个个容光焕发;三是对下一步安排有思考,节奏有条不紊。希望大家提高站位抓落实、明确责任抓落实、突出重点抓落实,切实让我们实现对岁末年初工作的统筹安排,也必须确保我们能够实现2022年春节后工作稳健开局。

下面,我也来"晒一晒前面干得怎么样",和大家一起总结分享项目前两个阶段的丰收和喜悦。

一是我们严格按照前期策划的理念在推进,获得高规格的认可。

①永临结合理念是我们进场之初就提出来的,得到江西省交通运输厅的认可,并发文推广,专门在婺源召开专题会议,深化运用。永临结合的做法被江西电视台多次报道,获得党史教育为民办实事的优秀案例的通报表彰。②工点标准化是我们项目最先在江西提出来的,成为争创品质工程的抓手。我们制定的工点标准化指南得到行业认可,计划以地方标准的形式推出。③

第三方安全咨询模式得到充分认可，项目安全生产态势总体平稳，这种模式在今年江西省交通投资集团有限责任公司安全生产工作报告中多次提到需要推广。④"代建＋监理一体化"作为交通强国江西试点内容，在交通运输部批复文件中作为两种点名的方式之一（另一种是"建管养一体化"），被写入了交通强国江西试点方案中。⑤安全体验馆作为永久性设施留在服务区，得到很多项目效仿。相关公司已经承接了5个类似工程，就说明了其效果，获得了上级多次点赞。此外，VR安全体验馆获得江西省科普教育基地冠名。⑥事事马上办、人人钉钉子、个个敢担当、不为不办找理由、只为办好想办法等提法，我们是两年前提出来的，在两年后被写入江西省交通运输厅工作报告，作为一种精神推广。⑦月月都是安全月、人人都是安全员与前不久发布的新安全生产法的全员安全责任和前不久项目管理公司举办的全员常态化隐患排查活动的思想完全吻合。这都说明我们几年前提的一些项目建设理念、项目建设文化，得到了不折不扣的执行，而且效果很好。《祁婺飞歌》多次在江西省交通运输厅、江西省交通投资集团有限责任公司的大厅屏幕滚动播放，"齐心、务实，建品质祁婺"的愿景逐渐得以实现。

二是我们认真对照"作示范、勇争先"的要求在推进，取得成效。

①做好了百年平安品质工程创建的示范：召开了江西省品质工程观摩会，祁婺高速项目获得了交通运输部第一批平安百年品质工程示范项目，获得了全国公路微创新大赛金奖1项、银奖1项；科普作品获得中国公路学会一、二、三等奖各1项，项目获得中国公路学会全国公路科普日先进单位。②做好了全国生态交通示范：我们边坡圆弧化技术、施工一级绿化一级的要求、环水保的控制、扬尘治理微信群管理、一桥一景的理念、桥下地形营造、文化墙施工围挡、互通区地形营造等等，均达到了生态示范的效果，绿色旅游公路建设思维深入人心。③做好了江西省交通运输厅BIM示范：积极创新搭建BIM管理平台，获得了中国公路学会一等奖、江西省第二届BIM大赛二等奖、全国第二届建筑业BIM大赛三等奖等好成绩；目前，两部地方标准编制完成，正在申报立项，在交通运输部公路局BIM专题会议上做了典型交流，在安徽举办的中国公路学会数字化年会上进行了技术交流；论文《基于BIM

技术的边坡修复的探讨》被评为全国绿色交流会优秀论文等等；BIM示范工作取得了预期效果，得到了江西省交通运输厅主要领导和科教处的高度评价。④积极争取交通运输部科技示范工程冠名，已经通过专家初审，年后将复审。吕西林、朱合华等院士到祁婺项目开展科技技术咨询，酝酿了"高速公路碳计算方法与减排实践"和"旅游高速公路安全与人文品质提升的关键技术"等前瞻性的科研主题。也就是说，我们工作按照示范要求去定位，切实将国家领导人视察江西提出的"作示范、勇争先"作为我们的目标。

三是我们始终心存李春奖、詹天佑奖的目标在推进，实现最接地气的成果。

①对照大奖找标准：找差距，补短板，强弱项，认真对照，实现了符合大奖要求的高定位。经过学习别人的，列好提升清单，让临建和新技术应用有了大提升，用品质临建保工程品质。②对照大奖抄标准：百见不如一干！我们主动对标先进、布置了"抄标准"、保先进之法。机械化换人方面，我们用有实际价值的设备装备，展秀不作秀。比如隧道9台套，我们根据效果引进。自动化减人方面，用有现实意义的新技术、新工艺，有作为而不乱作为，比如马天亮常介绍的钢筋厂一共13人；智能化无人方面，与5G、物联网等融合，切实提升智慧化管控水平。钢梁厂高强螺栓施拧扳手信息化控制也是非常典型的，获得了微创新大赛金奖。③对照大奖超标准：我们也考虑了示范的要求，参建单位水平都不低，围绕"抓好重点、攻克难点、打造亮点"的管理思路，通过正反面观摩、首件制、擂台比武等，达到改进点点滴滴、品质步步提升，真正实现"超标准"。工程是干出来的，工程品质是管出来的。正因为有大家的共同管理，有大家的理解支持，项目质量产生了最接地气的效果，检查结果非常好。

四是我们通过攻克难点、打造亮点培养人才、锻炼队伍，达到最尽人意的状态。

在攻克难点方面，我们成功破解了最大跨径的钢混叠合梁系列技术难题，目前管控情况良好，5座已经架通了3座；我们成功打通5座隧道，A3标段半幅贯通，婺源枢纽交通导改取得阶段性胜利；我们成功开展龙腾服务区超前设计，设计理念方案颇佳；我们成功应对地形地貌复杂安全风险，安全达标，安全观摩获得好评，安全考评获得江西省第一名。我们在应对这些挑战、攻克这些难点、打造项目亮点的过程中，培养锻炼了人才队伍。这方面首先在我们管理团队得到表现，几乎主要人员都得到提拔或重用，或是引进成为正式职员，或在单位（或其他项目）得到提拔，或是在我们项目得到重用，或是斩获大奖。应该说，大家在攻克难点中水平得到了提高，为其他项目输送了大批骨干或关键岗位人才。其次在施工单位体现也很明显，获上级集团"十佳项目"荣誉称号、被观摩，集团领导高度关注等，也发现、提拔了一些同志。而且，这个效果在我们项目完工时表现将更明显。施工单位一般以业绩论英雄，大家在祁婺项目的业绩喜人！工程优质、干部优秀是项目管理的最佳状态，我们实现了党建工作提的"三品"要求。

我们的丰收硕果累累，在这里不一一列举了，接下来"看一看今年准备怎么干"。我这里简要提几点，具体等节后再来布置，提几个思路，供大家思考。

一是继续推进项目建设管理的经验总结。要向上级集团分管领导提出建议，开展"走一路，看一路，议一路，评一路"的活动，总结江西省各项目好的做法，形成标准，供大家后续项目借鉴运用。所以，我们项目先要做好总结工作，一是为这个活动做准备，二是我们第二阶段总结大会需要汇报材料。大家都思考思考，春节后第一时间汇总。

二是继续推进项目工程用表的优化简化。这项工作前期我们开展了，但后续我还是建议江西省交通运输厅、江西省交通投资集团有限责任公司项目建设管理公司去推进。这个关系到我们如何高效管理工程、如何减少无效劳动，是好事。表格决定管理流程，表格决定监管重点，表格也决定务实作风，所以还是要高度重视，不能虎头蛇尾。

三是继续推进项目品质示范的高位落实。作为交通运输部的百年平安品质示范工程，要有国家级标准。品质工程示范不是写一个方案就结束了，而是方案中的东西要说到做到，而且要做得出彩，具有示范效应。这就需要大家熟悉我们的总体方案、熟悉你们的实施方案，春节后对此要进行宣传贯彻和对照检查，还要做好总结工作。

四是继续推进项目创新工作的提炼提升。科技创新方面，我们是做了很多超前谋划的，但仅仅有一个好的顶层设计是远远不够的。当前，这方面获得了很多奖励，但实际这些奖的获得，有大家的努力，也有很多其他因素。我们怎么才能名副其实？就是针对顶层设计要去抓落实。国家高速公路网项目和我们地方高速公路网项目不同。他们很多项目都有2000万元以上的科研经费，人家直接当业主。而我们要做出成绩，必须付出比别人更多的努力。很多工作要靠我们自己做，钱要用在刀刃上，关键时候才去借力，但我想这样更锻炼人。我希望大家都有这个认识、这个高度，我们共同参与，就一定可以，也一定能成长。施工单位自身也要适当投入，科技是第一生产力，就看你是不是真的在创新，是不是真的结合了我们项目和生产工作。A1标段共同参与了作业标准化视频的拍摄工作，大家都要真正参与进来，展现我们的工点标准化成果，真正体现项目成果。

还有五是、六是、七是……除了常规本来要说的如进度、质量、安全、廉政、宣传、节前值班等等，我想说的太多了，说明我们需要做的太多了。总之，希望大家快活过年，快活的同时也想想春节后我们的慢活，工程就是慢活出精品。春节后，希望我们按时回到工作岗位，"赶前抓早"吹响第三阶段的冲锋号。

最后，布置一个重要任务。江西省《政府工作报告》等都提到了春节期间重大工程不停工、重大企业不停产，鼓励施工人员就地过年，也有效防止疫情传播。所以，请我们三个项目经理站在政治高度，组织作业队伍继续干，并将计划下周一前报项目办。也请代建监理部制定春节不停工专项奖励方案，对节日留下来的施工作业人员给予最大肯定和感谢。

今天就说这么多，再次祝大家春节快乐！家庭幸福！谢谢！

（本文系习明星2022年1月6日在2021年度总结会议上的讲话，题目为编者所加）

案例 8

奋力推进项目建设
——2021年度工作总结

2021年是祁婺高速项目建设承上启下的关键年，项目办切实加强与地方政府沟通协调，紧紧围绕"智慧高效、安全耐久、绿色生态"的建设目标，严格落实《推进交通强省建设2021年工作要点》《2021年江西省交通运输厅全面深化改革工作要点》《交通强省领导小组关于打造"平安百年品质工程"试点实施方案》和《江西省交通投资集团2021年重点工作任务分工落实清单》等要求，奋力推进项目建设，工程进展和投资完成情况良好，质量安全形势稳固可控，圆满完成了年度工作任务。

一、项目概况

德州至上饶高速公路赣皖界至婺源段新建工程总长度约40.7公里，概算投资68.3亿元，桥隧比高达53%（特大桥5座、隧道6座）。项目主体工程于2020年6月开工建设，计划于2023年上半年建成通车，建设工期36个月。

特点、难点：一是桥隧占比高、斜坡高墩多、技术难度大；二是地形地质复杂，路线线位高，组织难度大；三是生态敏感点多，旅游景点密布，环保要求高；四是目标定位高，行业关注大，创新应用多。

二、项目进度及投资完成情况

（一）2021年任务目标

1.路基土石方、涵洞通道、桥梁下部基本完成；钢混叠合梁加工完成75%、安装完成过半，基本实现半幅贯通。

2.隧道掘进和梁板预制完成 80%，隧道二衬完成 60%。

3.路面水稳基层完成过半，水稳基层备料基本完成，ATB 及中下面层备料完成 50%。

（二）主要工程进展

1.路基工程：路基土石方、排水工程、防护工程及上下边坡绿化基本完成。

2.桥涵工程：涵洞通道完成 100%；下部构造基本完成，预制梁完成 80%，架设完成 60%；钢混叠合梁构件加工完成 82%，架设完成 50%。

3.隧道工程：除沱川隧道外（省界隧道），其余中长隧道均已双幅贯通（二衬及电缆沟等已完成）。隧道掘进完成总量的 80%，二衬完成总量的 73%。

4.路面工程：基本完成所有路基的底基层、下基层摊铺工作（除梁场外），ATB 摊铺完成 7.5%，ATB 及中下面层备料完成 55%。

（三）投资完成情况

截至 2021 年 12 月底，本年度完成投资 26.15 亿元，圆满完成年度投资任务；项目累计完成投资 52.65 亿元，占概算总额的 77.1%。

（四）年度成果

1.BIM 应用：2021 年 4 月，获江西省第二届建筑信息模型（BIM）大赛二等奖；5 月，《基于 BIM 技术的边坡生态修复设计探讨》被评为"第七届全国绿色公路技术交流会优秀论文"；10 月，《BIM 技术综合应用》喜获 2021 年度中国公路学会"交通 BIM 工程创新奖"。

2.提质创新：2021 年 9 月，荣获第二届全国微创新大赛金奖、银奖各一项。

3.科普宣传：2021 年 10 月，项目推出的《VR 安全教育体验》《智慧监管——胡工的一天》《公路工程工点标准化管理科普读本》分别获中国公路学会优秀科普作品一、二、三等奖。

三、2021年工作重点、亮点

2021年是项目第二阶段建设期，呈现出"工程全铺开、作业全覆盖、工序全交叉"的建设特征，路线线位高、环保要求高、枢纽互通交通导改难也进一步加大了建管难度，要实现"一路通，两过半，三突破"的年度目标任务难度较大（即保障路线全通畅，基层、钢混叠合梁完成过半，梁板预制、隧道掘进完成80%及桥梁半幅通）。项目办围绕核心目标任务，坚持党建带路、创新领路、和谐开路、文化引路的工作主线，把握重点，抓好要点，攻克难点，全力推动了以下工作。

（一）持续推进品质建设有新招

一是全力攻坚控制性重点。项目5座特大桥施工运用了高栓自动施拧扳手、红外线梁体拼装定位、液压悬挂运梁车、天车自动协同架桥机等先进技术和设备，保证质量和安全，在探索中创新。二是全面开展质量通病"专项整治"行动，筑牢质量基础。持续开展钢筋保护层、路堑边沟排水、混凝土外观、二衬钢筋质量提升活动，取得了"一通、两好、三优、一提升"（路堑边沟底槽排水一路通，隧道钢拱架、二衬钢筋数量合格率两优良，墩柱、二衬、梁板钢保合格率三创优，梁板外观有提升）的良好成效，筑牢了品质建设的基础。三是打造品质路面，采用了整幅摊铺的大型摊铺机、沥青拌和站加热系统油改气设备、激光混凝土摊铺整平机等，对半刚性、沥青路面拌和、摊铺、碾压等关键环节实行智能监控，进一步提升路面结构层标准化施工水平。四是全面实行隧道质量管理"洞长制"，进一步明确各级管理人员的职责和责任，推动"洞长 + 工班长"的质量管理体系，形成对子、拧成绳子，使其成为隧道质量管控的关键环，基本遏制了隧道偷工减料问题。五是继续推进工点标准化工作，认真总结工点标准化的成效，完成了指南编写和申请地方标准的初稿，并结合工程进展，补充完善了桥梁上部施工工点标准化的内容，实现施工主要环节全覆盖。六是大力推动班组建设、工匠培育、金牌队伍创建，有序开展了梁板钢筋绑扎、焊接比武、最美T梁等竞赛活动，并将奖励倾向一线班组、一线工人，涌现出优秀钢筋班 2 组，最美工匠 3 人，金牌队伍 1 个，极大地激发了一线工人进行技能提升和小微改的积极性和热情，形成了学技术、比技能、讲创新的浓厚氛围。

持续的努力换来了丰硕的成果。在交通运输部公布的平安百年品质工程项目（第一批）清单中，祁婺高速公路项目成为江西的新标杆，这也给予我们更大的激励与挑战。

（二）持续开展数智建造出新果

BIM 创建示范是江西省交通运输厅交予我们的又一重点任务。今年，我们以深化 BIM 技术在智慧监管平台的应用、关键工程施工阶段的应用为抓手，探索 BIM 助力项目建设的新路径。一是推动了钢混叠合梁信息化设计施工一体化应用、房建工程综合管理及景观绿化的应用，枢纽交通导改软件的研发等，让复杂结构、复杂地形、复杂交通的质量安全管理更直观、更简捷。二是以制定标准为目标，开展全面总结。按照交通运输部行业标准对项目级的 BIM 建模和交付标准进行完善，克服了人员不足、经验不够等困难，加班加点地进行归纳总结，完成了江西省地方标准申报工作。三是加大数字化综合智慧监管平台的使用力度，进一步将"施工现场可视化、数据呈现图形化"落到梁板架设、路面摊铺等关键部位的施工管控，提升项目管理数智化水平，建智慧高速。四是加强智慧监理平台的开发运用，推进"项目监管移动化、电子资料合法化、数据传输实时化"，探索智慧建设的新方法、新手段，达到精确高效、精简高能、精细高质的目标。五是全面开展智慧高速、智慧交通的调研调查，学习其他省份、项目在智慧交通的研究应用亮点，组织机电、交通安全工程专项设计人员，提出了符合祁婺项目特征的智慧交通设计方案。

（三）持续推动平安建设开新局

全面攻坚任务给项目安全管控提出了严峻考验。"三高两险"的管控是项目安全管理的重中之重，在抓关键、抓重点过程中，项目精心思谋、认真布局、提前防范，扎实开展基础管控工作。一是坚持安全生产教育、培训、宣传、检查、整改、销号的常态化管理措施，切实推进三年专项整治活动，严抓安全生产费专款专用、用足用实，累计开展安全教育进工棚80余次，受教一线民工2400余人次，以事例教育增强一线工人的安全意识。二是抓住现阶段高空作业、爆破作业、架桥作业密集期的特点，执行高墩作业安全设施三级网格长验收制、炸药领用安全总监审批制、架桥机过孔报检制（检查图片上传项目信息化系统安全平台），切实抓住安全管控的关键，牵住安全生产的"牛鼻子"。三是以交通运输部"平安工地"冠名为目标，以施工现场安全标准化、安全防护设施首件示范制、安全防护措施创新、现场安全用电管理为主线，做好施工安全管理工作，普及了高空作业爬梯门禁系统、架桥作业临边硬防护、桥头门禁系统、跨路安全门架等，有利保障了施工安全。四是加强与运营管理单位、交警与路政等管理部门的联系，推行"一事一议"联席工作机制，从完善交通导改安全设施设计入手，进行广泛调查和现场论证，召开专项会议15次，进行现场导改模拟论证9次，切实消除影响运营安全的"最后一米"，保障了婺源枢纽互通第一次导改顺利完成。

（四）持续打造绿色工程谱新篇

绿色公路是项目的三大示范目标之一，项目穿越全域旅游3A景区的最美乡村婺源，项目建设与绿色发展的矛盾是项目的核心难点。一是继续贯彻"最小破坏"的原则，半坡高墩施工尽量减少开挖和弃渣，加强一墩一设计与地形地貌的复核与审查，加强隧道洞渣的综合利用研究，实现最大化利用。二是努力践行"最强恢复"的要求，抓住当前有利季节，及时对已开挖的墩台、便道坡面、隧道洞口喷播复绿，现已完成桥下地形营造与整治10处，隧道洞口复绿6处。三是落实附属工程建设要求，开展了附属及绿化工程攻坚月活动，基本完成上下边坡绿化、主线附属和排水工程，实现最快恢复。四是坚持"一桥即是一景"的建设理念，由项目办分管领导逐一对景区范围进行了现场调查，提高景区施工区域恢复的设计标准，沿线桥梁的地形营造及景观小品打造实行一桥一设计，让工程景观与地方景观融合。五是加强环水保验收工作的提前筹划,重点监管取弃土场的支挡、防护、排水工程的实施和复绿工作,完善了隧道及桥下汇排水设计、沉淀池的位置定位,实现集中汇排、过滤汇排。

四、当前存在的困难和问题

(一)部分关键工作进度相对滞后

一是受疫情复工延迟及雨季等多方面影响,钢混结合梁、普通 T 梁的临建完善工作较慢,造成 T 梁预制和钢混组合梁的拼装工作滞后。二是服务区及所站场地已平整到位,目前房建施工招标工作必须加快推进。三是受地方加大环保管控和雨季材料污染影响,路面料源出现紧缺瓶颈,路面备料进展较慢。

(二)质量安全管控形势严峻

项目建设以处于全面铺开、全面攻坚的关键阶段,点多面广,桥梁下部构造、隧道掘进、梁板预制和架设、枢纽互通交通导改等关键工程均处于攻坚阶段,施工企业的管理能力、管理人员、管理经验面临最高峰的考验,项目管理人员一年多的高强度作业,容易产生疲惫心态,思想上容易松懈,进一步创新动力会出现下滑、管理力度会出现下降等问题。

(三)政策和监管的变化加大了建设难度

近年来,环保水保的政策要求更加严明,项目建设期间因冲刷造成的农田、林地污染、局部积水等问题,也面临违规占地停工整顿及处罚的风险。地方各部门对项目也加大了综合监管和执法力度,环保、应急、市场监督、林业等部门频繁进行综合检查,频繁进行停工整顿,对项目的总体安排也造成了一定影响,需要获得地方协调部门的支持,并加强与相关管理单位的协调。

（四）附属工程招标进度缓慢

目前，房建工程FJ1（清华、沱川收费站）、交通安全、绿化工程已完成江西省交通运输厅专家审查，待批复。力争2022年3月前完成招标工作。

机电工程已于10月29日完成江西省交通投资集团有限责任公司审查，目前设计单位正根据审查意见进行修改，预计1月报江西省交通运输厅审查。

五、2022年工作思路及重点

2022年是祁婺项目的收官之年，为全面落实相关任务目标要求，结合项目主体工程建设的实际情况，我们将重新布局、统筹推进，确保2022年目标任务实现。

一是加快路基单位附属工程施工，做好桥下地形营造和景观恢复，同步完成取弃土场防护绿化。

二是紧盯路面摊铺，路面附属同步进行。加快各路面结构层的施工任务安排，对已交验的路基及时摊铺底基层、水稳基层。对已完成梁板预制的梁场及时安排拆除工作，保证路面各结构层的施工。力争在2022年8月底前完成主线所有梁场拆除工作。路面各附属工程（含声屏障、挖方段水沟、新泽西墙等）要求在沥青摊铺前全面结束，做到无污染施工。

三是加快梁板预制、架设工作。目前梁板预制（含钢混梁）进度较为滞后，后续将会直接影响桥面附属工程的施工。项目办将开展劳动竞赛活动动员部署，确保在2022年7月底前完成全线梁板的预制及架设工作。

四是加快附属单位的进场施工工作。加快房建等附属工程招标，尽早开始附属工程施工，避免后期盲目赶工，给质量造成隐患。力争在2022年3月前完成所有附属工程（房建、机电、交安、绿化）的招标工作，确保施工单位及时进场施工；重点加快服务区一、二期的推进。江西省交通运输厅批复初步设计后，将及时启动该部分采取EPC模式建设，确保与高速公路通车同步建成运营。

五是加强施工质量、安全管控，促进品质大跨越。调动全体建设者积极性，成立QC小组，加强质量检测，实行每周一检，做到安全随检，尤其是加强通车前路面的安全管控，发挥代建管理优势，实现纵深管控。

六是科学组织，对重点、难点各个突破。根据工程进展要求，代建监理部已成立了路面组，对路面原材料、路面现场摊铺、路面附属工程的施工以及路基交验等进行统筹协调安排。后续将成立附属工程组，主要对房建、机电、交安、绿化现场施工以及协调，保证合理进度以及质量管控。

七是加强课题的研究推进，让课题走在前面，使其真正地为项目建设服务。

六、加快建设交通强省的意见和建议

1. 推广"代建+监理一体化"和全过程工程咨询模式；以建管养一体的思维促进品质工程创建，适当增加建设期投入保证高质量长寿命减少养护成本；研究建设期安全生产费使用，建立清单化使用指导意见，促进安全真正投入，减少或杜绝施工安全生产事故。

2. 推广机电交安一体化：同属交通工程专业范畴，减少协调工作量，部分标志柱可以考虑标志与机电综合利用，规范交安设施施工。

3. 推广监理与检测一体化：可以将原来第三方检测和监理检测合并，质量责任落实给监理检测单位或联合体，明晰责任，降低管理费用。

4. 推广附属工程（机电、交安、绿化等）设计施工图标准化：鉴于各设计单位对江西地方标准不熟悉，导致设计标准不一致，建议项目公司牵头制定相关设计标准。

5. 推广钢结构桥梁的运用：根据《江西省关于进一步提升公路桥梁安全耐久水平的实施方案》要求，推广应用钢结构桥梁，促进高性能材料、高品质制品。深入推进标准化设计，以推进桥梁模块化施工为导向，深化标准化设计。

案例 9

显虎威·出虎力·使虎劲

——2022 年开工动员讲话

⊙ 习明星

今天的会议是一个誓师大会。一年之计在于春，开局决定结局，开局就要决战。我们这么着急地召开这次会议，主要有三个用意：一是给大家拜个年，祝大家在新的一年里健康幸福、平安如意；二是给大家提个醒，尽快从假期自由松散的状态中走出来，重整旗鼓，整装待发；三是我们互相鼓个劲儿。

希望我们全体建设者，特别是各级负责同志，以饱满的精神、提速的节奏、实干的作风，立即行动起来，积极投身 2022 年工作，为实现新年"开门红"起好步、打好底、开好局。刚才大家汇报了工作计划，确实彰显了新年从头抓紧、紧张快干的决心和意志。

下面，我谈几点建议。

第一，加快收心起好步。假期已过，心思要迅速集中。新的一年，是项目决胜之年，工作任务非常繁重，不容我们有丝毫懈怠、半点放松。大家务必克服"不到十五年不完，年未过完懒干事"的习惯，心思要迅速集中，状态要迅速调整，秩序要迅速恢复，在精神上兴奋起来、思想上警醒起来、工作上紧张起来，抓好关键之年，奋战关键之年。为什么我们叫"关键之年"？因为项目自身的原因。为什么我们要尽快收心？因为任务、责任使然。

第二，明确任务抓好重点。必须激发"起步即冲刺、开年即决战"的冲劲闯劲，对于时间不等人的工作，要提前抓好，抓紧安排，尽快落实，各项重大任务和重点工作要抓紧细化分解，倒排计划。既要按照表格所列工作开展，又要突出工作重点。

第三，狠抓落实开好局。一要转变作风抓落实。春节刚刚过完，这时候往往是纪律松懈之时。当前，重中之重是要严肃上班纪律，全面进入正常工作状态。在转变作风上，希望每位领导干部都要做知行合一的模范，身体力行，率先垂范，树立起言出必行、有诺必践的良好形象。必须满怀激情工作，付出真情做事，把劲头鼓起来。要树立"爱拼才会赢、敢拼才会赢"的意识，勇挑重担，狠抓工作落实。二要改进方法抓落实。要学先进、找方法、冲得起来，牢固树立比拼和争先进位意识，以发展为荣。要大力弘扬"脚上有土、心中有谱"的工作作风，积极践行"一线工作法"，坚持在一线指挥协调、在一线解决问题、在一线推动工作。三要奖惩结合抓落实。四要加强领导抓落实。良好的精神状态是做好一切工作的前提，从新春第一天开始，每位干部都要早起来、跑起来、快起来，拿出冲刺的作风、决战的姿态，争分夺秒，大干快上。面对艰巨繁重的工作，我们不能实行躺平主义、光说不练，必须抓好落实、抓住落实、抓紧落实，让作风实起来。要继续树立再难不推、再苦不叫、再烦不怨的工作作风，带头啃硬骨头、带头抓落实。

今年是虎年，我们应该都拥有虎的健康，每个人都要如猛虎下山，虎虎生威。起步就是冲刺、开局就要决战，让我们一手抓严安全生产，一手抓实生产组织，激发虎的创造和突破精神，敢于挑战、紧咬目标，显出"虎威"、发出"虎力"、使出"虎劲"，全面完成年度任务。

（本文系习明星在2022年开工动员会上的讲话，题目为编者所加）

案例 10

"安全生产月"倡议书

⊙ 习明星

尊敬的朱晗总工程师、各位领导、同志们：
2022年是开启第二个百年奋斗目标、实现"十四五"规划的关键之年，我们迎来了第 21 个全国"安全生产月"。今天，江西省交通运输厅组织召开"安全生产月"活动动员部署大会，意义重大而深远。本次会议的主题是"遵守安全生产法，当好第一责任人"。我是祁婺高速项目建设安全生产的第一责任人。根据会议安排，就当好项目建设安全生产第一责任人倡议如下。

一、牢固树立"人民至上、生命至上"的安全生产理念

组织深入学习贯彻习近平总书记关于安全生产重要论述、《新安全生产法》、国务院安委会安全生产"十五条硬措施"，广泛凝聚坚守安全红线、推动安全发展的共识，使安全生产理念植入"骨髓"，切实推动"安全生产月"活动开展。万无一失，一失万无！始终牢记"讲安全就是讲政治""保安全就是保民生""抓安全就是抓发展"，决不能以牺牲安全为代价，坚决守住发展这条红线，切实把安全生产作为项目建设的根本前提和基础，推动项目建设安全生产形势平稳向好。

二、时刻保持"经常睡不着、半夜又惊醒"的安全责任意识

安全事关职工的生命健康，事关家庭的美满幸福，事关项目建设的平稳推进，没有安全，一切为零！项目建设安全生产一刻也不能放松，只有起点，没有终点，更不能有断点，丝毫不可放任，坚决克服麻痹思想、厌战情绪、侥幸心理，始终牢记"月月都是安全月、人人都是安全员"，维稳之责一刻不能忘、警惕之心一刻不能丢、安全之弦一刻不能松！坚决落实建设单位首要责任，督促项目勘察、设计、监理、施工单位履行相应安全生产责任，明确"一岗双责"清单，层层落实责任人，构筑起横向到边、纵向到底的立体化责任体系。

三、全面建立"全覆盖、零容忍"的安全管理网络

切实履行安全生产第一责任人的带头作用,广泛开展"我是安全吹哨人""查找身边的隐患"等活动,以查"物的危险状态、人的不安全行为、管理上的缺陷"为重点,从严、从细开展拉网式、地毯式的安全风险辨识和隐患排查,有迹象就查、有苗头就敲、有隐患就消,确保安全隐患得到及时消除,实现风险管控"全覆盖"、专项整治"全方位"、安全监管"全天候"。凡是风险管控不到位的,坚决停工;凡是隐患排查治理不及时的,坚决停工;凡是达不到作业安全条件的,坚决停工。

四、上下形成"我要安全、我保安全"的安全行为自觉

组织建设各方学习国家有关安全管理的法律、法规,带头撰写安全文章、宣讲安全课程,强化安全进工棚、进班组的教育,调动参与安全生产管理的主动性和自觉性,营造"人人想安全、人人懂安全、人人管安全,处处防事故"的浓厚氛围。每天提个醒,安全多根筋,做到"不伤害自己、不伤害他人、不被他人伤害、保护他人不被伤害",实现从"要我安全"到"我要安全""我保安全"的转变。

同志们,安全无小事,责任大于天。让我们全面贯彻本次动员部署大会的精神,迎难而上、主动作为,在疫情防控常态化条件下抓实抓细安全生产的各项工作,积极创建平安工地,努力打造品质工程。

(本文系习明星在 2022 年 6 月 2 日举行的江西省交通运输系统"安全生产月"活动动员部署会暨"安规 e 码通"进工地活动上的倡议)

案例 11

贺信

中交一公局厦门工程有限公司：

贵公司承建的德州至上饶高速公路赣皖界至婺源段新建工程 A3 施工合同段，地形起伏特别大，技术含量特别高，婺源枢纽互通交通导改特别复杂，施工组织特别难，且先后多次遭受疫情、汛情影响。面对诸多严峻挑战，贵公司现场项目经理部积极应对，迎难而上，紧锣密鼓安排生产，顺利完成既定任务目标，充分体现了能打硬仗的优良作风。

2022 年 6 月 10 日，A3 施工合同段梁板预制全面结束，是项目的一件大喜事，也是 A3 施工合同段又一个阶段性的胜利。在此，向贵公司表示热烈祝贺和衷心感谢！向一线作业人员致以崇高的敬意和美好的祝愿！

回想 A3 施工合同段 2# 梁场，从建设之初的临建高标准，到首次浇筑全线第一片梁；从智慧智能化升级到获得全国公路微创新表彰。2# 梁场进度、质量、管理一路领先，引来了全省、全国十几次观摩，在全线带了好头，作了示范。今天，你们完成了使命，但我们不会忘记这 500 多个奋斗的日夜，不会忘记我们在此开展的 QC 活动创新。这种拼搏精神、创新精神将继续在我们的项目发扬光大，在未来得到传承发展！

A3 施工合同段项目经理部一直得到贵公司的帮助指导，公司领导心系项目、全力支持，成为项目经理部坚强的后盾。一线工人在刘灵波同志为首的项目经理部领导班子的带领下，一边大力推进项目质量安全生产标准化管理，一边宣传落实中交一公局厦门工程有限公司企业文化理念，受到了上级单位和建设各方的一致赞誉。希望大家一如既往，善始善终完成后续建设任务，齐心、务实，建品质祁婺。

一要提高政治站位，致力于做品质工程的旗手。向交通强国"四个一流"标准看齐，始终对标《交通强国建设纲要》，做好交通运输部平安百年品质工程示范的创建工作，全力打造精品工程、样板工程、平安工程、廉洁工程。

二要对标管理要求，致力于做质量安全的标杆。坚持把确保工程质量和安全放在首位，持续提升工艺水平，实现工艺保质量、质量保安全，全面做好婺源枢纽后续导改的管理和技术总结。三要强化创新意识，致力于做工艺提升的典范。总结在祁婺项目开展的信息化技术应用经验，进一步提高信息化技术在今后项目建设过程中的应用率和覆盖率，积极探索工厂化生产、流水化作业、智能化控制、信息化管理，加强智慧工地建设。

赣皖界至婺源高速公路建设项目办公室
2022 年 6 月 10 日

案例 12

跑出祁婺建设"加速度"

近一个多月以来，江西省发展和改革委员会、省交通运输厅、省交通投资集团有限责任公司主要领导密集调研高速公路建设，提出了一些新要求。

今天，江西省交通投资集团有限责任公司领导召开推进会对我们提要求、指方向，集团规建部将做具体工作部署。我深深感受到了上级领导坚决落实"项目为王"、强力推动"项目大会战"的力度；深深感受到了"精力围绕项目转，工作聚焦项目干"，深入开展"项目建设提速年"活动力度；深深感受到了集团加压下半年，提速项目建设，确保超额完成年度任务的力度。

一、祁婺项目进展情况及主要做法

2022 年 5 月，上级领导视察祁婺项目提出"强攻二季度、确保双过半"要求以来，我们尽力克服洪水等不利因素影响，基本实现"双过半"的目标。梁下部构造全部完成，预制梁完成 96%，架设完成 93%；钢混叠合梁构件加工全部完成，现场拼装完成 85%，架设完成 82%；现浇梁全部完成，桥面铺装完成58%。跨铁路桥下部结构全部完成，梁板预制完成5片。除沱川隧道（省界隧道）外，其余隧道均已双幅贯通，沱川隧道左右洞掘进分别剩约800米。路面底基层完成93.2%，水稳基层完成87.1%，ATB沥青上基层完成36.5%。收费所站房建工程正进行基础施工。交通安全设施已完成招标工作开始进场。上半年投资6.3亿元，完为年度任务的71%；累计完成投资58.95亿元，占概算的86.37%。

祁婺项目积极争取获得了"全国首批交通平安百年品质示范"、"江西省交通运输厅首批BIM技术应用示范"和"全国生态交通示范"三大示范，用实际行动、工作成果诠释"作示范、勇争先"的担当作为，2021年度高速公路建设项目评比获得"优秀"等次，2020年、2021年连续两年获得江西省交通运输系统平安工地考核第一名。

我们的主要做法有如下方面。

（一）持续巩固党史教育的成果，推进建设"和谐祁婺"。结合学党史、办实事要求，我们注重在成果转化上下工夫，将服务地方经济社会发展和服务群众生产生活需求、服务地方百姓再就业等实事、好事做深做实。在项目推进过程中，深入践行"永临结合"建设理念，造福地方百姓，得到了项目沿线干群的一致好评，为祁婺项目建设营造了一个和谐的环境。

（二）发挥项目党建引领的作用，推进建设"品质祁婺"。深入贯彻江西省交通投资集团有限责任公司"党建高质量发展年"的部署要求，不断擦亮"陆路同行"党建品牌，党建工作与品质工程打造相融互促，不断夯实"党员有品行、干部有品德、项目有品质"的党建目标。通过认真开展"领头雁""洞长制""工匠赛风采"和"班组赶帮超"活动，进一步拓展"品质祁婺"品牌内涵。

（三）对标数字经济工作的要求，推进建设"数智祁婺"。建设过程中努力提升数字技能和数据管理能力，争当数字化转型的"有心人""有为者"。我们以深化BIM技术在智慧监管平台和关键工程施工阶段的应用为抓手，探索BIM助力项目建设的新路径，对项目级的BIM建模和交付标准进行完善，完成了江西省地方标准申报工作，不断提升项目管理数智化水平。

（四）落实安全生产三年行动要求，推进建设"平安祁婺"。 以"全天候"方式狠抓安全生产监督，以"钉钉子"劲头夯实安全生产基层基础，强化全员安全生产责任，积极运用项目建设管理公司组织开发的"排雷小能手"，提升科技兴安水平。

　　（五）践行碳达峰、碳中和战略，推进建设"绿色祁婺"。 围绕绿色生态、绿色建造，着力把环保、水保的各项要求落地，确保婺源的青山绿水和人文景观。及时对已开挖的墩台、便道坡面、隧道洞口进行喷播复绿，实现"最强恢复"。吸收萍莲高速提出的"一桥即一景"的理念，一桥一设计落实桥下地形营造及景观小品，让工程景观与地方景观相融合。

　　（六）一体推进"三不"的机制，推进建设"清风祁婺"。 以"清风祁婺"为主题，打造廉洁工程。对内抓廉政制度建设、抓纪律约束、抓人员教育与管控、抓 8 小时之外的员工生活、抓规范工作程序和流程；对外落实商业贿赂协议抓源头，与地方有关部门开展廉洁共建。

二、本次交流学习对祁婺项目的启发

　　项目公司组织大家对祁婺项目进行了检查指导，为工程建设"体检""把脉"，我们收获了很多宝贵意见；通过参观宜遂、吉康项目，通过向其他几个项目办人员请教交流，我们收获了很多宝贵经验。项目建设管理公司按照"三级管理体系"的管理要求，组织我们各项目办营造了互相学习、争相赶超的浓厚氛围，为冲刺下半年打下了坚实的基础。

　　（一）管理上歇脚放松的危险苗头，必须尽快消除。 祁婺项目桥梁上部结构基本接近尾声，路基工程也基本完成交工，路面基层大部分已经完成，项目进展到当前程度觉得大问题不会再有，项目胜利在望，部分参建人员逐渐有了"喘口气"与"歇一歇"的思想。从现场观摩的几个点的情况看，与兄弟项目办相比，我们的工作标准还需提高；从观摩的组织和安排上看，与兄弟项目办相比，我们的工作节奏还要加快；从现场沿线大家的评价来看，我们远远没有进入"打扫卫生"的阶段，需要"缝缝补补、完善提升"的点还特别多。我们必须尽快消除松懈的危险苗头，确保各项工作都不能虎头蛇尾，必须做到始终如一，善始善终。

（二）**进度上感觉宽松的错误认识，必须尽快纠正**。上半年婺源两度疫情、最近几天的特大洪水似乎给了我们进展缓慢的借口，但现实的形势是越有疫情越需要交通投资拉动，而且对比其他几个项目的进展，上半年我们的确还有欠账：比如，铁路桥督促不够没有实现半幅拉通、房建工程进场滞后影响后续装修的精细、机电工程和服务区招标目前还没完成、对钢梁厂拆除时间周期较长考虑不全、婺源枢纽交通导改没完全按照预定目标实现等等，这些短板给年内建成通车造成了一定的压力，必须更大力度补短板，只争朝夕抓落实，做到赶前不赶后，留足余地。

（三）**品质上不断提升的自我追求，必须持续保持**。项目建设管理公司开展的固化工艺标准清单，对我们帮助很大。但当今社会，技术飞速发展，公路建设"四新"技术革新特别快，祁婺项目作为交通运输部的百年平安品质示范工程，必须达到国家级标准。品质工程示范不是写一个方案就结束了，原来方案中的事项说到做到仅仅是基础，最关键还是必须持续改进，这样才能有示范作用和效应。通过对宜遂、吉康等兄弟项目参观学习，的确随着时间推移，祁婺很多方面与最新的做法和要求相比，存在了差距，必须迎头赶上。尤其在后续房建、绿化、交安、机电等附属工程方面，尽量做到一流标准，力争尽善尽美。

（四）**安全上全员责任的全面压实，必须时刻紧盯**。血的教训一再警示我们，安全事故绝大多数是责任事故，务必拧紧责任螺丝，时刻不可松劲。祁婺安全形势总体稳定，但这种稳定更容易使人产生松懈思想。全员安全管理常态化把责任下沉到了生产线，把岗位责任延伸到了全体参建者。梁场棚架拆除、交叉作业交通安全、婺源枢纽导改等安全风险点很多，必须保持"时时放心不下"的责任感，努力消除安全隐患。国务院农民工工资督查组拟对祁婺项目开展督查，我们在吸取去年寻龙项目迎检经验的基础上，尽力做好农民工工资管理和迎检工作，确保项目安全和谐。

三、祁婺项目下半年工作打算

除省界沱川隧道和婺源龙腾服务区外，其余工程在年内均须全面完工，我们必须按照2022年底主线通车的目标倒排工期。

为了全面完成任务，我们将坚持"一切盯着项目看、一切围着项目转、一切扭住项目干"，树立"抓好项目是本职，不抓项目是失职，抓不好项目就是不称职"的责任意识，制定时间表、任务书、路线图，加快节奏、保证进度、严控质量。

（一）全面落实集团项目建设新理念。认真贯彻集团"创新引领、集约高效、安全耐久、绿色低碳、智慧共享、协同发展"的高速公路建设理念，围绕"优质耐久、安全舒适、经济环保、社会认可"的品质工程创建要求，不断提升管理举措、施工工艺，着力推进平安百年品质工程建设。

（二）持续铺好安全管理坚实轨道。认真开展"安全生产三年专项整治行动"，确保安全生产形势持续平稳。落实网格化管理责任，全员运用"排雷小能手"开展隐患排查治理，提升安全隐患排查和治理效率，落实全员安全责任和风险动态管控，确保"零死亡""零事故"目标。

（三）持续打造绿色低碳高速公路。祁婺高速沿线生态景观优美、环境制约因素复杂、旅游资源丰富，努力融合地方人文特色，构筑风格无痕化。对隧道洞口、声屏障、服务区、收费站等构筑物，采用"徽派式"建筑或涂装，与地方特色文化相结合，把祁婺高速打造成风景路、旅游路。

（四）持续开展科技创新总结提炼。我们找准微小创新和重点课题研究两个突破口，紧紧围绕"绿色公路、智慧交通、品质工程"三个大方向，做好"全国首批交通平安百年品质示范"、"省厅首批BIM技术应用示范"和"全国生态交通示范"三个示范，力争形成更多可推广、可复制的成果。

总之，祁婺项目将以此次推进大会为契机，认真落实集团领导的讲话精神和集团规建部的工作部署，坚持项目工地就是阵地、现场就是考场、进度就是尺度，一切围着项目转，紧紧盯着项目干。以严的要求、实的作风、优的服务做保障，牢固树立"百年大计、质量第一"和"以人为本、安全至上"

的发展理念，坚持一线办公、一线协调、一线督促，在项目建设管理公司的领导下，以更加务实奋进的状态跑出祁婺建设"加速度"，确保年内主线建成通车，建设经得起时间和历史检验的精品工程。

（本文系 2022 年 6 月 28 日习明星在江西省交通投资集团有限责任公司领导召开的推进会上的发言，题目为编者所加）

新闻链接 1

A2 标段多部"法宝"为项目建设保驾护航

祁婺高速 A2 标段项目部进场一个多月来，已完成驻地建设主体部分，大临施工和便道开挖也全线展开。在"大干快上"的同时，该标段牢记创建"平安工地"目标，坚守安全红线，制定多部"法宝"为项目建设保驾护航。

一是完善责任制度，强化培训教育，点亮项目施工"探照灯"。没有规矩，不成方圆。祁婺高速 A2 标段项目部建立健全安全保障体，先后成立了安全生产领导小组，与全员签订了《安全生产责任书》，制定了《安全生产责任制度》等一系列有关安全管理办法和实施细则，确保安全管理人人参与、人人有责、人人守责。

二是落实安全保障，普及安全文化，架起项目施工"防护网"。工程推进，安全先行。伴随着现场施工作业面的展开和"安全生产活动月"活动的开展，该标段狠抓安全不放松，先后开展了"安全生产月"活动动员大会，组织全员开展了安全承诺宣誓和签字活动，在施工一线制作了以安全生产知识为内容的宣传栏、施工围挡、现场警示标志标牌等，确保安全"有形"，切实做到施工进展和安全生产"两手抓、两手硬"。

三是隐患排查，实时整改，扬起消灭风险"金箍棒"。该标段安全部门不断强化对现场施工的安全管理，加大安全监管力度和安全巡查频率，不定期对施工现场进行安全生产巡查，积极进行风险辨识，督促对安全隐患及时整改，确保施工过程安全整体可控。开工以来，共排查出安全隐患30余处，均在第一时间得到整改。

四是安全例会促沟通，集思广益明方向，开启安全规划"备忘录"。为使全体参建人员在思想上时刻提高警惕，该标段项目部对安全管理工作毫不放松，定期召开安全生产工作例会，总结分析近期安全生产工作存在的不足和问题，集思广益形成破解难题的意见建议和改进措施，以及对下一步安全生产工作安排，并以纪要形式下发到每一个施工作业点，确保过程"有痕"。

（原载2020年6月16日祁婺项目办微信公众号"平安祁婺"栏目，作者：周文韬）

新闻链接 2

祁婺高速组织召开现场施工标准化观摩会

祁婺高速建公路设项目正式拉开建设序幕，沿线各标准化施工作业点散落在"中国最美乡村"婺源的青山绿水间，像一处处景中之"景"。6月18日，这些新的"景点"迎来了一批特殊的观众。

当天下午，祁婺项目办、代建监理部工程技术处、现场监管处及各施工单位有关负责人30余人，观摩了A2标段月岭大桥桩基施工现场、A1标段涵洞施工现场和路基边坡液压平板夯修整现场。

走近A2标段月岭大桥桩基施工现场，远远50米便有一道徽派风格的施工围挡，将地方人文等元素融入高速公路建设当中。走进桩基施工现场，又一道绿色围挡再次紧紧包围。地面铺设一层层厚厚的碎石，每个桩基挖孔、沉淀泥浆池等均被标识有"禁止跨越"字样的栏杆隔离，现场工程介绍、形象进度图、宣传展板、宣传标语等布设整齐，发电机控制柜、消防设施柜、渣样地质核对展列柜等摆放有序，临山开挖边坡覆盖的绿色土工布与周边植被融为一体。

"标准来自习惯，习惯造就标准。"A2 标段月岭大桥桩基施工现场负责人孙磊东说："刚推行工点标准化落实的时候，施工队伍很抵触，但慢慢就成为习惯，接受了品质工程建设理念，现在大家不但能共享落实工点标准化带来的成果，也改变了以往晴天一身灰、雨天一身泥的现象。"

在 A1 标段的月岭隧道口（K8+000 处），观摩了混凝土盖板涵液压模板施工、路基边坡液压平板夯施工。该处涵洞使用轨行式液压模板台车施工，支架、钢模一次拼装到位，电动行走，循环作业，现场施工周转材料少，模板周转使用率高，移动安装便捷，加快了施工进度，克服了普通施工法存在的局部裂缝、线型不顺直、拼缝漏浆错台等涵洞施工的质量通病。填方路基段边坡使用的液压平板夯施工，操作灵活方便，不仅解决了路基填筑边坡因临边无法压实、边坡松散的难题，而且线条顺直，坡面平顺，密实度高。

据了解，祁婺高速全线处于全域 AAA 级景区的婺源县境内，工程建设过程中环境保护和水土保持的责任重、压力大，如何做到既能让施工生产减少对生态环境的影响，又能保障项目建设有序推进是后续管理的重中之重。祁婺高速 A2 标段通过落实工点标准化提升工程形象，是打造品质工程的有效举措。A1 标段采用新工艺、新技术提升工程质量，更是解锁品质工程的有效密码，同时还提升了工作效率，降低了安全风险，减少了作业人员，降低了人工成本，实现了机械化换人、自动化减人的建设理念。

下一步工作要求：

一是正确分析形势，掀起品质祁婺创建高潮，把思想和行动统一到争先创优上来，把学到的东西用在实际工作中去。要加强内部管理，调整和加快步伐，搭建鲜明的管理架构，理清品质工程管理思路。要积极维护当前呈现出的新局面，珍惜这些来之不易的成果，更要树立高起点、高标准，不断探索，敢于担当，勇于实践，大胆创新，努力打造品质工程。

二是突出工作重点，推动品质祁婺巨大提升。在品质临建上要有新作为，观摩学习要有新触动，工地标准化要有新突破，质检工程师制度要有新落实，首件制要成为品质工程新抓手，智慧工地和 BIM 技术应用要有新进展，科技创新要有新形象，绿色生态环保施工要有新办法。

三是切实加强领导，形成品质祁婺强大合力。要强化党建引路，实现党员有品德、干部有品行、工程有品质的目标。要把工作着力点向一线倾斜，不断加大协调力度，解决施工中的热点难点问题。要提高工作效率，只要有利于工程建设、品质、环保、安全，就要主动作为。各施工单位要超前谋划，制定新目标，采取新举措，全力冲刺，确保完成既定目标任务。

（原载 2020 年 6 月 19 日祁婺项目办微信公众号"项目动态"栏目）

新闻链接 3

祁婺高速"安全生产月"活动开展有声有色

全国第 19 个"安全生产月"前夕，祁婺高速按照安排开展"消除事故隐患，筑牢安全防线"主题活动，深入贯彻学习习近平总书记关于安全生产的重要论述精神，精心谋划，全员参与，开展了一系列有声有色活动。

项目办、各标段按照方案安排以及部署，开展了动员大会、员工宣誓、承诺签名等活动，营造出浓厚的活动氛围。

深入学习贯彻习近平总书记关于安全生产工作的重要指示批示精神，以"消除事故隐患，筑牢安全防线"为主题，强化安全生产责任意识，树立全员参与安全管理意识，由项目办统一谋划布置，各标段参与。制作了《习近平总书记关于安全生产的重要论述》宣传手册，以六大要点和十句"硬话"为重点，进行宣讲、宣传贯彻，并下发到一线、基层，组织学习、讨论。

通过播放"安全生产警示片""事故案例教育片""安全微电影"等形式，以案说法，推动安全教育"五进"深入一线：走进项目驻地、走进拌和站、走进钢筋加工厂、走进工棚、走进工点现场；开展项目书记讲安全活动，大力宣传贯彻安全生产责任落实和三管三必须的要求，树立全员安全理念，安全工作必须全员抓，全员落实。

项目办主任习明星在《2020年"安全生产月"致祁婺高速全体参建人员的一封信》中，嘱托全体参建人员：安全生产只有起点，没有终点。做好安全生产工作，需要大家积极参与，按照"党政同责、一岗双责、齐抓共管、失职追责，坚持管行业必须管安全、管业务必须管安全、管生产经营必须管安全"的原则去履行本职岗位的安全责任。各参建单位也在驻地、施工现场等场所悬挂宣传标语，设置宣传专栏，营造了浓厚的"安全生产月"活动氛围。

各施工单位根据现场安全管理实际需要组织开展宣传咨询日活动，通过施工作业队人员提问、现场解答等多种方式，向从业人员提供政策法规、安全知识、应急救援、安全防护用品使用等方面的咨询与服务。同时发放安全指导手册并进行现场解读、安全咨询、答疑解惑，普及安全发展理念、职业安全、健康安全知识等，宣传推广先进典型和经验，使一线工人在活动中受到安全教育、在活动中学到安全知识、在活动中增强安全意识，营造人人关注安全、重视安全、参与安全的良好氛围。

各施工单位开展现场拉网式大排查，对检查发现的问题现场定人、定措施、定期整改，及时消除风险隐患，持续建立健全双重预防机制。

A1标段和A2标段以"消除事故隐患，筑牢安全防线"为主题思想，以普及安全生产知识和技能、提高全员安全素养为宗旨，组织参加了应急部"2020全国安全生产月安全知识竞赛"网上答题活动。

A2标段组织开展了以"汛期驻地洪涝、施工人员溺水"为主题的应急演练，活动通过发现险情、启动应急响应、组织现场救援、解除应急状态等多个环节进行部署和演练。

A3标段组织施工现场作业人员开展安全知识竞赛活动，通过竞赛抢答活动将安全知识融会贯通，让现场作业人员更好地理解安全知识，培养现场作业人员的安全意识，提高安全技能素养，为现场安全生产打下了坚实基础。还组织开展了消防安全应急技能培训，培养了一线作业人员的消防安全"四个能力"（检查消除火灾隐患能力、扑救初级火灾能力、组织疏散逃生能力、消防宣传教育能力）。

月月都是安全月，人人都是安全员。全面落实安全生产工作，离不开全体参建人员的共同努力。坚持"安全第一、预防为主、综合治理"的原则，层层压实安全生产责任，扎实做好各项安全工作。

（原载2020年7月13日祁婺项目办微信公众号"平安祁婺"栏目，作者：赵要辉）

新闻链接4

祁婺高速组织工点标准化暨临时用电观摩活动

为进一步提升项目施工现场工点标准化和临时用电管理水平，7月25日下午，祁婺项目办在A3标段成美大桥施工现场组织开展工点标准化暨临时用电观摩活动。项目办常务副主任戴程琳及各监管处、各施工单位项目管理人员近40人参加了观摩。

自建设之初，项目办即提出"工点标准化"理念，并印发了《祁婺项目工点标准化实施方案》。观摩期间，A3标段详细介绍了在施工过程中严格参照工点标准化规范施工，并就临时用电标准化、安全防护标准化、施工工艺创新以及生态环保建设四个方面与参加观摩人员进行了交流。

就贯彻落实工点标准化，戴程琳强调四点要求。一是要坚持原则立标准。严格按照项目办下发的《工点标准化实施方案》为指引，树立标准，规范现场施工。二是要安全防护标准化。贯彻执行安全防护设施装配化、定型化，保证施工现场安全防护设施标准化、规范化，结合项目实际情况，在现有基础上不断改进、创新，寻求新突破，使安全防护设施更实用、适用。三是要临时用电标准化。在执行项目办下发的《施工现场临时用电安全标准化实施细则》和《临时用电规范》基础上,立足施工现场,创新突破,向A3标段看齐,规范现场施工用电,严格贯彻执行安全用电、规范用电的要求标准,推广应用"航空防爆工业插头、移动式充电型探照灯、太阳能移动探照灯"等新设备,坚决扭转施工现场临时用电混乱形象,树立临时用电新标准、新要求。四是要坚持贯彻抓执行。保持工点标准化常态化,不能三天打鱼两天晒网,确保标准化落地、抓实,做出精品、优品,为项目"创平安工地、建品质工程"夯实基础。

A3标段落实工点标准化有以下几点做法。①临时用电:在规范的基础上实行"三级配电三级保护",通过总结现场经验对"一机一闸一箱一漏"的规范提出了"一分路"的理念,在保证用电安全的前提下,更加规范现场线路。关于临时用电,深入思考学习,率先引进了"航空防爆工业插头、移动式充电型探照灯、太阳能移动探照灯、手提式配电箱、双门配电箱"等新型设备,自制"绝缘挂钩",因地制宜将线缆规范架设于围挡之上,并且编制了项目《施工现场临时用电安全标准化图册》,指导现场安全用电,从源头上解决工地违规使用排插、私拉乱接、场面线路凌乱现象。②安全防护:为提升工点标准化水平,在施工生产组织的同时,充分将安全管控措施、安全设施、安全文明施工规划一同考虑其中,采购墩柱施工折叠平台架、圆柱施工平台、盖梁系梁施工平台、基坑护栏等标准化、定型化安全设施,在施工过程中安全设施与主体工程同步规划、同步进场、同步投入使用。组件在工厂内部组装完成标准节,避免施工现场组装,降低作业人员的安全风险且极大加快施工进度。各标准节之间采用稳定可靠的高强度螺栓连接方式。在每层通道周边均设置安全网片,更可靠、更有效地保障人员高空作业和通行安全。施工完成后对平台架进行折叠后即可进行整体转场,折叠后平台架由原先的2米高度降至40厘米,节省储存场地,有效提升运输与物流效率,拆装一节安全爬梯只需要2分钟,达到安全爬梯"安全、高效、便捷"。③工艺创新:采用了泥浆分离器和环切法等新工艺、新设备,严格执行项目办创建品质工程要求,积极响应交通运输部《公路水运工程淘汰危及生产安全施工工艺、设备和材料目录(第一批)》,淘汰传统"直接凿除法"桩头处理工艺,从源头上杜绝了泥浆的污染和桩头的保护。④生态环保：以"生态优先、绿色建造"为宗旨，建设绿色祁婺高速。施工现场采用绿色围挡围护、绿色波形护栏便道防护、绿色空压机防护罩等安全设施，与当地生态环保融合，为现场增"绿"，使安全与绿色相结合，致力于打造"一路一景、一桥一观"美丽绿色祁婺高速。

（原载 2020 年 7 月 28 日祁婺项目办微信公众号"项目动态"栏目）

新闻链接 5

祁婺项目组织人工挖孔桩工点标准化擂台比武

为建设"平安百年品质工程"，切实加强人工挖孔桩现场安全管理及施工质量，日前，祁婺项目办组织开展人工挖孔桩工点标准化擂台比武活动。项目办常务副主任戴程琳、纪委书记吴犊华、总监理工程师熊伟峰，纪检监察处、工程技术处和现场监管处正副处长，桥梁管理工程师，及各施工单位项目经理、总工、分管品质工程副经理、安全总监等共计 40 余人参加了观摩。

当天下午，擂台比武活动在 A1 标段南山路特大桥 11# 桩基施工现场拉开序幕。参加观摩人员随后一路观摩了 A1 标段凤山水特大桥 3# 桩基和 A2 标段月岭大桥 4#、7# 桩基人工挖孔桩施工点。每到一处，都与相应的现场监管处、施工单位和施工班组负责人，结合作业点现场布置情况、工点标准化打造思路以及施工过程中存在的问题进行了沟通交流。过程中，评委分别针对各观摩点不同情况进行了考核打分，纪检监察人员对活动全过程进行了监督。经过综合评比，最终 A2 标段被评为人工挖孔桩工点标准化优胜单位，A1 标段王建海、A2 标段秦海波分别被评为人工挖孔桩工点标准化实施先进个人。

该活动是落实项目办党委"党建 + 品质工程"模式的具体举措，将党建和具体的施工行为有机结合，充分发挥了党员在施工一线的"领头雁"作用。

在活动现场，项目办常务副主任戴程琳介绍："开工以来，项目办坚持把落实工点标准化作为打造'平安百年品质工程'的主要抓手，先后组织开展了路基、桩基、墩柱、涵洞、安全防护、施工围挡等各类现场观摩交流活动。针对人工挖孔桩施工，我们严格遵循专家评审、现场开工审批等程序，确保人工挖孔桩施工的安全和质量可控。从这次擂台比武情况来看，实际效果实现了目标和行动的统一，实实在在地把工点标准化建设推向了一个全新的高度。"

"作为一名党员，在工作中发挥'领头雁'模范带头作用是应尽的义务和责任。在这次擂台比武活动中，我被评为先进个人，是组织对我的关心，其实付出更多的是一线工人。"A1标段副经理王建海说。他还说："最开始提到工点标准化，我们施工单位在理解上或落实上与项目办提出的要求还存在一定差距。但随着各项工点标准化活动的深入开展，这种高标准越来越得到施工单位管理人员的认可，也得到了一线工友的支持。落实高标准管理，施工安全更加可控，也让工友们在施工过程中更安心、更舒心。"

祁婺高速桥隧比高达52.3%，线路地形地质复杂，路线线位高，斜坡高墩多，人工挖孔桩的施工安全质量是工程建设中的重要管控点之一。

（原载2020年10月27日祁婺项目办微信公众号"品质祁婺"栏目）

新闻链接6

祁婺项目推行"安全防护设施首件示范制"

为进一步提升施工现场安全管理水平，切实推动安全生产标准化建设，开工以来，祁婺项目推行"安全防护设施首件示范制"，一方面为打造"平安百年品质工程"服务，另一方面为后续同类工程的施工安全防护树立标准。

围绕重点分项工程、关键工序、关键部位，祁婺项目全面推行"安全防护设施首件示范制"。实际工作中，按照"定标准、抓首件、树典型、强推广"要求和"安全防护设施验收后方可开工"原则，以安全首件工程为抓手，围绕重点分项工程、关键工序、关键部位组织施工，促进施工现场安全达到标准化、规范化、统一化，形成可复制、可推广应用典范。

自"安全防护设施首件示范制"开始实施以来，各参建单位一批标准的安全防护设施逐步推出。

A1标段施工便道防护首件按照"永临结合"的建设理念，全部采取30厘米厚度混凝土路面硬化，临边路段与婺源当地景观结合处设置绿色波形钢防护栏，弯道下坡、与地方乡道交汇处设置指引路牌、大车出入提醒、"欧式减速带"等一系列设施、标识，部分靠近山体弯道路段还创新引入"智能弯道会车预警系统"。

A2标段泥浆池、水池临边防护首件，秉承"安全稳固、可靠使用"的原则，统一采用定制化、定型化黑黄相间防护栏，设置混凝土基础、膨胀螺丝加固并张贴安全标识。特别是拌和站水泥临边防护使用市政道路隔离护栏，护栏披上黄马甲，使用寿命更长。同时在护栏四周安装太阳能警示灯，增加夜间安全防护设施可视性，保障了夜间施工安全。

A3标段临时用电首件，提出"创新引领、安全防护"理念，在"两级保护"的规范要求上深化提高。在二级分配电箱加装漏电保护器，使得总配电箱、分配电箱、开关箱均设置了漏电保护器，达到了"三级保护"，提升了整体用电安全性能。并且创新引进了"双道箱门配电箱、手提式配电箱、航空防爆工业插头、移动式充电型探照灯、太阳能探照灯"等新型设备，以及自主设计"绝缘挂钩"，真正做到施工现场用电安全可靠。

随着"安全防护设施首件示范制"推行，祁婺项目还同步开展安全"微创新"活动，主要有"主（被）动防护网在斜坡桩基施工安全防护中应用"、"折叠式安全爬梯"等十余项安全"微创新"。下一步祁婺项目将大力推广安全防护设施工具化、定型化、装配化，继续为创建平安百年品质工程夯实基础。

（原载2020年11月2日祁婺项目办微信公众号"平安祁婺"栏目，作者：胡右喜）

> 新闻链接 7

又一项"四新技术"亮相祁婺高速

——全线桥梁墩柱推广应用新型节水保湿养护膜

11月6日，祁婺高速公路代建监理部印发《代建监理部关于明确墩柱养护方式的通知》（赣高速祁婺代监字〔2020〕97号文件），要求项目全线所有桥梁墩柱使用混凝土节水保湿养护膜。这是祁婺项目创建品质工程以来，积极推广应用的又一项"四新技术"。

混凝土节水保湿养护膜是以新型可控高分子吸收材料为核心，以塑料薄膜为载体，其核心材料可吸收自身重量200倍水分，吸水膨胀后变成透明晶体状，吸收进去的水分流不掉、挤不出，有效地将液态水转化为固态水，形成一个固体的内部小水库附着在混凝土体表面，然后通过毛细管效用把水分向混凝土表面渗透，同时还能不断吸收混凝土在水化热过程中产生的蒸汽水，在一个养护期内养护膜能保证养护体表面保持湿润，相对湿度达到90%以上。

"混凝土节水保湿养护膜的应用，能有效改善了混凝土性能，保证混凝土质量。"祁婺高速A2标段二工区负责人汪勃介绍。他还说："传统的墩柱养护方式存在每天都要浇水的弊端，墩柱越高，浇水越难，这项'四新技术'的应用也有效提升了工作效率。"

据悉，11月10日后，祁婺项目将在全线所有桥梁墩柱推广应用混凝土节水保湿养护膜，并就此制定了相应的奖罚措施。

（原载2020年11月9日祁婺项目办微信公众号）

新闻链接 8

从一条便道看"永临结合"建设理念

5月初,走过赣皖界至婺源段高速公路A2标段修建的婺源县思口镇龙腾村的施工便道,路旁树木郁郁葱葱,绿树与公路相互衬托,相得益彰。一条混凝土施工便道和正在修建的祁婺高速交错于山间田野,高空俯视,犹如一幅优美的画卷。

"我要为祁婺高速A2标段的建设者们点赞,他们修建的施工便道极大地方便了我们老百姓的生活出行。"龙腾村村民俞爱兰指着延伸至村里的施工便道满面笑容地说。

俞爱兰口中的这条道路,正是祁婺高速"学党史、办实事"实践活动的一个具体举措。据介绍,在祁婺高速公路开工前,通往龙腾村的道路是一条"黄土路",而且坡度较陡、路面狭窄,特别是遇到雨雪天气时,道路泥泞不堪,村民出行极为不便。施工单位进场后,便组织进行了施工便道选线摸排,并结合地方实际需求,立足于把工程建设与便民利民有机结合,在施工图设计阶段便高标准规划了这条便道的建设,达到了方便施工和惠及群众出行的双重目的。

"我们按照永久工程标准建设,一方面服务工程建设,更重要的是项目结束后移交给地方,方便群众出行。"A2标段二工区总工汪勃说。虽说是临建便道,但施工标准可不低,施工单位与镇政府、设计单位积极联系,认真勘查现场,对原村道多处低洼地段进行回填处理,并用压路机压实,使村道坡度由原12度变为不超过5度的缓坡,宽度由原来的不足2米增加至5米左右。为消除施工期间的交通瓶颈,确保施工材料正常运输,以及解决沿线群众行走难、运输难的问题,还对便道每隔150米设置路面宽6.5米、长10米的车辆"礼让区"。来自浙江的游客李先生说:"去年来的时候,这条路还很狭窄,今年来感觉变化很大。"

良好的道路通行环境,为该村旅游带来了人气,也带旺了特色农产品的销路。"高速公路建设人员给我们把水泥路修通到家门口,方便了我们的生产生活,以前上山下山要 30 多分钟,现在步行 5 分钟就能到县道旁了。"俞爱兰高兴地说:"施工单位每天都会安排专人清扫一次、洒水五六次,对我们的生活生产和游客的通行基本没有什么影响。这条路,实实在在成了我们村的致富路。交通便利了,周边城市好多学生来我们这研学,游客来游玩,大大增加了农民的收入。"

建设一条高速公路,服务一方百姓和经济社会发展。据介绍,在设计初期,祁婺项目办便充分考虑地方需求,努力实现惠及民生和助推地方发展最大化,坚持永久设施与临时设施建设综合考虑的"永临结合"理念,先后在施工便道设计、"两区""三厂"建设、弃取土场营造、饮用水改迁、施工用电、用人培训等方面践行"永临结合"建设理念,不仅减少了资源浪费,高标准推进项目建设也较好地完善了地方有关基础设施和带动了地方经济发展。

(原载 2021 年 5 月 10 日祁婺项目办微信公众号"学党史、办实事"栏目,作者:肖逸群)

新闻链接 9

祁婺项目开展 T 梁钢筋绑扎技能比武活动

为建设"平安百年品质工程",切实加强 T 梁实体工程质量,规范施工作业,推进品质工程建设工作,5 月 20 日至 22 日,祁婺项目办 T 梁钢筋绑扎技能比武活动在 A3 标段 2# 梁场举行。

来自 3 家参建单位的 5 个钢筋加工班组共计 40 名钢筋工参加了比武。比武内容为在规定的时间内绑扎一片完整的 40 米中跨中梁腹板钢筋,包括安装好保护层垫块及波纹管。在三天的比武过程中,各组参赛选手迅速进入比赛状态,组员之间默契配合,争分夺秒,展现出各自熟练的绑扎技能,在扳手一钩一转之间，一个个绑扎结跳跃而出，结结相连。

比赛现场，由随机抽取的 7 名工作人员组成了评委小组，根据保护层垫块位置数量、受力钢筋间距、排距、箍筋间距、波纹管坐标、焊接情况、整体线性、绑扎扎丝、水平钢筋顺直度、完成时间等方面进行严格评分，最终，A3 标段 2# 梁场钢筋加工班组以最高分荣获第一名，被评为"优胜班组"。

"虽然我们在这次比武活动中整体上取得了第一名的成绩，但通过这次比武活动也看到了自身有些操作技术和流程还存在不足，还要向其他班组学习。所以非常感谢项目办为大家提供了一个相互学习、相互借鉴、相互交流的平台。" A3 标段 2# 梁场钢筋加工班组长赵家发如是说。

据介绍，这次钢筋绑扎技能比武大赛，是祁婺项目开展"2+N 工匠赛风采"活动的具体举措，旨在弘扬工匠精神，争做时代楷模，提升项目参建人员的"真水平"，营造"尚巧工"的建设氛围。参加现场观摩的同志也纷纷表示，活动的开展进一步增强了工人的质量意识，培养了工人爱岗敬业、精益求精的工匠精神，激励广大建设者以更加饱满的热情和昂扬的斗志投身祁婺高速建设，为建造"平安百年品质工程"做出更大贡献。

（原载 2021 年 5 月 24 日祁婺项目办微信公众号"项目要闻"栏目，作者：韩仃仃、刘振丘）

新闻链接 10

王爱和调研祁婺高速公路项目工程建设

6 月 3 日，江西省交通运输厅党委书记、厅长王爱和到祁婺高速公路建设项目调研，江西省交通投资集团有限责任公司党委副书记、副董事长、总经理谢兼法，上饶市副市长刘斌，江西省交通投资集团有限责任公司党委委员、副总经理俞文生，上饶市交通运输局、婺源县委县政府负责同志一同调研。

王爱和冒雨深入祁婺项目 A3 标段 2# 梁场、樟村大桥、永临结合辅道工程、A2 标段龙腾服务区、VR 安全体验馆、A2 标段钢混组合梁场及 A1 标段月岭隧道等施工现场。每到一处，他都详细了解工程进展情况，亲切慰问一线建设者。

在 A3 标段樟村大桥施工现场，王爱和指出，项目建设关键是抓好规范化、标准化、制度化管理，只要做到事事有程序、人人讲规矩，工程质量、安全生产目标就有保障。在 A2 标段钢混组合梁，他叮嘱承建单位要认真组织对梁板拼装、运输、架设过程的监测监控，确保质量安全，努力建设平安百年品质工程。在 A1 标段月岭隧道，王爱和详细询问隧道围岩等级、施工进展等情况，参观了隧道工艺微创新展台和人脸识别门禁、隧道智能监测系统。他强调，安全是隧道施工的重中之重，要严格把控、精心组织、有序推进，确保隧道施工零事故。

随后，王爱和来到祁婺项目办驻地，听取了项目党建、管理理念、文化建设、工程进展等情况汇报。王爱和对祁婺项目建设者克服疫情影响，科学组织、精心调度，有序推进项目建设，并在管理、创新、质量、安全等方面取得较好成绩给予了充分肯定。他要求项目办要认真抓好党史学习教育，做到学党史、悟思想、办实事、开新局，要在项目建设过程中，不断推行理念创新、管理创新、工艺创新，准确把握新时代高速公路建设新要求，及时总结新时代高速公路建设经验，把祁婺高速建设成为生态路、品质路、景观路，更好地服务地方经济社会发展，造福一方百姓。

（原载 2021 年 6 月 4 日祁婺项目办微信公众号"项目要闻"栏目）

新闻链接 11

中国工程院院士吕西林赴祁婺高速调研

7月29日,中国工程院院士吕西林赴祁婺高速公路建设项目调研山区钢混叠合梁成套管控技术,祁婺项目办有关负责同志陪同调研。

吕西林院士一行参观了祁婺项目花园大桥钢混叠合梁预制拼装厂,详细了解了祁婺高速钢梁建设特点、施工工艺流程、BIM智慧化管控、创新应用等方面情况,以及60米跨径钢梁简支桥面板连续的π型钢混叠合梁结构体系重难点,并对监控监测、线形控制等提出了一系列建设性意见。

在随后举行的座谈会上,吕西林院士认真听取了项目的基本情况、实施路径及对钢混叠合梁的设计理念、设计专题验证、信息化施工管控措施和已取得成果等方面情况介绍后,对项目建设的前期工作给予了充分肯定,表示祁婺项目的钢混叠合梁规模大、亮点多,在山区高速公路中该类型的π型钢混组合梁的推广价值很高,希望祁婺项目在后续的施工中,充分发挥产学研作用,将传统钢梁和现代钢梁的区别进行总结、强化钢板梁的疲劳试验形成控制指标体系、通过标准化施工、信息化管控,总结出成套技术。

座谈中还就梁体挠度控制、梁段连接处理、桥面板裂缝防控和质量检验评定四个方面进行了深入交流。

(原载2021年8月2日祁婺项目办微信公众号"项目要闻"栏目,作者:刘安)

本章小结

工程是干出来的,也是管出来的。从甲乙双方签约前的见面会开始,祁婺项目就提出了较为明确的建设理念。同时,对建设各方及其上级单位都提出了要求或期望。本章管理文化涉及质量、安全、进度、费用等方面,是多方学科交叉产生的综合性文化。婺源隧道、清华隧道贯通仪式上的讲话等，既体现了具体建设方对祁婺项目建设理念的不折不扣的贯彻落实和创新作为，又进一步印证了祁婺项目管理的可行性，以便及时调整和完善相关内容。"安全生产月"倡议书、给中交一公局厦门工程有限公司的贺信言简意赅、情深意长，富有人情味地给予肯定和鼓励，不刻板、不说教、不高高在上，很好地体现了管理艺术。"走到一起就是缘分""努力只能合格，拼命才能优秀""经常睡不着，半夜又惊醒""开会 + 不落实 =0"等等，这些精髓思想渗透在工程管理与建设的每个环节，成为催人奋发的力量。

思考题

1. 如果您是项目管理者，您认为以上管理文化有作用吗？在具体管理过程中，您还有其他更好的方法和措施吗？

2. 如果您是一线建设者，您比较容易接受或欢迎的管理文化是什么样子的？

第六章
科技文化贵在有效支撑

祁婺项目倡导建设者把科技论文写在祖国大地上，争当"最美科技工作者"。据不完全统计，建设各方获得省部级以上重要科技奖项20多次，发表科技论文100多篇，取得发明专利30多项，微创新130多项，主编、参编科技著作10多部，拍摄、制作关于交通科技工作者的微视频《洞长》、歌曲《祁婺飞歌》多部（首），承办全国性绿色公路现场会2场，先后到祁婺项目学习、参观的全国同行总计40批次3200余人。祁婺文化在行业内的辨识度、价值认同感和社会美誉度大大增强。

企业是科技创新的主体,是以高质量科技创新支撑引领行业高质量发展、助力提升国家战略科技力量的主力军。作为企业派出机构,祁婺项目形成了个性鲜明的科技文化,是企业向一线延伸创新触角的成功范例。

一个国家、一个区域也好,一家企业、一个建设项目也罢,它们的科技竞争关键在于人才的培养、人才的竞争。如何鼓励一线建设者秉持科学精神,敢为人先,敢于质疑,放手去做自己想做、该做的事情呢?祁婺项目做了很好的回答。

交通运输部、科技部联合印发的《"十四五"交通领域科技创新规划》强调,目前创新环境明显优化。中央科技体制机制改革有关举措在交通运输领域得到深化落实,政府、企业、高校、科研院所和社会资本多方协同的交通运输科技投入体系更加完善,功能完善、运行高效、市场化的交通运输科技成果转化体系基本建成,发现、培养、评价、激励科技创新人才的政策环境更加优化,有利于创新创业的价值导向和文化氛围更加浓厚,各类创新主体和人才活力进一步激发。立足一线搞科技创新,相关成果再推广应用到一线去,符合"从实践中来、到实践中去"这一"实践论"的要求。

高速公路工程项目建设工期一般为 3~5 年,非常适合针对其不同特点因地制宜地开展科技攻坚活动。尤其对于行业发展来说,一些较为棘手、前沿的技术难题或管理瓶颈,往往最需要科技创新解决办法。经过长期努力,这些看得见、摸得着、感受得到的东西能够形成一种潜移默化的文化或一部项目科技文化史。

祁婺项目大力宣扬国家对科技工作的高度重视,对一线科技工作者悉心关爱,团结引导大家自觉做党的创新理论的坚定信仰者和忠诚实践者。他们的科技工作秉承为民情怀,深入开展"我为群众办实事"等活动,推动科技工作者进校园、进社区。这些生动的社会实践、扎实的科普专项行动，为社会各界深入了解交通科技与工程文化起到了典型示范作用。

祁婺项目倡导建设者把科技论文写在祖国大地上，争当"最美科技工作者"。据不完全统计，建设各方获得省部级以上重要科技奖项20多次，发表科技论文100多篇，取得发明专利30多项，微创新130多项，主编、参编科技著作10多部，承办全国性绿色公路现场会2场，先后到祁婺项目学习、参观的全国同行总计40批次3200余人，祁婺文化在行业内的辨识度、价值认同感和社会美誉度大大增强。

案例 1

科技引领·智见未来

——祁婺项目全国科普日公路知识普及宣传活动回顾

为积极响应中国公路学会《关于开展2021年全国科普日公路知识普及宣传活动的通知》文件精神，深入贯彻落实交通运输部《关于加强交通运输科学技术普及工作的指导意见》，弘扬科学精神、普及科学知识，推动全民科学素质全面提升，促进科学普及与科技创新协同发展，祁婺项目积极开展系列公路知识普及宣传活动，力求以点带面，以个人先进带动集体先进，充分发挥高速公路一线项目的基层科普宣传作用，助力交通强国，迈向高科技水平。

一、工程概况

德州至上饶高速公路赣皖界至婺源段（简称"祁婺高速"）新建工程，是国家高速公路网中G0321的重要组成部分，也是江西省"10纵10横21联"高速公路网中"10纵"之一，总长度40.7公里，全线桥隧比高达52.3%。该项目在2018年被江西省交通运输厅列为第一批BIM技术应用试点项目，在

2021年被列入交通运输部平安百年品质工程示范项目，项目围绕绿色公路、智慧交通、品质工程三示范，打造科技示范工程。

二、活动总体策划

1. 总体目标

科技创新改变祁婺，科普创新改变生活。

2. 具体目标

①"提质、增效、降本"，打造"科技引领，智见未来"的新基建时代高速公路。

②通过科普宣传活动，利用科普教育基地，运用开放参观、科技讲座、学术活动、交流体验等形式，传播科学知识，诠释技术应用，扩大优质科普资源供给。

③通过科技项目进校园，向中小学生传递公路工程科技知识，激发青少年科学梦想和科学志向。

④借助互联网、云平台等信息化技术，广泛开展重点科技项目科普、碳达峰碳中和科普等，针对不同群体的线上活动，形成网络科普传播热潮。

三、开展活动介绍

1. 祁婺高速公路科技知识进校园活动

为进一步弘扬科学精神、传播科学知识，2021年9月17日，祁婺项目办联合思口中学开展了"高速公路科技知识进校园"活动，给思口中学初一年级的同学带来了一场集科学性、知识性、趣味性为一体的"桥梁科学知识盛宴"，加强了项目办与地方单位的沟通与交流，激发了青少年的科学梦想和科学兴趣。

"高速公路科技知识进校园"活动

2. 项目 VR 安全智慧体验馆科普开放活动

2021 年 8 月 28 日下午，在 VR 安全智慧体验馆隆重举办了"公路科技活动周"，祁婺高速各参建单位及景德镇管理中心婺源养护所 30 余人出席。现场挂满了公路科技活动周的横幅和宣传标语，为科技周活动的开展营造了浓厚的氛围。

"公路科技活动周"启动仪式

大家分别参观了实体体验区、安全认知教学区、多媒体集中教育区、智慧安全管理展示区和宏观展示区五大场馆功能区域，从宏观认知、安全体验、实操教学、考核培训一体化，信息交互技术、VR 仿真、全息技术等技术创新方面了解科技创新在高速公路建设方面发展的重要作用，促进广大参观人员理解和支持科技创新对加快建设交通强国的重大意义。此次活动使大家对科技发展的认识提升到一个新高度，进一步激发了大家了解交通知识、关注交通热点、讨论交通话题的热情。

科普教育培训

VR 技术现场体验

3. 重点科技项目"云上科普日"活动

截至目前，祁婺项目申报了 6 项江西省交通运输厅重点科技项目。为了让全体建设者更加了解科技项目的研究内容、流程以及预期目标，项目办开展了"云上科普日"活动。通过征集 5 分钟短视频的方式，将复杂的科研课题以浅显易懂的方式对全体参建者进行宣传。通过云平台，大家可利用工作之余的时间随时学习，提升了学习质量，让科研项目与工程实体进度紧密结合。

科技项目培训短视频

4. 开展科技资源实体化活动

9月为项目科技资源实体化活动攻关月。项目办利用BIM技术将科技资源进行实体化，形成了一系列的成果：一是《智慧监管——胡工的一天》系列漫画，科普智慧监理系统使用功能；二是复杂施工工艺仿真系列视频，将具体操作人员从复杂抽象的图形、表格和文字交底中解放出来，利用BIM可视化的特点提高交底质量；三是施工标准化模拟，通过可视化软件漫游模拟现场布设合理性是否符合标准化建设要求；四是BIM模型方案模拟，如临边防护模拟，车辆运输、交通导改模拟，吊车行驶路径模拟等。

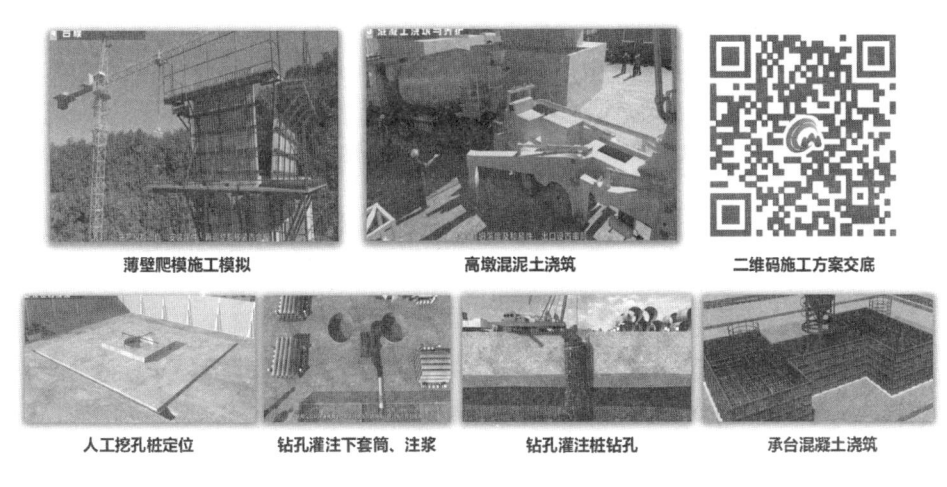

施工方案模拟

现场BIM技术交底

标准化工地布置

5. 广泛开展科普"微课堂"活动

针对项目重难点工程，邀请行业内专家或该项目技术能手，进行线上线下结合的培训工作，营造项目科技创新的"比、学、赶、超"氛围。

"微课堂"部分截图

通过这次全国科普日公路知识普及宣传系列活动的开展，祁婺项目科技工作水平有了一定程度的提升，达到了弘扬科学精神、普及科学知识的目的。同时，也让大家真正感受到科技创新改变了祁婺，科普创新改变了生活。

案例 2

"科技祁婺"创新发展之路

——赣皖界至婺源高速公路建设项目科技工作纪实

祁婺高速公路开工以来，在江西省交通运输厅的关怀指导下，认真贯彻上级单位的工作部署，围绕"智慧高效、安全耐久、绿色生态"的总体建设目标，齐心务实，打造平安百年品质祁婺。

最近，江西省交通运输厅和江西省交通建设工程质量监督管理局组织编制完成了《江西省平安百年品质工程评价标准》(初稿)。《江西省平安百年品质工程评价标准》从设计阶段到施工阶段都对高速公路的科技创新工作设置了考核内容和加分项，这是江西省交通运输厅对在建项目的要求，也是对科技创新工作方向的指引。我们认真学习江西省交通运输厅科技管理办法以及科技项目申报要求，积极落实文件要求，找准科研和项目建设方向，坚持创新引领，把该项工作规划在前，作为项目推进的重要环节之一。

一、项目概况

德州至上饶高速公路赣皖界至婺源段新建工程总长度约40.7公里，概算投资68.3亿元，项目桥隧比高达53%（特大桥5座、隧道6座）。项目主体工程2020年6月开工建设，计划于2023年上半年建成通车，建设工期36个月。

工程具有以下特点、难点：一是桥隧占比高、斜坡高墩多、技术难度大；二是地形地质复杂，路线线位高，组织难度大；三是生态敏感点多，旅游景点密布，环保要求高；四是目标定位高，是江西省交通运输厅第一批BIM技术应用试点项目，同时也是绿色公路和品质工程示范项目，行业关注大。

二、工作总体思路

以《交通强国建设纲要》为统揽，结合《"平安百年品质工程"建设研究推进方案》以及江西省交通运输厅《科技项目计划申报工作的通知》的要求，重点围绕"绿色公路、智慧交通、品质工程"三个示范总体思路，开展科技创新工作。

绿色公路示范从桥面径流、开放式服务区、生态环保、美丽旅游路等方面进行研究，为祁婺高速全国生态交通综合试点工程提供技术实践和落地支撑。智慧交通示范旨在打造融合高效的智慧交通基础设施，推动先进信息技术应用，逐步提升公路基础设施规划、设计、建造、养护、运行管理等全要素、全周期数字化水平。品质工程示范从快速装配的设计理念、绿色环保的信息化建造、高精度的质量控制等方面进行研究，将祁婺高速装配化桥梁打造成品质工程。

该项目研究试验费为 600 万元，设计专题费用在初步设计专项暂列金中列支，为 1500 万元。

三、具体开展的科技创新工作

（一）绿色公路示范

该项目为经过国家 AAA 级景区密度最高的高速公路，我们以减少破坏自然地貌、丰富旅游公路网络体系为原则，策划了多个科研课题的研究，同时开展了多处永临结合的应用，建设美丽旅游路，做好绿色公路示范。

1. 课题（已申报）：胶粉纤维复合改性水泥稳定碎石韧性基层技术研究

该课题提出胶粉纤维复合改性水泥稳定碎石韧性基层材料配合比设计方

法、路面结构设计方法和施工工艺与施工质量控制技术，以利于胶粉纤维复合改性水泥稳定碎石韧性基层技术的推广应用，有效延长沥青路面使用寿命，降低养护维修费用，节约道路材料资源，保护自然生态环境，实现发展洁净运输和绿色公路建设理念。

2. 设计专题：生态敏感区高速公路桥面径流收集处理新材料新技术专项设计专题研究

该课题旨在解决多雨地区桥面径流处理技术运营成本高、维护操作复杂的问题，为后期运营养护提供便利，同时解决传统径流处理技术处理效果不理想、无法满足沿线水体保护要求的问题。研究总结出桥面径流处理方案，并努力研发新技术，实现自身的示范作用。

3. 设计专题：基于 BIM 技术的生态敏感区公路生态保护与修复设计专题研究

该课题针对高陡边坡，研究边坡常用灌木品种筛选与景观协调性研究及景观配置设计，引进国外先进公路边坡防护工艺技术和方法，通过依托工程开展适用性研究实验和设计，对高速公路沿线绿化区域开展生态防护与复垦的统一规划设计研究，开展表土资源剥离技术研究和表土资源化利用技术研究。利用 BIM 技术在道路主体模型基础上时间 + 空间绿化景观模拟设计，结合专业工程经验，分别推演 3 年、5 年、10 年后的植物群落生长空间趋势和三维景观效果。

4. 设计专题：赣皖界至婺源高速打造美丽旅游公路设计指南

江西省美丽旅游路建设指南还没有形成体系，如何建设具有赣东北特色的美丽旅游路，依托本工程建设逐步形成美丽旅游路的技术指南。

5. 创新举措：以课题为出发点，立足"绿色发展 + 旅游文化"理念，积极推进绿色工地建设，助推旅游经济发展

一是布局绿色设计，生态选线避让基本农田、生态环境敏感区、国家级

重点文物，坚持隧道零开挖进洞、乔木＋灌木绿化方式进行生态边坡设计、生态滤池桥面径流设计，结合 BIM 技术对互通区进行地形营造、开放式智慧绿色服务区和生态环保设施设计等。二是践行绿色标准，推行"一桥即是一景，一路即是一观"的建设标准，便道边坡挂网喷播，桥梁施工外围进行绿色＋企业文化墙围挡，主要桥梁施工点配备泥浆分离机和泥浆收集钢套箱，使施工与景观融合，减少对项目沿线环境和旅游发展的影响。三是引进绿色妙招，两区三场全部配置污水处理设备、PM2.5 环境监测成套系统、脉冲除尘装置等，做好除尘、降噪，将环境影响降到最低程度。四是钻孔桩使用自主研发的绿色防护罩，让施工现场成为绿色景观。五是隧道洞渣全方位利用，洞渣用于路基精平层，同时采购大型制砂机，利用合格洞渣生产机制砂，在低标号混凝土中使用，据测算，洞渣使用率可以达到 85% 以上。

（二）智慧交通示范

1. 课题：基于 BIM＋GIS＋北斗的高速公路全寿命周期关键技术研究

该课题是应用基于北斗地基增强服务系统的高精度位置采集方案，建立定位基准网，保证建设过程中北斗应用，同时将设计阶段的 BIM 技术成果进行合理化应用，发挥 BIM 模型技术、GIS 技术作用，基于可实现性体现新技术的应用价值，提高数据和模型在工程中的应用前景。

2. 创新举措：BIM 技术应用

该项目是 2018 年江西省公路水运建设工程 BIM 技术推广应用试点工程，旨在设计、施工阶段开展 BIM 技术应用示范。根据示范要求，开展了 BIM＋北斗、BIM＋临建、BIM＋无人机倾斜摄影土方算量、BIM 正向设计、BIM＋虚拟建造、BIM＋交通导改等多项 BIM 技术应用，提高了现场施工效率；首次在地理信息系统 GIS 平台中加载生态保护红线范围，在临建、便道选址中避开生态保护红线，严格执行生态品质工程要求；首次独立使用交通行业国产设计软件将施工图模型标准化交付，实现模型＋施工图纸＋信息表同步输出，参数化和自动化水平位于行业前列；首次在省内高速运用倾斜摄影技术对路基土石方量进行分析计算，并通过定期航拍对比，完成对现场施工形象和进度的全面掌控；首次形成了省内高速公路项目级的《BIM模型分类和编码标准》《建模标准》《应用标准》《交付标准》等标准体系，为编写地标《江西省公路工程信息模型统一标准》《江西省公路工程信息模型应用标准》的编制工作打好基础。集成开发了智慧监管一体化信息平台系统及移动端应用，实现进度、质量、计量信息之间的互联共享，并且BIM模型与WBS形成挂接，达到"系统应用一体化、施工现场可视化、数据呈现图形化、项目管理移动化"，首次实现工程变更网上走流程，解决了材料调差信息化和计量自动化等难题。

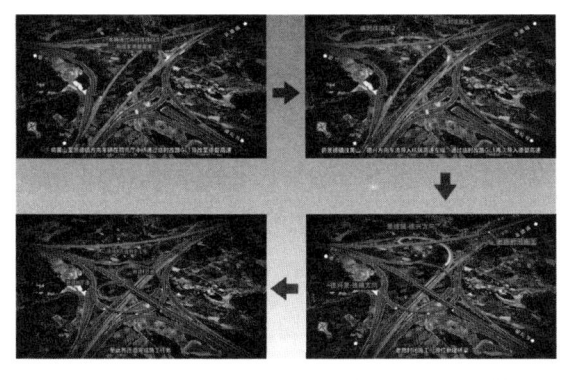

3. 创新举措：智慧工地建设

智慧隧道中实现AI人脸识别、车牌自动识别、人员机械实时定位、安全帽脱帽报警、自动化气体监测、三维激光扫描仪、断面扫描仪及智能视频监控等功能；智慧试验室中万能压力机多项试验数据实时上传至智慧工地系统，自动分析数据出结论，结论出现问题自动报警，通过工艺监测、结构风险监测预警、隐蔽工程数据采集、质量安全溯源、远程视频监控等技术在工程建设中的整合应用，实现项目建设全方位动态化监管。

（三）品质工程示范

1. 课题：公路工程"代建 + 监理一体化"建设管理模式研究

该项目属于管理模式的创新性研究和总结。一是进一步研究"代建 + 监理一体化"管理模式的运行机制，明确该模式实施过程中的关键环节，形成《江西省公路工程代建 + 监理模式项目实施手册》，对深化江西省公路建设管理体制改革，推动公路工程"代建 + 监理一体化"模式的发展有着重要意义。二是探讨规范化公路工程代建招标及代建 + 监理招标内容，编制《江西省公路工程代建招标文件示范文本》《江西省公路工程代建 + 监理招标文件示范文本》，从而有效规范招投标过程，提高招标文件的编制质量，对促进江西省公路行业健康稳健发展有着重要意义。三是针对江西省高速公路建设项目代建单位的具体要求、公路代建市场准入条件等内容，向省级主管部门制定省内公路代建管理相关政策提出建议。

2. 设计专题：钢混组合梁先简支后桥面板连续新型结构关键技术研究

该项目地处山岭重丘区，钢结构桥梁曲线线形多样、超高段变化多，造成结构类型多、标准化程度低、施工控制精度控制要求高，鉴于该项目建设特点、钢混组合梁的结构型式及受力特点与施工工法关系密切，开展本设计专题的研究，研发与该工法相匹配的结构型式、便于现场快速装配的连接安装方式、利于标准化智能化制作加工的构造细节以及便于现场施工安装的施工临时构造等，并形成各跨径的系列通用图，以便装配化技术在未来的推广应用。

（四）其他创新工作

1. 管理模式创新

在充分发挥"代建 + 监理一体化"建设管理模式优势的同时，积极引进安全咨询、BIM 技术应用开发、信息化管理三个专业化管理团队，最高程度地实现工程管理专业化。

2. 工艺工法等微创新

该项目先后创新应用了边坡液压夯、塑钢水沟轻型模板、高分子养生保水膜、弧形边坡检测器、智能交通预警系统、隧道二衬防水板保护垫块、桩基钢筋笼水下定位、钻孔灌注桩防护罩和防溅棚、可移动式泥浆沉渣过滤钢套箱、斜坡桩基施工主（被）动防护网、双道箱门配电箱、圆柱形附墙抱箍安全爬梯、折叠式安全爬梯、珍珠棉管包裹桩头钢筋、台背回填"方 + 圆"液压夯、涵洞防渗"白 + 黑"（防水沥青加铺两布一膜）等 20 余项"微创新"。

四、下一步拟开展的课题研究

一是开展两个课题研究：《胶粉纤维复合改性水泥稳定碎石韧性基层技

术研究》和《强风化粉砂板岩隧道围岩及掌子面失稳与变形分析及快速施工关键技术研究》，目前立项文件已报送至项目建设管理公司，正在审批阶段。

二是下一阶段设计专题的开展：《开放式绿色旅游服务区建造设计专题研究》《高速公路综合智慧感知系统研究与设计》《开放式高速公路典型路段车路协同关键技术研究与设计》《智慧服务区专题研究与设计》《基于二次组拼整孔架设的钢混组合梁施工关键技术研究》《装配化钢混组合梁品质工程提升》等。

三是我们认为还应该开展的研究：新基建、智慧建造方面的能够实际指导施工的课题研究，后续的科研课题也会围绕这几个方面去布局。

五、对科技创新工作的展望

科技创新工作是个系统工程，涉及多理论结合、多专业融合、多部门配合等方方面面，必须从实际出发，将成果用到实际中去；要做好顶层设计落实好上级有关部门的要求，在研究基础上做文章做到求真务实，这样才能充份体现科技创新工作的价值。

该项目科技创新工作将围绕"一个总目标、两个突破口、三个大方向"，即：围绕建设平安百年品质工程，优质高效地完成项目建设总目标；找准大型课题研究和微小创新方面两个突破口；紧紧围绕"绿色公路、智慧交通、品质工程"三个示范为方向，继续探索科技创新工作。一是通过深化 BIM 技术及智慧监管平台的应用，基于"互联网＋"理念，加快云计算、大数据等现代信息技术应用，有效提升建设管理数智化水平；二是加大对科技项目选题的研究，做到科技引领建设，不断总结知识产权成果，提升成果转化水平，为后续项目建设提供有价值的参考；三是在创新方面做巧、做细，通过微创新、微改进、小发明、小创造等方式，提升项目建设水平。

科研课题进展情况

序号	项目编号	项目名称	合同周期	进展情况	计划申请结题时间	备注
1	2020C0004	江西省公路工程代建+监理一体化建设管理模式研究	2020年6月~2022年10月	已通过工作大纲评审	2022年10月	
2	已申报	强风化粉砂板岩隧道围岩及掌子面失稳与变形分析及快速施工关键技术研究	2020年11月~2022年11月	已上报立项申报书至项目管理公司	2022年11月	
3	已申报	胶粉纤维复合改性水泥稳定碎石韧性基层技术研究	2021年1月~2023年3月	已上报立项申报书至项目管理公司	2023年3月	

新闻链接 1

祁婺高速举办"BIM 引领·智建未来"研讨会

随着工业化 4.0 概念的提出，工程建设领域对 BIM 技术的重视逐渐加深。7 月 19 日，一场主题为"BIM 引领·智建未来"的研讨会在中国最美乡村婺源召开。来自祁婺高速公路建设项目办、各施工单位、设计单位和 BIM 咨询、平台建设单位的各级管理人员近百人齐聚一堂，学习交流基础设施建设前沿理念和技术。

此次研讨会邀请了南昌航空大学 BIM 研究所所长王婷博士、中交一公司厦门公司数字中心主任吴福居、欧特克软件有限公司大中华区区域技术总监任耀、鲁班工程顾问有限公司副总经理戴愉人及鲁班软件股份有限公司高级 BIM 顾问王友杰共五位专家，与大家分享 BIM 在高速公路信息化管理应用、智能化发展、协同管理平台的起源与发展等理念。

王婷教授以 BIM 在高速公路工程综合应用和协同管理平台自主开发为主题，通过多个 BIM 技术实施案例，对如何搭建轻量化浏览模型，实现现场人、材、机协同管理以及质量、安全、进度、成本等的联动管理进行了详细介绍；吴福居主任介绍了信息化管理的具体创新应用点、智慧工地等方面如何实现 BIM + 信息化工作管理，并以大量案例让参会人员直观地看到各项 BIM 应用成果，切实解决项目进展过程中遇到的问题；任耀先生展示了欧特克公司近年来为提升生产效率和经济效益的实用性创新，分享了目前在国外已实现的机器自动采集地形、远程机械驾驶、IOT 联动展示等技术；戴愉人经理同大家分享了 BIM 技术应用方向、可视化参数建模、场地布置、图纸梳理、0# 台账辅助建立等施工 BIM 技术问题；王友杰顾问和大家分享了 BIM 系统平台的起源、发展趋势，并演示了鲁班基建 BIM 协同管理平台的最新功能模块。

其间，授课专家以互动方式将参会人员带入对项目 BIM 应用的思考，会议现场气氛活跃。内容丰富的讲座不仅拓宽了与会人员的视野，还提升了对 BIM 技术的认识。大家纷纷表示，讲座是短暂的补给，在今后工作中，将紧跟行业发展趋势，在 BIM 技术探索道路上继续努力。

利用中午时间，祁婺项目办还组织专家和 BIM 咨询、平台单位、设计单位及各施工单位 BIM 总监，就祁婺高速建设 BIM 技术实施进行了座谈。专家对祁婺高速 BIM 技术实施总体框架方案发表了各自见解，一致认为祁婺高速作为江西省第一批 BIM 示范项目，应当发挥示范效应，积极探索可复制的高速公路 BIM 技术应用模式。

据介绍，祁婺项目办将逐步落实既定的施工方案模拟、设计施工一体化制造技术、3D 作业指导、施工场地管理、倾斜摄影土方算量、大型预制梁场的信息化管理、物料跟踪、智慧工地、BIM 协同管理平台九大应用点，在加快江西省公路建设 BIM 技术的应用和发展中起到引领、推动及示范作用。

（原载 2020 年 7 月 21 日祁婺项目办微信公众号"项目要闻"栏目，作者：董磊）

> 新闻链接 2

黑科技"智能交通预警系统"亮相祁婺项目

"前方长坡,请谨慎驾驶""对面来车,请谨慎驾驶""双侧来车,请注意安全"……近日,采用语音与 LED 屏同步提示,并且具有车辆预警、速度提醒、安全宣传三个核心功能的黑科技——智能交通预警系统亮相祁婺项目,有效提升了该项目的道路交通安全管理水平。

祁婺高速建设项目线路旅游景区密集,日常车辆流量较大,特别是地处婺源县清华镇坦头村的 A2 标段经理部,集中的办公区、拌和站和中心试验室三个功能区分别面向江西省道 302 线开设了进出口。由于该路段坡度陡长、连续弯多、车流量大,如何降低该经理部车辆、人员出行安全风险,提升项目交通安全管理水平,是祁婺项目主抓工作之一。

结合实际需求,祁婺项目办安全管理部门积极组织 A2 标段研究可行性方案,在采取设置标志标牌等传统措施的基础上,创新应用了集合雷达微波车辆检测、无线传输、LED 显示屏提示、语音播报提醒等功能模块的"智能交通预警系统"。系统以 A2 标段驻地为中心,在紧临的江西省道 302 线两端各 200 米设置雷达微波车辆检测系统,对双向来往车辆进行实时监测,并通过显示屏提醒过往车辆控制车速、减速慢行,同步在该标段的办公区、拌和站和中心试验室三个进出口的 LED 屏上显示过往车辆信息,及时进行预警提醒,解决了出入车辆、人员的视距障碍。

"本系统还具有一定的人性化和个性化。"项目办安全管理工程师赵要辉介绍。布设的两个雷达微波模块及时提醒过往车辆"对面来车、前方长坡、谨慎驾驶"等内容,并同步在该标段驻地三个进出口 LED 屏上显示"左侧来车、右侧来车、双侧来车、注意安全"等内容,在监测范围内无车辆过往时便会以绿色字样显示"安全出行、一路平安"内容。

据悉,本系统是首次在施工项目上应用,上线后祁婺项目 A2 标段的车辆、人员出行安全更有保障,该监测路段过往通行车辆速度也明显下降。黑科技"智能交通预警系统"的应用,受到该标段全体员工和附近村民以及过往司机车主的一致好评,为祁婺高速建设项目打造品质工程、智慧工程、平安工程夯实了基础。

(原载 2020 年 7 月 23 日祁婺项目办微信公众号"平安祁婺"栏目,作者:胡右喜)

新闻链接 3

小背包"大管家"

——祁婺项目智慧监管信息化系统上线

江西赣皖界至婺源高速公路建设项目(简称"祁婺项目")的监理人员,每天一大早便背着自己的"秘密武器"——装着智慧监管信息化系统专用平板电脑的小背包,奔赴施工现场,开始一天的"云端"工作。

"祁婺高速是江西省首个通过招标采取代建 + 监理一体化监管模式的项目,也正是因为这种管理模式,才促使我们开发应用智慧监管信息化系统。"祁婺项目办常务副主任戴程琳介绍,"这套智慧监管信息化系统汇集了智慧监理、进度管理、安全管理、质量管理、计量支付和 OA 办公等平台,在江西省是一项创新举措,也是未来工程建设项目监管的一条必由之路。"

信息化技术广泛应用催生"云端"智慧

"引入菲迪克条款 30 多年来,工程监理在我国公路建设发展中发挥了重要的作用,工程质量和安全取得了明显成效。但监管技术手段、管理理念转变缓慢,项目监管已走到了转型升级的十字路口。"祁婺项目总监理工程师熊伟峰介绍。

在新一代信息技术飞速发展、代建＋监理一体化监管模式的双重形势倒逼下，祁婺项目结合自身实际，先后自主开发应用了包括质量管理、安全管理、进度管理、计量支付、图纸查看和 OA 办公等平台功能的智慧监管信息化系统。

2020 年 8 月，祁婺项目与浙江公路水运工程监理有限公司开展合作，引进智慧监理平台，并将之纳入整个数字化管理系统。至此，祁婺项目"云端"智慧正式上线运行。

功能强大，再也不怕数据资料丢失

祁婺项目 A2 标段现场监管处处长朱文对智慧监管系统的上线特别感兴趣，他说："这套系统功能强大，但操作简单，特别是监理平台，彻底改变了监理人员每天写纸质版的旁站记录、巡查日志，再也不用在施工现场翻看厚厚的施工图了。"

据智慧监管系统管理工程师董磊介绍，通过项目自行开发的 iworks 程序挂接桥梁、隧道、涵洞、路基、机电等工程各类施工图 6000 多张，打开应用平台，便能随时查找任何一项施工图纸，较以前翻看纸质版图纸更加方便。系统中还有智慧监理、质量管理、进度管理、安全管理等相关不同类型的表格 496 种。

在祁婺项目 BIM 信息化办公室，笔者进入智慧监管信息化办系统后台，各项数据一目了然：8 月份完成各类表单挂接 58 万多份；8 月份有 31 项设计变更在流程上申报，其中 15 项已处于变更立项过程；各施工单位 8 月份安全管理人员较 7 月份增加 155 人，共 597 人；全线 7 月份增加机械设备 67 台，现有 169 台……

"智慧监管信息化系统的上线，让现场监管人员工作更加方便快捷，只要通过小平板便能对每天的巡查情况、旁站情况、发现的问题进行记录，而且所有终端的数据资料全部在系统后台备份，再也不怕施工图纸、巡查记录、签字表格等资料丢失。"智慧监管信息化系统管理负责人刘安介绍。

多平台汇聚，工作效率大幅度提升

处理一份文件要坐在办公室完成，管理者想知道工作人员在岗情况要通过实地察看，旁站要在施工现场进行并记录，对某一项工序验收需要相关人员现场在纸质表单上签字确认，计量支付需要挨个找人签字……这样的现象在祁婺项目一去不返。

熊伟峰说："通过智慧监管信息化系统，利用北斗定位技术，坐在办公室我随时都能掌握全部监理人员在什么位置；通过智慧监理平台，便能察看监理工程师发了什么指令；在进度管理平台，可以翻看前一天的项目进展情况。哪些工作落实到位了，哪些工作存在问题，哪个单位进展滞后，都能通过这个系统掌握。"

智慧监管信息化系统的各个管理平台各自独立，又相互关联。如：监管处负责人要对某个单项工程计量支付确认签字时，可以直接查阅现场监理和整个施工过程的情况记录，彻底改变了翻看监理日志、巡查记录等大量纸质版文件的历史。施工单位办理计量支付只要在平台提交申请，程序会生成办理流程，并提示相关人员办理，再也不用拿着一沓材料挨个找人签字。

据介绍，祁婺项目智慧监管系统包括智慧监理、质量管理、安全管理、进度管理、计量支付、变更管理、OA办公等多个应用平台，后续还会不断完善，增加资金管理、试验检测、合同管理、征迁协调等应用平台。

智慧监管，监理行业高质量发展的新引擎

公路水运建设领域从注重施工质量到推行施工标准化管理，从打造品质工程到建设平安百年品质工程，以及国家层面交通强国的提出，工程项目建设监管正从依靠传统要素驱动向更加注重创新驱动转变，项目建设管理单位、施工单位的管理理念、管理模式、施工标准、施工水平也随之不断提升，监理行业正在面临着高质量发展挑战。

"一把圈尺打天下"的传统监理工作模式将逐步退出舞台，监理行业到了

必须变革的拐点。如何提高监理行业的服务水平，更好地服务于品质工程和平安工程建设，信息化、智能化、智慧化监理将会成为一个新的突破点。

高效推行"智慧监管"模式需要良好的平台。祁婺项目充分发挥代建+监理一体化管理模式的优势，在管理过程中有效整合项目业主与监理企业的双重管理职能，在结合项目管理需求自主开发智慧监管信息化系统的同时，引进智慧监理平台，并将智慧监理平台纳入智慧监管信息化系统，与已有的质量管理、安全管理、进度管理、计量支付、资金管理等应用平台相互关联，使项目智慧监管信息化系统更加完善。

智慧监管的研究与探索尚处于起步阶段，但必将成为监理行业高质量发展的新引擎。

（原载2020年10月19日祁婺项目办微信公众号"数智祁婺"栏目）

新闻链接 4

BIM 可视化技术在祁婺高速建设中的应用

当前，BIM 技术已经被广泛应用于基础设施行业，这不仅因为国家与行业的政策强推，更是由于 BIM 自身超强的技术优势。基础设施行业经历了人工绘图、CAD 辅助设计直至三维建模，BIM 技术再一次推动了行业的技术革命。江西省交通运输厅与时俱进，积极探索 BIM 技术在高等级公路建设中的应用，并将祁婺高速公路赣皖界至婺源段新建工程作为全省首个 BIM 技术应用示范项目。

德州至上饶高速公路赣皖界至婺源段新建工程是国家高速公路网中 G0321 的重要组成部分，也是江西省"4纵6横8射17联"高速公路网中"4纵"之一，项目地处江西省东北部，地势由东北向西南倾斜，东部、北部为低山丘陵，山峦重叠、溪涧交错、地质复杂、坡陡墩高；此外，旅游景点密集，生态敏感点多，环保要求高，建设施工难度极大。作为信息化智能建造的技术基础，BIM 在项目建设过程中的应用落地十分重要。

BIM 技术的可视化特征

BIM 技术在基础建设行业中展现强大的可视化与数字化优势。BIM 可视化技术支持现实世界与电子虚拟空间的数字孪生，实现两者之间的物理参数信息互动，其数据的唯一性支持了多构件之间的设计协同。同时，除了进行效果展示和生成报表，BIM 可视化应用更重要的体现是在项目设计、建造、运营过程中为沟通、讨论、决策提供精准直观的数字模型场景。由此衍生的各类施工模拟动画可系统、形象地演示工程建设内容和过程。

可视化技术在祁婺项目施工中的应用

针对祁婺项目施工难度大、环保要求高的特点，BIM 可视化技术应用目前聚焦在三个方面。

一是临建场地设计动态推演优化。祁婺项目通过建立场景模型、临建模型和机械设备模型等，利用可视化技术直观地展示项目的地理坐标、临建选址、布局方案以及与周边环境的融合，指导临建前期规划、场地精准布置，并根据临建施工组织方案，提前进行虚拟施工部署、资源调配和进度管控动态演示，清晰地表达管理人员的各种需求，一次性生成最优方案。祁婺高速在 2020 年 6 月中旬举办以"临建有品质、临建保品质"为主题比武活动，各参建单位根据明确的创建范围，认真优化设计方案，积极落实 BIM 技术在临建方案中的运用，形成本项目首批次 BIM 应用成果，实现了利用 BIM 技术指导临建设计和施工的应用，在实践中创造和形成了一批好的经验做法。

二是针对危大杂难的工艺工序等进行仿真模拟，实现工前技术交底和质量安全管控。项目全线隧道累计 7067 延长米，全线有 60 根超过 30 米高墩，全线有 60 米跨度钢混组合工字梁，具有典型的崇山峻岭建设施工工程特点。

BIM可视化表达形象、高效地传递关于质量安全的工艺工序信息，方便施工人员提前了解施工方案、熟悉工序流程、掌握工艺难点等，起到指导施工的作用。祁婺高速项目应用BIM可视化技术结合漫游动画，要求各施工单位相继制作出月岭隧道施工、薄壁空心墩爬模施工、钢混工字钢组合梁拼装施工、人工挖孔桩、钻孔灌注桩等施工模拟实景动画，实现真三维可视化技术交底，提升施工质量，保证施工安全。

三是BIM可视化技术结合信息化平台实现智能化建设协同管理。祁婺项目各施工单位定期进行全线无人机航测，即时获得施工现场影像资料，利用BIM+GIS软件比对前后工地场景模型，掌握实施进度状况，在此基础上引入时间维度、成本参数等，形成多维度进度管控；并将数字化进度信息导入协同管理平台，实现项目办各业务部门协同统一管理。

在当今工程建设信息化进程中，BIM可视化技术因其更加直观形象、即时准确的表达方式，被越来越多地应用于工程实践。祁婺高速建设项目着力实现BIM技术在建设期的落地应用，不断加强对BIM可视化技术的应用与研究，为江西省交通基础设施建设探索出更加广阔的应用前景，创造出更大的经济效益和社会价值。

（原载2020年11月30日祁婺项目办微信公众号"数智祁婺"栏目）

新闻链接 5

信息化平台攻坚人——杨明

"我来，就是来解决问题的。问题再多，我们也会一件一件解决，努力满足项目办的需求。"2020年4月，杨明被公司火线任命到祁婺项目担任信息化平台负责人，这是他到项目上第一次在会议上的表态。

初春时节，时值项目前期准备期，祁婺项目的BIM+GIS+IOT信息化管理平台的研发工作也在紧张地进行。由于架构问题，研发工作陷入瓶颈，平台的项目经理已经更换了两位，项目办对信息化平台的研发和后续推广工作越发担心，而杨明的到来为项目的平台建设工作带来了转机。

精明强干，做平台建设的急先锋

一到项目上，杨明首先组织开展深入平台需求调研，扎实梳理平台建设思路，提出平台数据自动传递的建设设想。随后，调动公司能够调动的技术人员加强平台工作的研发。经过几个月紧锣密鼓的工作，BIM+GIS+IOT信息化管理平台已经初步形成了OA、BIM+GIS、质量管理、安全管理、计量管理、进度管理、安全管理、智慧监理、智慧工地、智慧党建等系统的功能集成，实现了数据同平台的共享与传递，其中自动计量功能领先于全国大部分平台。从目前的各个施工单位使用平台的情况来看，逐渐达到了项目管理精细化、资料文件电子化、项目管控智能化。

善思巧干，做智慧工地的创新者

平台工作走上正轨之后，杨明又开始了另一项工作——智慧工地建设。依托BIM+GIS+北斗技术，搭建智慧工地管理系统，对施工现场进行数据监控、监测及实时管控。从拟定设备清单、设备询价到与施工单位沟通讲解，再到后来的智慧工地设备安装质量和进度的把控，杨明都能够按照项目办管理要求的时间节点和效果完成。过程中，他还提出了不少创新想法，比如提出将祁婺高速VR安全体验馆与龙腾服务区文化展示中心永临结合的建议，打造数字化VR安全教育培训中心，建成后的VR安全体验馆成为省内新开工项目争相效仿的成果。敢提出创新思维，能落实创新想法，在祁婺项目智慧工地建设有序推进中，杨明正在用他的实际行动证明智慧与创新的辩证关系。

真抓实干，做敢于面对问题的前行者

"空谈只能误国，实干才能兴邦。"杨明一直用这句话鼓舞着自己。在一次 BIM 工作年度总结例会中，杨明说道："随着工程的进展，新的需求也在不断出现；智慧工地正在进行中，还没有形成完整体系……"他通过自我剖析，梳理自己工作中还存在的问题，直面问题，并提出合理的解决方案。他一直在努力干实在的工作，抓实的效果，做一位真抓实干的前行者。

2020 年获得全国 BIM 等级证书，受聘为南昌大学校外导师，多次在全国会议上宣传和推介祁婺项目的 BIM＋GIS＋IOT 信息化管理平台……这些荣誉和事迹用他的话来说都不算什么，杨明认为把自己的事情做好，为项目打造出一个有创新、有亮点、好使用、能推广的信息化平台，为祁婺项目打造平安百年品质工程增光添彩，才能体现出自己的价值。

（原载 2021 年 1 月 19 日祁婺项目办微信公众号"祁婺先锋"栏目）

新闻链接 6

"微创新"助力工程品质提升

7 月 13 日，祁婺项目组织开展"微创新"大赛最终评审。"微创新"大赛活动的开展，旨在贯彻落实交通运输部《品质工程攻关行动试点方案（2018—2020 年）》，推动"微创新"技术、工法、工艺实践，不断提升施工作业标准化、专业化水平。

此次"微创新"大赛共收到各施工单位微创新项目 51 项，最后根据微创新大赛的相关要求，二次评选的成果为 13 项。在终评阶段，各参建单位通过视频演示进行成果介绍，微创新大赛领导小组成员根据《祁婺高速 2021 年度"微创新"大赛评分细则》对应打分。最后设置一等奖 2 项、二等奖 3 项、三

等奖 5 项。

此次大赛为项目工作人员提供了一个相互交流、相互学习、同台竞技的机会，增强了竞争意识和团队意识，营造了比学赶帮的良好氛围。

（原载 2021 年 7 月 14 日祁婺项目办微信公众号"品质祁婺"栏目，作者：陶正文）

新闻链接 7

祁婺项目喜获全国第二届工程建设行业 BIM 大赛三等奖

日前，中国施工企业管理协会在长沙举办第七届全国工程建设行业互联网大会，会议颁发了 2021 年度第二届工程建设行业 BIM 大赛获奖证书。由江西交通咨询有限公司协同中铁二十一局集团第三工程有限公司和中交一公局厦门工程有限公司联合申报的成果《德州至上饶高速公路赣皖界至婺源段新建工程 BIM 技术设计施工阶段综合应用》喜获三等奖，这也是该成果不断总结更新后获得的第五个省部级行业奖项。

祁婺项目自立项以来，大力推行数字化设计施工理念，从设计阶段到施工阶段提前做好 BIM 应用策划，积极探索了基于 BIM+GIS+北斗的三维可视化道路方案设计、桥梁隧道的正向设计、智慧工地设计，在临建工程、路基、桥梁、隧道工程等全方位、多角度应用 BIM 技术，在临建便道选址、交通枢纽导改、危大工程施工方案模拟、钢混组合梁智能建造、无人机智能应用等多个方面开展了大量的应用，积累了丰富的经验。为了将数字化新基建与传统施工有机结合，项目自主研发了一套数字化综合信息管理平台，实现了项目管理智慧化、监理工作信息化、质检资料电子化、电子签证合法化。其中智慧监理的应用和实施，系统已上传监理旁站 1850 条、监理巡视 2750

条、监理日志 1110 条。通过移动终端将工序报验、监理旁站、监理巡视、监理日志等监理日常工作均搬到了线上，规范了抽检工作流程，提高了监理工作效率，增强了问题溯源能力，最终达到提质增效、智慧减人的目的。

据悉，此次大赛由国家发展和改革委员会直属联系单位中国施工企业管理协会举办。大赛旨在深入贯彻落实国务院《关于完善质量保障体系提升建筑工程品质的指导意见》（国办函〔2019〕92 号），加快推进建筑信息模型（BIM）、大数据、移动互联网、云计算、物联网、人工智能等技术在设计、施工、运营维护中的集成应用，促进工程建设行业信息化水平提升，是国内等级最高、影响力最广、运作最成熟的全国性 BIM 应用大赛之一，其参赛作品代表了目前国内各行业 BIM 应用的最高水平。

（原载 2021 年 8 月 23 日祁婺项目办微信公众号"数智祁婺"栏目，作者：刘安）

新闻链接 8

祁婺项目办开展高速公路科技知识进校园活动

为进一步弘扬科学精神、传播科学知识，9 月 17 日下午，祁婺项目办政监处、工程处、BIM 创新办公室联合思口中学开展"高速公路科技知识进校园"活动，受到 70 余位师生的好评。

此次讲座活动，采取图文并茂的形式对桥梁的发展及施工进行了全方位讲解，是一场集科学性、知识性、趣味性为一体的桥梁科学知识"盛宴"。课间，授课人员还提出了一些简单而有趣味性的小问题，同学们踊跃参与讨论，取得了良好的效果。

参与授课的祁婺项目办工程技术处副处长刘振丘说："很荣幸能有机会面向学生讲解桥梁知识，与同学们相处是一件很愉快的事情。这次活动取得了非常不错的效果。"

此次活动的开展，增进了祁婺高速项目与地方单位的沟通与交流，进一步营造了良好的项目建设环境。

（原载2021年9月20日祁婺项目办微信公众号"项目动态"栏目，作者：肖志凡）

新闻链接9

祁婺项目科普作品喜获2021年全国公路优秀科普作品大奖

日前，中国公路学会表彰了2021年全国公路优秀科普作品，祁婺项目办科普作品分别获得视频类一等奖和图文类二、三等奖。

2021年全国公路优秀科普作品评选活动共表彰40件科普作品，祁婺项目《VR安全教育体验》独揽微视频类一等奖，《智慧监管——胡工的一天》漫画和《公路工程工点标准化管理科普读本》分获图文类二、三等奖。

NO.1《VR安全教育体验》

包含：机械伤害认知教学、动火作业认知教学、吊装作业认知教学、钢丝绳认知教学、安全标志认知教学、火灾消防实操教学、消防器材展示、现场急救实操体验、安全事故警示、隧道坍塌体验、盘扣式脚手架教学、栏杆推倒体验、平衡木体验、安全带使用体验、高空坠落体验、安全帽撞击体验、平台倾斜体验、基坑坍塌体验、滑轨工艺展示系统、VR虚拟教学、安全用电实操教训、安全防护用品展示、氧气乙炔实操教学、全息宏观展示、网络化安全培训教育、项目体验签到及考核、安全文化知识宣传等。作品通过会务宣传及网络推广，分别以祁婺高速公众视频号、抖音号和项目宣传册等多种方式对外推广宣传，宣传册发行 500 册、视频总浏览 5000 余次。培训安全管理人员 356 人、施工工人 1800 余人，接待参观学习人员 3000 余人。

NO.2《智慧监管——胡工的一天》

展示项目级的 BIM+GIS+IOT 信息化协同建管平台实现的成果。从实际人物视角，以漫画的形式将现场监理员胡工一天的工作进行记录，以实操工作将 OA 办公系统、智慧监理系统、信息模型等数字建管平台的线上使用进行介绍。在此基础上，融合智慧工地物联网大数据，通过工序报验管控、隐蔽工程数据采集、质量安全溯源、远程视频监控等技术在工程建设中的整合应用，实现项目建设全方位动态化监管。作品分别在祁婺高速公众、视频号、抖音号和项目宣传册等多种方式对外推广宣传。有效提升了项目的知名度，扩大影响力，推动监管工作的 BIM+信息化发展，构建基础建设智能建造新理念。

NO.3《公路工程工点标准化管理科普读本》

《公路工程工点标准化管理科普读本》是为公路工程施工单位量身定制的指南体系，为工程建设者提供了一系列必备的工点标准化核心信息和知识要点。但《公路工程工点标准化管理科普读本》中工点标准化相关的内容有一定门槛，为了使一线人员进一步学习和理解工点标准化内容，对一些工程中常见的错误认识进行科学解读和判别，《公路工程工点标准化管理科普读本》用了浓重的笔墨对工点标准化知识进行科普宣传，以避免目前在公路工程施工过程中存在的各类问题。先后发行 2670 份，帮助工程项目人员对工点标准化有更为清晰的理解。

据悉，获奖科普作品将在《中国公路》杂志、中国公路网、中国公路学会官网及微信、微博等平台长期展播，并推荐入驻科普中国网、科普中国服务云、科普中国微信公众号，以及通过社会知名媒体平台广泛传播。

（原载 2021 年 11 月 4 日祁婺项目办微信公众号"喜报"栏目）

新闻链接 10

中国工程院院士朱合华一行赴祁婺项目调研

12月5~6日，中国工程院院士朱合华一行赴祁婺高速公路参加项目科技创新工作咨询会，并现场调研工程建设与管理工作。

在咨询会上，朱合华院士认真听取了祁婺高速建设和科研创新等方面的情况汇报，对祁婺项目的建设理念、项目管理和针对生产需要开展的管理、技术研究与创新给予了充分肯定。他指出：祁婺高速公路项目基础好、亮点多，紧紧围绕"创新引领、集约高效、安全耐久、绿色低碳、智慧共享、协同发展"的建设思路，以"三个示范"（BIM综合应用、平安百年品质工程、生态交通）为抓手、"三个专题"（智慧交通、品质工程、绿色公路）作保障，推动了"三个目标"（智慧高效、安全耐久、绿色生态）的逐步实现。"三个专题"破解了部分设计、施工和管理中的一些难题，总体成效明显。希望祁婺项目在后续的建设过程中，充分发挥产学研作用，特别在低碳、人文两个方面加深研究力度，总结更多的技术，形成各类指标体系。与会专家还从国家战略高度，结合项目建设实际，以建设优质工程、精品工程为主题，围绕项目科技创新、亮点提升工作进行了深入研讨，并提出诸多宝贵意见和建议，充分发挥了院士在项目决策中的思想引领和战略咨询作用。

俞文生在交流中讲到，当前国家战略聚焦科技创新，江西省交通投资集团高度重视这项工作。祁婺项目是交投集团重点打造的建设交通强国、交通强省试点项目，也是交通运输部平安百年品质工程示范项目。祁婺项目能够坚持高站位谋划、高标准建设，认真结合区域优势、工程特点和示范目标，在BIM运用、代建+监理一体化管理创新和其他科技创新等方面做了诸多探索，取得了一些成绩，但离高质量发展要求、离国内一流水平还有差距，诚挚欢迎各位院士、专家提宝贵意见和建议，为江西省高速公路事业高质量发展出谋划策。

6日，朱合华院士一行参观了祁婺项目智慧安全体验馆，详细了解了龙腾服务区的整体建设规划,对智慧低碳目标的实现提出了具体建议;还参观了钢混叠合梁预制拼装厂和运输架设现场,了解了钢混叠合梁的拼装、架设全流程和创新应用等情况,提出了实践联系理论、认真总结提炼、申请专利和形成工法等指导意见。

(原载 2021 年 12 月 9 日祁婺项目办微信公众号"项目要闻"栏目)

新闻链接 11

"五步布设法"成硅芯管施工标准工艺工法

12 月 12 日,祁婺项目工点标准化领导小组对铺设的 3000 米硅芯管进行了验收,并将创新应用的"五步布设法"确定为硅芯管铺设的标准化工艺工法。

据介绍,路面硅芯管铺设,以往多以人工布设为主,需要大量劳动力参与管道抬运、布设、分层、捆绑等。为节约人力资源,防止硅芯管破损、磨损和损坏,现场监管人员与施工单位技术人员积极进行"微创新"活动,反复试验验证,创新应用的"五步布设法"(固定拖车法、拉线布设法、竹片分割固定法、整体包扎法、端头固定法)优势明显。尤其是"固定拖车法",相较以往的人工抬运节约了大量人力,过去 12 人才能完成的工作,现在只要 1 台车和 2 个技术工人即可完成,减轻了工人的劳动强度,而且避免了施工过程中硅芯管在抬运中的损坏。"竹片分割固定法"使 3 层 18 根硅芯管群在沟槽内管与管之间层次分明、达到横平竖直的美观效果,也较好地解决了后期维护难的问题。

相对于传统硅芯管铺设施工,经过"微创新"后的新工艺优势明显,铺设效果良好,线性顺直,有效提升了施工进度,保证了工程品质。

(原载 2021 年 12 月 14 日祁婺项目办微信公众号"品质祁婺"栏目,作者:舒若、孙臣领)

新闻链接 12

微创新 大效能

——祁婺高速路面摊铺推行智慧工地信息化管控

日前,祁婺高速在路面 ATB 施工段 K26+000 至 K26+120 举行路面智慧工地信息化首件制活动,以智慧工地信息化成套设备指导沥青路面摊铺作业,为施工安全和工程质量全面提升起到首件示范作用。

让摊铺机"会说话"

路面摊铺成套设备是针对摊铺机进行的数字化改造。在不改变机器原有功能的前提下加装定位系统、温度传感器、平板电脑、视频监控系统等组件,实时监测、记录和存储施工过程所有的摊铺温度、速度、厚度等质量数据,形成摊铺温度云图、位置、速度波动等,并将数据自动上传到祁婺高速信息化综合管理平台的智慧工地模块。现场所有施工人员能根据平台模块中的数据,准确判定当日施工质量,纠偏施工工艺,为质量回溯提供数据支撑。

据悉,后续还将上传各项参数指标的阈值,如果采集数据超阈值,系统将会主动"说话"、自动"预警"。

让压路机"认识人"

通过在压路机上安装车载感应器采集和分析数据,第一时间把压实轨迹遍数和路面压实温度、速度等数据,转换成简单易懂的彩色编码图形、数字等直观画面投射到驾驶舱的电子屏幕上,为驾驶员进行智能压实导航,从而避免漏压、过压等问题的发生。并在碾压过程中指导、辅助驾驶员操作,最大化地节省了施工成本,还能保证路面压实质量。

在注重施工质量的同时，还在压路机上安装了智慧安全防撞装置、倒车影像平台和报警设备。施工作业过程中，遇到人员从危险工作区域经过等状况时，压路机会自动感应周围安全风险，并自行制动、自动报警、停止施工作业。

为了对摊铺机及配套碾压设备进行精确定位，祁婺项目办安装了固定的基准站，通过5G信号传播，校正摊铺机、钢轮压路机、胶轮压路机的定位系统，以获取更加精准的设备位置。

（原载2022年1月6日祁婺项目办微信公众号"数智祁婺"栏目，作者：罗振南、刘安）

新闻链接 13

祁婺项目开展"科技创新月"科普讲解及微创新决赛评比

3月17日，祁婺项目办组织开展"科技创新月"科普讲解及微创新决赛评比。项目办主任习明星出席评比活动并讲话，副主任王凯、总监理工程师陶正文出席会议，项目办BIM创新办公室、工程处、安监处、各现场监管处负责人，施工单位项目经理、总工、工程部长及安全咨询、平台咨询、BIM咨询、品质工程咨询和设计代表等单位相关人员参加会议。

习明星在讲话时指出，"科技创新月"活动的开展，对现场施工工艺工法和设备优化的总结提炼很有帮助，对后续施工作业起到了指导作用。他强调，做好科技创新工作：一是要培养对创新的兴趣，把科技创新工作当一件有意义的事情去做；二是要营造良好的创新氛围，鼓励人人创新、带头创新，让创新者有为又有位；三是要加大创新投入，项目办对创新工作要用好品质工程措施费，施工单位要加大投入，利用微创新提升施工和管理水平，最终达到提质增效的目的，企业同样要鼓励创新，制定奖励政策，将科技创新做优做实；四是要正确认识创新成果，鼓励科技创新一线参与者共享成果，让科技创新人员感受到收获感和成就感，形成科技创新工作的良性循环。

现场决赛评比环节，各参建单位对 6 项科普讲解作品和 11 项微创新作品以及 4 项平安百年品质工程论坛报告进行了现场比拼，通过精彩的讲解、PPT 及视频演示，把每个参赛作品的特点都展现得淋漓尽致。通过现场评比，在科普讲解项目中，A2 标段的 60 米钢混叠合梁运架和项目级智慧沙盘包揽第一名、第二名，设计单位和 BIM 咨询单位获得优秀奖。在"微创新"评比中，A2 标段 60 米钢混叠合梁运架设备创新获得第一名，BIM 咨询单位基于 BIM 技术的互通枢纽交组保通创新技术应用、平台咨询单位基于信息化技术路面摊铺全过程开发与应用分别获得第二名，第三名分别被 A2 标段钢混叠合梁拼装体线型控制工艺、A3 标段梁场信息化和 A1 标段沥青混合料天然气燃烧系统收入囊中。

科技是引领发展的第一动力。祁婺项目坚持将科技创新作为创建平安百年品质工程的活性剂，并在过程中致力于科技人才培养、项目建设品位提升和争先创优氛围营造。咨询单位参赛选手杨文标说："这次活动不仅给我们提供了锻炼的平台，也让自己主动去思考如何创新，学到了很多新的知识点，也有几个新点子，我都记在了本子上。"

开展"科技创新月"活动以来，各参建单位紧紧围绕"科技创新月"活动总体要求，调研一线，集思广益，发动班组，创新进取，涌现出了一批优秀的既懂技术又善于创新的先进工作者，总结出了一批高质量的微创新、科普作品等成果，形成了祁婺项目"勤于思考、善于总结、勇于实践、敢于创新"的良好局面。

（原载 2022 年 3 月 21 日祁婺项目办微信公众号"品质祁婺"栏目，作者：刘安）

新闻链接 14

江西省公路水运工程监理数字化转型暨智慧监理现场观摩会在祁婺项目召开

盛夏婺源，万物并秀。2022年7月15日，江西省公路水运工程监理数字化转型暨智慧监理现场观摩会在中国最美乡村——婺源召开，江西省公路学会理事长孙茂刚出席会议并讲话。会议由江西省交通投资集团有限责任公司和省公路学会交通建设监理专业委员会共同承办。

当日上午，与会人员头顶骄阳、脚踏热浪，先后参观了祁婺项目钢混组合梁拼装厂、新亭特大桥钢混组合梁架设现场、路面施工标准段等施工作业点，详细听取了钢混组合梁生产与架设、BIM技术创新应用、监理数字化创新应用、智慧工地建设等情况汇报。大家考察了通过BIM技术实现施工方案可视化交底、设计施工一体化、枢纽互通导改方案模拟、品质临建创建，通过BIM+GIS+IOT数字建管平台的开发应用，实现各系统间协同管理与数据共享等内容，现场还进行了智慧监理系统情景剧演示。

在下午召开的交流座谈会上，"代建+监理"一体化进行的有力探索受到代表一致肯定，特别是在祁婺项目成功推行智慧监理信息化应用，是江西省工程建设领域取得的又一项创新成果，更是为全省交通建设施工信息化领域打造的全新利器。

会议指出，活动的开展旨在更好地践行《交通强国建设纲要》，落实江西省委、省政府《关于深入推进数字经济做优做强"一号发展工程"的意见》要求，进一步推进公路工程项目建设数字化改革，助推交通强省建设，促进交通监理行业转型升级。会议强调，一是要深化监理改革，推广新型建管模式。鼓励监理企业向"上下游"拓展业务，采取联合经营、并购重组等方式发展全过程工程咨询，向着高端技术服务发展。继续推广"代建+监理"一体化模式，逐步向全过程咨询过渡。二是要坚持创新驱动，推广应用"智慧监理"等新技术。随着BIM技术、智慧监理、大数据、人工智能等新技术逐渐成熟，为工程监理服务全面提升奠定了基础。打造信息化、智能化项目监理机构，是未来监理市场的主要方向。要积极融入江西省数字经济发展大潮，统筹推进监理工作与工程数字技术融合、业务融合、数据融合，充分发挥数据的创新引擎作用，提高监理的监管、决策水平，共同推动监理数字化平台建设与企业数字化转型协调发展。要充分发挥"智慧监理"等新技术对行业发展的引领作用，向集成化、专业化、标准化、信息化发展，在确保监理服务质量的前提下，通过智慧监理达到"自动化减人、智能化少人"的目的，帮助企业实现降本增效，提升核心竞争力。三是要提升队伍素质，回归高端服务定位。实现监理数字化平台的建设还需要全面提升人员素质，要进一步挖掘、培养适应未来行业发展的高素质监理人才，重点培养好能够熟练操作信息化系统的技术人才，储备好监理信息化系统的开发人才，更好地满足监理企业转型升级需求。四是要完善评价体系，推进市场良性发展。监理企业必须准确把握发展大势，明规矩、守底线。监理专业委员会将协助行业主管部门完善省内监理企业评价体系，对监理服务质量、经营作风进行严格监督。积极协助推进省内监理企业信用制度改革，促进省内监理企业共同进步，促进行业健康可持续发展。

会上，祁婺项目还就智慧监理向大会作了专题报告，与会监理企业代表作了交流发言。会后，孙茂刚一行到祁婺项目办进行调研，并就智慧监理推动监理工作更加精细、更加精准、更加智能，由治理走向"智"理的可持续发展再次进行了深入交流。

（原载 2022 年 7 月 17 日祁婺项目办微信公众号"项目动态"栏目）

本章小结

科技成果从实践中来，再运用到实践中去，是科技创新工作的理想途径。祁婺项目不仅找准大型课题分类研究，还针对微小创新进行突破，形成了蔚为可观的科技成果，令人刮目相看。这些科技工作积淀的科技文化无疑是深厚的。而且，祁婺项目巧妙借助全国科普日普及公路科技知识，采取"线下+线上"结合的方式进行科普教育培训，让高速公路科技知识进校园，广泛开设"微课堂"，进一步弘扬科学精神，培育了一批优秀工匠，影响了更多的青少年热爱科学。这种既"瞻前"又"顾后"的科技文化，产生了强大的支撑力和推动力。

思考题

1. 科普活动和项目建设的关系是什么样的？它们互相矛盾、彼此影响吗？

2. 您还有其他更有吸引力的科普创意吗？

第七章
曲艺文化要能提振士气凝聚人心

优秀的曲艺文化是项目递出的一张名片，能够营造浓厚的文化氛围，体现人文情怀，对推介、弘扬项目精神具有重要作用。在工作制度相同的情况下，员工有效工作时间的长短取决于对项目文化的感知程度。项目歌曲振奋人心，让人在欣赏的同时不由自主地爱上项目文化特质。

曲艺文化是通过创作、传唱项目歌曲，拍摄、制作、收看微电影、微视频等形式形成的一种归属感、向心力和凝聚力。它取材于一线建设者，又反过来助力于项目建设。

优秀的曲艺文化是项目的一张名片，能够营造浓厚的文化氛围，体现人文情怀，对推介、弘扬项目精神具有重要作用。在工作制度相同的情况下，员工有效工作时间的长短取决于对项目文化的感知程度。项目歌曲振奋人心，让人在欣赏的同时不由自主地爱上项目文化特质。

项目之歌在员工心里点亮了企业文化，如果每人每天有效工作时间增加10分钟，仅此一项每年就能为企业带来几十万元甚至几百万元的收益。在带来直接利益的同时，还使企业发展步伐更稳重而激越，品牌形象更加卓越。

项目之歌使用形式：一是内部推行，作为会议开场序曲或结束曲，打通员工、项目、企业间的感情通道；二是重大活动现场播放（含上级单位大屏幕文化展播），尤其是当一些重要合作伙伴、上级领导光临时，歌声是诚挚的表达，也是热情的欢迎；三是作为项目或企业宣传片（含微电影、视频）的主题音乐；四是商务办公电话和主要负责人的手机彩铃。

微电影、微视频是量身定制的影视推介方式，短则几分钟，长则半个小时，以讲述项目故事为主，打动观众，引人关注。因其艺术性更强，容易被人接受，也有利于树立品牌形象，提升项目文化品位，使人在潜移默化中接纳项目品牌和理念。其使用形式与项目之歌近似，也可以制作为CD作为文化纪念品向内外部人员赠送。

项目歌曲《祁婺飞歌》、微电影《头雁风采》及系列微视频《信息化平台》《品质工程》等就起到了以上作用。

案例 1

歌曲《祁婺飞歌》

祁婺飞歌
(合唱版)

作词：俞明龙 戴新华
作曲、和声编配：谢海萍

1=♭E 2/4
♩=120

A
| 0 6 | 3 3·4 | 3 2·1 | 3 - | 6 6·7 | 1 7 | 6 1 | 3 - |
1. 在沱川的山岭上奔　走，风钻轰鸣石穿透，
2. 在思口的烈日中奔　走，战温斗暑精神抖，

| 3 0 | 3 2 2·2 | 4 6·6 | 3 - | 1 1·1 | 2 2 | 1 2·7 - | 7 - |
在清华的江河上奔　走，吊车飞舞波浪吼。
在紫阳的冰霜中奔　走，心热情烫竞风流。

| 3 3 | 6 6 | 5·6 | 6 | 1·1 | 2 2 | 1 2 | 3 - | 3 - |
头顶风雨雷电，脚踏春夏冬秋。
放眼东西南北，胸怀日月星斗。

B
| 6 5 6 6 - | 2 1 2 | 2 3 3 | 5 5 5 5 | 3 5 6 6 - | : ∨3 |
肩并肩，　手挽手，我们挥洒汗水乐悠悠。　　啊
不退后，　争上游，我们飞舞青春雄赳赳。　　啊

| 1 7 1 1 - | 7 5 1 | 1 1 1 | 5 5 5 5 | 5 1 5 | 3 - | 3 3 |
| 6 5 6 6 - | 5 5 6 | 6 1 1 | 2 2 2 2 | 2 1 3 | 1 - | 1 1 |
肩并肩，　手挽手，我们齐心建造品质祁婺，∨啊
不退后　　争上游，我们务实追梦绿色祁婺，　啊

1.2. (第二段唱一遍)
| 6 5 6 6 - | 7 6 7 | 7 5 5 | 7 7 7 7 | 7 5 7 | 7 6 - | 6 |
| 4 5 4 4 - | 5 6 5 | 5 3 3 | 5 5 5 5 | 5 5 | 5 3 - | 3 : |
肩并肩，　手挽手，我们挥洒汗水乐　悠　悠！
不退后，　争上游，我们飞舞青春雄　赳　赳！

结束句
| 7 7 7 7 | 7 7 | 6 - | 6 3 3 | 7 7 7 7 | 7 - | 7 0 5 7 |
| 5 5 5 5 | 5 5 | 3 - | 3 3 3 | 5 5 5 5 | 5 - | 5 0 3 5 |
飞舞青春雄　赳　赳！　我们飞舞青春　　　雄赳

| 1 - | 1 - | 1 - | 1 - | 1 |
| 5 - | 5 - | 5 - | 5 - | 5 |
赳！

案例 2

《头雁风采》党建宣传片

头雁风采

——祁婺项目"建功祁婺"党建宣传片剧本

【特写镜头】大鄣山山脉的卧龙谷；祁婺高速公路南山路特大桥；凤山水特大桥和沱川隧道正在紧张施工的场面。

一辆越野车行驶在赶往沱川隧道的路上。

【解说】这里是位于赣皖界大鄣山山脉的卧龙谷。在这条峡谷内，在建的祁婺高速公路南山路特大桥、凤山水特大桥和沱川隧道正在紧张施工中。

担任沱川隧道"洞长"的王建海正从其他施工点赶赴沱川隧道，进行每天的例行巡视。

【镜头转向王建海】王建海："这是我们合同段的主便道。这条便道关系着我们的两座特大桥，还有沱川隧道的施工生产任务。作为一名党员，保质保量地完成任务，是我的责任。"

【镜头转向沱川隧道】沱川隧道施工现场。

【解说】沱川隧道，左线全长 2601.603 米，右线全长 2624 米，受大鄣山脉的高山峡谷地形限制，沱川隧道左右线均为单洞单口掘进。出渣进料车辆及设备无法在洞内掉头，增加了物料及渣土运输难度，循环时间延长。

【镜头转向王建海】王建海:"隧道施工包括开挖、支护、仰拱、二衬这几道循环工序。为了确保施工工期,各道工序施工不能间断。"

【解说】作为沱川隧道的"洞长",除了确保施工质量、安全外,施工过程中其他所有协调工作全部汇集到了"洞长"这里。

【镜头转向吴顺昌】吴顺昌(施工员):"有一次,我们在隧道二衬混凝土施工,混凝土突然断供。王洞长得到消息,第一时间就给我们解决了问题。要是没有洞长制,处理这种问题就要经过项目部材料部、工程部,一层层反馈,最终会导致时间耽误,给混凝土施工埋下质量隐患。"

【解说】沱川隧道施工之前,王建海就带领团队针对当地地质条件会带来的不利影响,制定了完善的施工组织方案和应急预案。

【镜头转向杨飞】杨飞(技术员):"沱川隧道刚进洞是五级的中风化粉砂质板岩,开挖过程中容易产生掉块,局部的自稳能力特别差。左洞480里程段,我们突然遇见了围岩断层,容水量超过了设计量。我立即给王建海经理打电话。他当天正在出去学习的路上,接到电话立马掉头回来,和我们在洞里待了一夜,终于把现场问题解决好了。"

【解说】怀揣着对工作的热爱,王建海用行动体现了党员的担当和奉献精神,带领技术人员攻坚克难,创新工艺工法,展现了洞长"领头雁"的风采。

【镜头转向王建海】王建海:"沱川隧道施工采用的新工艺包括仰拱预埋钢筋定位卡、二衬防水板自动铺设、二衬钢筋保护层定位丝套等。微创新中采用的拱架防悬空支撑、二衬混凝土养生自动喷淋台车减少了劳动力,解决了人工喷淋不均匀等一系列问题。"

【解说】匠心逐梦,风雨兼程。通过新技术、新工艺的使用,沱川隧道施工减少了安全风险,保证了工程质量,从实践中落实了品质工程建设和标准化施工要求。在2021年项目办组织的多次检查中,沱川隧道多项检查内容100%达标。

头雁领航,群雁齐飞。在王建海的带动下,祁婺高速公路A1合同段项目部有28名同志通过了安全员、质检员、试验工程师等考试。

一年多来,祁婺高速公路项目落实"党建 + 品质工程"模式,开展"1 + N"党员"领头雁"活动,充分发挥党建引领作用。

正是因为有了众多像王建海一样的"领头雁",通过他们的带头示范,祁婺项目诞生了众多的优秀班组,"雁阵效应"初显成效,为实现项目施工安全"零事故"和质量"零问题"、建设"品质祁婺"打下了坚实基础。

2021年6月,祁婺高速公路建设项目入选全国首批"平安百年品质工程创建示范项目"。

案例 3

《平安祁婺》安全生产工作宣传片

平安祁婺

——祁婺项目安全生产工作宣传片剧本

1. 祁婺高速公路建设现场镜头滚动展示

【解说】

祁婺高速公路是德上高速公路的重要组成部分,是江西省重要出省通道之一。该项目是集百年平安品质工程、交旅融合绿色生态美丽公路

BIM + GIS + 北斗运用的智慧建造为一体的综合示范项目。

2.日，内

安全生产工作会议、项目办主任习明星讲话镜头展示……

【解说】

2020年5月，项目办就把安全生产作为重点，主要领导亲自抓。

【习明星的画外音】

我们必须强化红线意识和底线思维，以"经常睡不着、半夜又惊醒"的压力抓安全，做到零容忍、零放过……

【特写】

安全生产重于泰山

3.花园大桥航拍画面、班前会场镜头展示

【习明星的画外音】

今天进行60米钢箱梁架梁作业，在这里，我强调三点……

【解说】

架设国内最大的60米 π 型钢混合叠合梁对他们来说意义非同一般，必须保证万无一失。在祁婺高速建设项目中，班前讲安全已成为常态。该项目办创建以来，已先后开展安全教育进工棚、事故宣讲进班组16次，受众500余人。

4.VR体验馆、安全培训考试镜头展示

【解说】

接受培训的是新入职的员工，虽然他们中有些人在其他项目中有过工作经验，但这种全新的培训是必不可少的。项目办严格把关，新员工考试合格才能上岗。

【一组镜头】

施工现场，日，外

安全管理人员在现场检查……

办公室，日，内

安全管理人员开会……

【解说】

项目办认真落实安全生产专项整治三年行动，引进交通运输部公路院智囊型第三方安全咨询机构充实管理力量。

【记者采访镜头】

工作人员：做项目前，我们就把安全标准定位定得比较高，多次组织安全管理人员外出学习取经，为施工单位提供有效的指导和帮助……

1. 施工现场，日，外

一名工作人员例行检查。

一名工人上工时没走人行通道，工作人员对其进行教育……

【解说】

以点带线，以线促面，使用传统监督+科技兴安手段，将祁婺项目打造成安全责任重于泰山、网中有格、网格联动、人在格中、事在网中的格局。

2.【一组镜头】

日，外

几个工人从党建文化墙前走过……

日，内

员工在学习安全手册……

日，外

洞长制标牌，洞长现场办公……

日，外

管理人员现场观摩……

观看比武擂台赛……

隧道作业流程演练……

会议室，日，内

表彰优秀员工……

【随镜头解说】

祁婺项目办通过安全文化建设，开展树典型活动，营造人人争当先进的良好氛围；推行洞长制，通过洞长、班组长履职履责管安全，开展安全专项观摩、一对一擂台比武赛、隧道作业流程演练等活动，互学互进，实现互查促规范、交流促提升，利用信息化手段，提升安全隐患排查和治理效果。2020年，祁婺项目在江西省交通运输系统平安工地考核评比中荣获第一名。

案例4

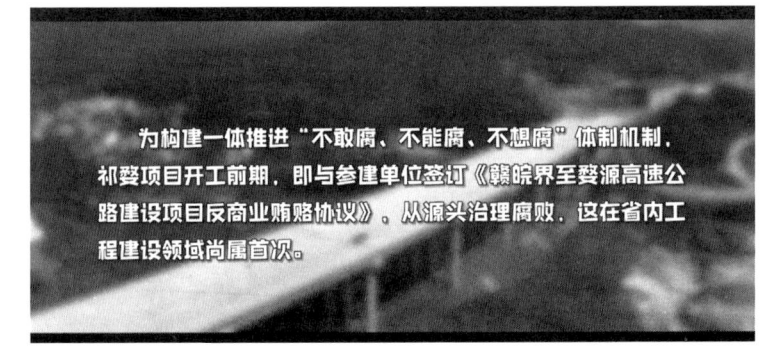

《清风》廉政宣传片

清风祁婺

——祁婺项目廉政宣传片剧本

人物表

  齐正，男，监理工程师，四十多岁

  助手，男，三十岁左右

  张老板，男，四十多岁，包工头

  齐正妻子，女，四十多岁

  瑶瑶，女，十七八岁，齐正女儿

1.T梁预制场，日，外

工人们正在工作，张老板站在一边看着工人们干活。

张老板："大伙儿加把劲，把之前落下的补上来！"

工人甲笑着说："加把劲没为题，可是晚上得给我们改善生活呀。"

张老板爽快地说："没问题！"

2.施工便道，日，越野车内

越野车在便道上行驶，齐正开着车对助手说："现在都在抢工期，越是这种时候，质量方面越容易出问题。一会儿到了，你们检测的时候要特别注意，千万不能掉以轻心。"

助手点点头："嗯。"

3.T梁预制场，日，外

张老板和几个人站在门口，一辆越野车向他们驶来，张老板等人赶紧迎过去。

车门开，齐正和助手先后下车。有人赶紧递给齐正和助手每人一瓶矿泉水，齐正和助手接过矿泉水。

张老板双手握着齐正的手笑着说："欢迎你们来指导工作呀。有几片T梁已经完工，你们检测完了就可以拉去安装了。"

齐正笑着说："只要质量达标，肯定没问题。"

张老板笑着："那是，那是。"

4.T梁存放现场，日，外

齐正和助手检测T梁并做着记录。

【一组镜头】

检测仪器上的数字不断地跳动，最后定格在XXXX。

齐正把仪器伸在张老板面前："这是怎么回事？"

张老板不敢看仪器，脸上直冒汗……

手机响了，齐正掏出来看了看，笑着接电话："乖女儿……什么？你们要来？你还想要笔记本电脑？——马上下火车了？……哎呀，我现在还过不去呢，一会还得开会……好……好。"

5.工程部，日，内

齐正与几个人一起讨论问题……

6.齐正宿舍，夜，内

齐正妻子帮着丈夫整理衣服；瑶瑶坐在写字台前摆弄着一台崭新的苹果笔记本电脑。

齐正推门进屋。

妻子："回来啦？"

齐正答应一声，问道："你们怎么吃的饭？"

妻子："在你们食堂。"

齐正笑了笑，看着正在摆弄电脑的女儿，惊讶地问："打电话的时候说要买电脑，这么快就买了？"

妻子惊讶地看着丈夫："不是你买的让司机拿给瑶瑶的吗？"

齐正低下头，若有所思："唔……"

7. 施工单位会议室，夜，内

项目部经理、张老板及众多施工单位代表在开会。

项目部经理："刚才我们学习了《反商业贿赂协议》和《项目参建人员廉洁从业规定》，一会儿大家都签个合同……"

张老板浑身不自在。

【张老板的画外音】真后悔今天送的这个礼，万一这事……

8. 齐正宿舍，夜，内

齐正躺在床上熟睡。

【梦境】齐正在办公室和施工人员讨论施工方案，助手慌慌张张地跑进来："齐工，齐工，不好了，桥塌了……"

齐正忽地从床上坐起来，惊恐地看着四周……

9. T梁预制场，日，外

热火朝天的工作场面。齐正来到张老板身边。

齐正："谢谢你帮我女儿买电脑，多少钱？我转给你。"

张老板摆摆手："不要钱，我送给孩子的。"

齐正严肃地："不要钱？你想让我犯错误呀？"

张老板无奈："那……好吧。"

齐正边在手机上转账边说："昨天那榀梁重做！"

10. 某特大桥下，日，外

齐正一家人从跨山谷大桥下的施工便道向上攀爬；妻子用手机寻找角度拍照。

瑶瑶气喘吁吁地对齐正说："爸，这桥太壮观了！"

齐正拍了一下胸脯，自豪地说："那是，也不看看是谁建的！"

一家人欢快的笑声响彻山谷……

（剧终）

案例 5

太阳坑相赠望远镜

——一名红军将领与一个深山猎人的故事

（电视散文剧本）

字幕：

1935 年 1 月，分水关突围战之后，先遣队几乎损失殆尽。

【解说】

男：80 多年前的那个寒冬，在一片白色恐怖中，方志敏率领的红十军团北上受挫折回赣东北，陷入敌人重重包围。为了尽快与成功突围进入德兴广财山的粟裕军团会合，方志敏谢绝暂避敌人锋芒的劝告。而此时，方志敏的身边只有军团长刘畴西、警卫员魏长发等数人。

【镜头】一队红军战士艰难地行走在崇山峻岭中……

【解说】

女：他们强忍饥饿，拖着虚弱的身体，不分昼夜地翻山越岭，攀藤附葛，从分水关经三亩、马山、冷水坑，成功越过玉峰至信磜封锁线。他们沿着石壁陡峭的香炉峰，来到怀玉山下一个名为"太阳坑"的地方，准备通过洋塘、汪洋村进入德兴广财山。

男：突围途中，方志敏一行与猎人雷春元不期而遇。经过一番心与心的交流，他们相互信任。

女：太阳坑是一个人迹罕至的山坞，只有雷春元与她的母亲在此结庐为家，相依为命。雷春元是个猎人，不仅对周边地形谙熟于心，还对布防在太阳坑一带敌四十三旅的童暖防线了如指掌。

男：雷春元嘱咐方志敏等人在原地隐蔽，他独自飞奔回家，让母亲为饥饿至极的方志敏等人准备晚饭。

【镜头】灶房内，一位老妇人坐在灶前添柴烧火，火光映在老妇人脸上，灶台上，铁锅里冒着热气……

第七章 曲艺文化要能提振士气凝聚人心

【解说】

女：夜幕降临，雷春元如约而至，带领方志敏等人走进了他的茅屋。

男：摇曳的松明灯火中，几个人吃饱了饭，脸上泛出些许红润的光泽。

【镜头】茅屋内，方志敏和几个红军战士与雷春元及其母亲说话。

【解说】

女：方志敏看着雷春元的母亲，真诚地说——

男：同志嫂，谢谢你，我们红军是有纪律的，吃了群众的饭是要付钱的。可是今天我们身无分文，我就把望远镜送给你们吧。

女：话音刚落，在门外站岗的雷春元一个箭步冲到屋内——

男：不能这样，望远镜还是你留着自己用。红军为我们穷人打天下，眼下你们遇到了困难，到我们家就吃了一顿玉米饭，我们怎么能要你们的东西呢？无论雷春元母子如何推辞，方志敏还是坚持要把望远镜送给他们。

女：方志敏拉着雷春元的手走出家门，指着对面山上隐蔽处的一棵苦槠树说——

男：我们必须尽快越过敌人防线，望远镜我已经挂在那棵树杈上了。

女：方志敏又转身进屋对雷春元母亲说——

男：同志嫂，目前，革命虽然遭到了挫折，但最后胜利一定是属于我们的！待革命胜利后，我会来看望你们的。

女：方志敏说完领着随行的人进入山林……

男：第二天，雷春元从那棵苦槠树杈上取下了望远镜，并珍藏起来。

【镜头】雷春元拿着望远镜，站在茅屋前，看着远方……

字幕：

1935年1月29日，在离开太阳坑3天后，方志敏在怀玉山区被俘，羁押在国民党驻赣绥靖公署军法处看守所。敌人从他身上搜到的只有一块旧怀表和一支旧钢笔。同年8月6日，方志敏在南昌市下沙窝英勇就义，时年36岁。

方志敏留在太阳坑的望远镜，现珍藏在由红十军改编、驻扎哈尔滨的65426部队军史陈列室内。它就像一双睿智的眼睛，让我们看到了美丽、富强的新时代……

案例 6

画路

——祁婺筑路精神宣传片

（故事梗概）

美术系老师带着学生外出写生，快要到达目的地的时候遭遇堵车。车辆停滞不前，想回去都没法调头。在一车人非常着急之际，一个叫程玉婷的女生忽然发现前面的车辆动了，原来是祁婺高速的施工人员在关键时刻疏通车辆，确保了大家正常通行。学生们来到写生目的地——沱川，老师明确通知了集合地点和时间之后，大家分头写生。程玉婷等三个女生想到山顶时被保安拦住，便绕上了山顶。待她们写生结束时突发意外：程玉婷摔伤了。没有别人，两个女生束手无策，只好向附近祁婺高速的施工人员大声呼救。两名施工人员听到呼救声赶到事发现场，将受伤女生送至卫生院。程玉婷的父亲也是个筑路工人，以前程玉婷看不起整天和泥土打交道的父亲，甚至不愿叫"爸爸"，通过这次写生经历，程玉婷改变了对以父亲为代表的筑路工人的看法——筑路工人的形象在她心中由卑微变得高大起来。

本章小结

《祁婺飞歌》曲调欢快、愉悦、昂扬，歌词通俗易懂、铿锵有力，表达了建设者同心协力建设品质祁婺的决心和意志。短视频《"领头雁"》以纪实方式记录了一线党员发挥模范带头作用，带领团队克难攻坚，最终达成"品质祁婺"的目标。工程建设者是默默无闻的奉献者，逢山开路、遇水架桥，往往路修好了他们就离开了。这些曲艺文化不仅真实记录、如实表达，还能启迪心智、催人振奋，激发广大建设者在不懈的创造中造福一方人民。

思考题

1. 如果您是这些曲艺作品的演唱者，演唱时心情如何？

2. 如果您出现在镜头中，而且被艺术地表达，您的亲朋好友看到了会怎么问，您会怎么回答？

第八章
文娱文化要接地气

文娱文化只有深入管理细节及干部职工生活之中，才能真正发挥内在潜能。在一定程度上，文娱活动更宽松和自由，可以促进职工思想与企业文化、项目文化的融合。文娱活动能将管理者的单向命令变为多向交流和对话，加深彼此间的了解，增进建设各方感情。

文娱活动是"职工文化体育活动"的简称，带有休闲娱乐及竞技的成分，是凝聚人心、鼓舞斗志、汇聚力量的重要载体，也是传播项目文化和弘扬企业精神的重要途径。这是项目文化的延伸和发展，对于改善团队关系、活跃工作氛围有重要作用。

项目建设内容多、难度大、压力重，在工作生活节奏单一的环境里，容易引起精神倦怠，形成行为惯性。把职工求新、求知、求乐、求美之心结合起来，开展丰富多彩的文体活动，将项目文化的内涵寓教于乐，通过喜闻乐见的形式表达出来。使职工在情感上易于接受，心理上的兴奋点被强烈地刺激，从而振作精神应对挑战。更重要的是，文娱活动具有目的统一性、动作协调性、整体合作性、信息沟通性，能有效带动参与者走出个人思维范畴，达成集体共识。

文娱活动丰富职工的业余生活，改善项目建设的人文环境，提升职工身心健康水平，可以把蕴含于文化体育中的精神动力转化为促进项目和谐发展的强劲动能。

需要注意的是，文娱文化只有深入管理细节及干部职工生活之中，才能真正发挥内在潜能。在一定程度上，文娱活动更宽松和自由，可以促进职工思想与企业文化、项目文化的融合。文娱活动能将管理者的单向命令变为多向交流和对话，加深彼此间的了解，增进建设各方感情。在这里，文娱活动不仅仅指传统意义上的文体娱乐，相关社会公益活动也囊括进来。

目前，项目文娱活动存在若干问题。一是重视程度不够。有的领导认为文娱活动不能直接产生经济效益，且没有完善的制度保障和必要的经费支持，持续开展难度大。二是统一组织挑战大。工程建设线长点多，人员分散，加之工期紧、任务重，即使开展了文娱活动，也不一定能达到预期效果。三是活动要么流于形式，要么竞技性、专业性过强，参与度不高。四是与广大职工的需求存在一定差距。

祁婺项目遵循"职工需要什么，我们就开展什么"的原则，有的放矢地更新理念，形成了个性化的祁婺文娱文化。祁婺文娱文化带给我们的重要启示主要有三个方面。一是充分了解职工身心需求，结合项目实际，从培养职工的兴趣入手，增强活动的趣味性和参与度，形成适合各年龄段职工参与的群众性文娱活动竞赛新体系。二是创新活动方式，形成项目文化品牌，并将知识、文化、思想、观念有机渗透于文娱活动之中，形成内在的力量。三是坚持生活与艺术的结合。文娱活动的目的是提高职工整体素质，应该围绕职工需求做文章，通过喜闻乐见、寓教于乐的形式，调动职工参与积极性，不断满足个性化需求，为具有类似专长的人才提供发挥的空间。

案例 1

项目办员工业余生活管理办法

第一章　总　则

第一条　为贯彻党的十九届五中全会精神，实现到 2035 年"建成健康中国"的远景目标，落实"十四五"时期全面推进健康中国建设战略部署，根据中共中央、国务院印发《"健康中国 2030"规划纲要》要求，为丰富项目参建人员业余文化生活，提高项目参建人员身体素质，提升项目文化生活质量，结合项目办实际，特制定本办法。

第二条　本办法适用于项目办所有参建人员，包括项目办机关、代建监理部参建人员。

第三条　本办法业余生活是指工作日八小时之外，非工作日。项目办业余生活管理采用垂直管理，实行一级对一级负责。

第四条　本办法业余生活管理主要分为学习教育管理、健康教育管理、健康行为管理、健康环境管理、职业健康管理等。

第五条 项目办实行业余生活"一周管理法",周一为"健康教育日",周二为"学习教育日",周三为"健康行为管理日",周四为"健康环境考核日",周五为"健康安全检查日",周末为"健康活动开展日"。

第二章 学习教育管理

学习教育管理是项目办基础性、经常性工作。学习教育管理以习近平新时代中国特色社会主义思想为指导,坚持教育、管理、监督、服务相结合,推进"两学一做"学习教育常态化、制度化,培育项目参建人员终身学习的意识。

第六条 学习教育管理遵循以下原则

(一)坚持以党的政治建设为统领,突出党的理论教育和形势教育,增进参建人员爱党情怀。

(二)加强党史、新中国史、改革开放史、社会主义发展史等内容的学习,增强参建人员爱国情怀。

(三)加强社会主义核心价值观教育,增强参建人员爱社会主义情怀。

第七条 学习教育管理主要方式

项目办采用集中、自学和网络方式相结合,年中和年末由项目办纪检监察处进行一次考核。

周二"学习教育日"为集中学习,时间拟定为每周二晚上7:00,时长不少于1.5小时;集中学习活动一般由项目办机关党支部或各业务部门组织开展;学习内容由各部门、各处室、各参建单位根据实际需要自行确定,每年集中学习教育时间一般不少于23学时。

自学和网络学习平台为《学习强国》,《学习强国》学习积分党员每日不少于40分,员工每日不少于30分,对考核结果前三名进行奖励,对后三名进行通报批评。

第三章 健康教育管理

第八条 加强精神文明建设,发展健康文化,移风易俗,培育良好的生活习惯,禁止黄赌毒。

第九条　将健康教育纳入项目教育计划，使健康教育成为项目教育的重要内容之一。

第十条　周一"健康教育日"主要为视频学习，也可聘请健康专家来项目办讲课，时间拟定以及时长由项目办自行安排。

第四章　健康行为管理

第十一条　引导合理膳食，开展健康食堂建设；开展控烟宣传，积极推进无烟环境建设；加强限酒健康教育，控制酒精过度使用，减少酗酒；加大全员心理健康科普宣传力度，提升心理健康素养。

第十二条　周三"健康行为管理日"由项目办综合处牵头组成健康行为管理小组对以下行为进行检查：项目办所有人员是否有黄赌毒行为，是否有酗酒行为，是否在公共场所吸烟等。

第十三条　推动全员健身生活化，发展健身休闲活动；组织喜闻乐见的文化活动，由项目办纪检监察处编制周末文体活动年度计划，并负责活动的组织策划、开展。

周末"健康活动开展日"可以安排知识竞赛、歌咏比赛、益智棋牌、体育健身、登山徒步等，项目办可自行安排。

大型文体活动以元旦、春节、元宵、五一、端午、七一、国庆、中秋等重大节假日为契机组织开展，各种文体活动内容以积极健康向上为准，形式要求多种多样，紧扣时代脉搏。

第五章　健康环境管理

第十四条　开展全员工作居住环境卫生整洁行动，办公室、宿舍确保全天候整洁、整齐、规范，确保卫生无死角。

周四"健康环境考核日"由综合行政处负责牵头组成考核小组，进行员工办公、生活区域的环境卫生管理，通报结果，并根据考核情况，评出"美丽宿舍""美丽办公室"。

第十五条　检查评比标准

1. "美丽宿舍"标准：地面无垃圾、痰迹、积水，纸篓清倒及时，鞋子、家具摆放整齐，墙面清洁，室内无拉绳子现象，被子叠放整齐，床上无杂物，书桌物品分类摆放整齐，卫生间洗漱用品摆放整齐、无异味。

2. "美丽办公室"办公室标准：地面整洁，桌面物品摆放整齐，无灰尘、无杂物，上班时间不在室内喧哗，员工按要求着装，茶水柜物品摆放有序。

第六章　安全和职业健康管理

第十六条　加强安全生产，构建风险等级管控、隐患排查治理两条防线，切实降低重特大事故发生频次和危害后果。

第十七条　强化行业自律和监督管理职责，推动落实主体责任，治理职业病危害源头。

第十八条　增强全员安全意识，建立消防设施建设和维护管理责任机制，项目消防设施基本实现全覆盖。

第十九条　周五"健康安全检查日"有项目办安监处牵头组成安全检查小组对项目办人、事、物进行检查，每周出安全通报。

第七章　附　则

第二十条　本办法由项目办综合行政处负责解释。

第二十一条　本办法自印发之日起施行。

案例 2

关于"五四"青年节开展
"万米微马跑·建功新时代"活动的通知

为纪念"五四"爱国主义青年运动72周年，大力弘扬"五四"精神，激发广大青年项目建设者爱党、爱国情怀，增强项目建设青年队伍的凝聚力和战斗力，提升正能量，活跃祁婺高速公路项目建设氛围，结合祁婺项目办党委党史学习教育工作安排和项目建设实际，定于 2021 年 4 月 29 日（初定，具体时间另行通知）举行"魅力祁婺·万米微马跑·建功新时代"活动，现将活动有关事项通知如下。

一、活动主题

魅力祁婺·万米微马跑·建功新时代

二、活动时间

4 月 29 日 14：00

三、活动地点

祁婺高速辅道（全长约 6 公里）

四、主办单位

祁婺项目办

五、承办单位

A2 标项目经理部

六、参加单位

祁婺项目办、代建监理部及各参建单位

七、活动组织

1. 各参加活动单位分别组织不少于15人参加活动。

2. 报名时间为2021年4月20～25日（请各单位于4月25日前将带队负责人、联系电话及参加活动人员名单、后勤人员名单报活动联系人沈志宇，联系电话：177xxxxxxxx）。

八、活动安排

1. 集合：13：30（各单位组织集中乘车）在祁婺高速A3标1#拌和站集合（路线：从项目办—思口镇—A3标1#拌和站）。

2. 万米跑：14：00，A3标1#拌和站（起点）—A2标龙腾服务区（辅道终点）。

3. 颁发奖金：冠军1名（1000元）、亚军2名（800元）、季军3名（500元）、优秀奖5名（300元）。

4. 16：00举行颁奖仪式（随后在服务区参加向"最美劳动者"敬茶活动），结束后自行返程。

九、有关事项

1. 由承办单位负责准备：白色短袖T恤100件（前左胸部印制项目小标志及文字"魅力祁婺"、背部印制大标志及文字"万米微马跑·建功新时代"）；参赛队员号码布80个（按序编号）；瓶装纯净水10箱；活动标语1条（起点用，内容为"魅力祁婺·万米微马跑·建功新时代"，落款为"祁婺项目办"）；活动背景1处（终点颁奖仪式用，背景设计后提交项目办审核）。

2. 各施工单位派3人协助A2标负责活动后勤服务。

3. 在中途约3公里处准备50箱纯净水，后勤组派2人负责递水，终点备纯净水5箱。

4. 项目办、A2 标各派后勤服务车辆 1 辆，跟随参赛队伍，以备特殊情况应急处置需要，随车各配备急救医护人员 1 人（由 A2 标负责安排落实）。

5. 下午 4：00 在终点举行活动颁奖仪式，在指定时间未完成或不能完成赛程的参赛人员可申请坐后勤车辆到达终点（不计成绩），全体参加活动人员（含组织者、后勤人员、参赛人员）参加颁奖仪式。

6. 各参赛运动员要注意安全，沿途不乱丢垃圾。

7. 参加活动的同志须身体健康（无心脏病、高血压、心肌炎、心律不齐等疾病）。

祁婺项目办

2021 年 4 月 13 日

案例 3

一杯清茶敬最美

尊敬的俞院长、各位老师、同志们：

大家好！

天朗气清，茶韵飘香。在这个春光美好的季节，在这片美景如画的龙腾，朝气蓬勃的同学为我们展示了美轮美奂的茶艺，用这杯美味香甜的清茶，敬祁婺最美的劳动者。让我们再次以热烈的掌声，向受到表彰的最美劳动者表示祝贺！

良辰美景，天公作美。今天我们举行了微型马拉松比赛，展示了我们祁婺建设者勇于拼搏、敢争上游的健美姿态，向奔跑在前、获得名次的优胜者表示祝贺，向全体祁婺建设者致以节日问候和崇高敬意！

本次活动得到了婺源茶业职业学院的大力支持。为什么采取敬茶的方式致敬"最美劳动者"呢？因为，茶道就是包含了"敬"的意思。另外，茶叶采摘下来，需要经过揉捻、烘焙、紧压等诸多工艺，才能让人口齿留香、沁人心脾，也就是说，要经过复杂的工艺、付出辛勤的劳动，才能换来优秀的成果，优秀属于最美劳动者。

当前，祁婺项目建设进入第二阶段，希望全体项目建设者，向最美劳动者学习看齐，学习他们精美绝伦的工艺手艺、学习他们尽善尽美的工作追求；向马拉松赛一样奔跑加速，不仅跑快、更要跑稳。让我们更加齐心务实，建设最美祁婺！劳动者最美、劳动者最光荣，同志们，加油！

（本文系 2021 年 4 月 29 日习明星在"向最美劳动者敬茶"仪式上的发言，题目为编者所加）

新闻链接 1

祁婺项目：弘扬朱子文化 传承朱子家风

为弘扬中华优秀传统文化，传承当地传统文化和良好家风，祁婺高速为营造好家风好作风的项目建设环境，7 月 18 日，祁婺项目办纪委组织党员干部员工 30 余人走进婺源县文公山，开展弘扬朱子文化、传承朱子家风活动。

当天上午，祁婺项目党员干部员工来到文公山，先后参观了纪念馆、紫阳学堂、朱熹亲手栽种的 24 棵杉树等，听取了文公山的来历，朱熹生平及其理学思想、廉洁思想、爱国思想和农本思想等内容介绍；走进了承载着朱子"流荫先灵""积庆后昆"思想内涵的积庆亭，让人注目与回味良久；行走在记忆着过往履痕、收藏着千年足音、散发着青石与森林气息的古驿道上；漫步于风光旖旎、绿色葱茏、清澈见底的文公湖畔，犹如身处一幅和谐的生态画卷之中。"君之所贵者，仁也。臣之所贵者，忠也……"在紫阳学堂，全体人员诵读和细品《朱子家训》，领略朱熹有关三纲五常、伦理道德等思想，陶冶了大家的精神。

此次活动结合传统儒学思想植入，培养了项目建设者的爱国意识、廉洁意识、团队意识和终生学习意识，懂得了修身、治学、明乎义理后笃行的重要意义，为祁婺高速公路项目建设凝聚了正能量。

《朱子家训》

君之所贵者，仁也。臣之所贵者，忠也。父之所贵者，慈也。子之所贵者，孝也。兄之所贵者，友也。弟之所贵者，恭也。夫之所贵者，和也。妇之所贵者，柔也。事师长贵乎礼也，交朋友贵乎信也。

见老者，敬之；见幼者，爱之。有德者，年虽下于我，我必尊之；不肖者，年虽高于我，我必远之。慎勿谈人之短，切莫矜己之长。仇者以义解之，怨者以直报之，随所遇而安之。人有小过，含容而忍之。人有大过，以理而谕。勿以善小而不为，勿以恶小而为之。人有恶，则掩之；人有善，则扬之。

处世无私仇，治家无私法。勿损人而利己，勿妒贤而嫉能。勿称忿而报横逆，勿非礼而害物命。见不义之财勿取，遇合理之事则从。诗书不可不读，礼义不可不知。子孙不可不教，童仆不可不恤。斯文不可不敬，患难不可不扶。守我之分者，礼也听我之命者，天也。人能如是，天必相之。此乃日用常行之道，若衣服之于身体，饮食之于口腹，不可一日无也，可不慎哉！

（原载 2020 年 7 月 19 日祁婺项目办微信公众号）

新闻链接 2

祁婺项目举办"万米微马跑·建功新时代"活动

4 月 29 日，在"五四"青年节来临之际，祁婺项目办组织举办"万米微马跑·建功新时代"活动，项目办、代建监理部和 3 个施工单位 90 余名青年建设者参加了活动。

当天下午，久雨初晴，蓝天白云。90 余名参赛选手，早早地来到了这次微马跑活动的起点祁婺高速公路 A3 标段 2# 拌和站，他们有的在压腿、有的在弹跳、有的在扭腰……一个个充满着青春激情和必胜信心。

随着发令枪响，90余名参赛选手穿着统一印有"万米微马跑·建功新时代"的白色圆领衫冲过起跑线，沿着正在建设中的祁婺高速公路辅道，像一条白色的长龙奔跑在青山绿水间。沿途那一根根拔地而起的桥梁墩柱，像卫士一样向他们注目；那一面面随风猎猎飘扬的小方旗，像舞者一样为他们摇曳。这是一场竞赛的征程，选手们在途中你追我赶，不甘落后。这更是一场携手并肩的征程，他们相互鼓励，相互加油。通过激烈角逐，最终A2标段庹浩荣获男子组冠军，A2标段张卫涛喜获亚军，季军被A3标段乐吉星、A2标段秦海波收入囊中；项目办汪慧、A1标段刘聪敏和项目办瞿艳分别荣获女子组冠、亚、季军。

活动结束后，大家纷纷表示，这次活动不仅展示了祁婺项目的魅力风采，也展示了祁婺项目建设者的昂扬斗志和飞舞激情，更展示了祁婺建设者不甘落后和奋勇争先的精神。最值得大家学习的是参赛选手的执着坚守精神，在比赛过程中，没有一人落下，哪怕就是走，也坚持到了终点。希望项目办多组织这样的群众性活动，进一步丰富广大项目建设者的文化生活。

（原载2021年4月30日祁婺项目办微信公众号"项目动态"栏目）

新闻链接3

参建单位组织开展庆"六一"活动

灿烂花儿向阳开，童心向党筑未来。"六一"国际儿童节来临之际，A2标段第二工区通过关爱当地留守儿童、走进沿线学校、赠送"爱心礼包"、讲述党史小故事、收集儿童"小心愿"等一系列暖心活动，切实将党史学习教育成果转化为服务群众的生动实践，以实际行动为党旗增辉添彩。

在了解到龙腾小学有半数以上留守儿童，他们的父母常年在外务工，孩子们长期缺少陪伴与关爱的情况之后，该工区主动与校方联系，组织青年员工走进校区与儿童们欢度"六一"。

活动中，孩子们稚嫩的脸上洋溢着幸福的笑容。"感谢叔叔们送来的文具用品，让我们可以更好地学习知识。将来我们也要像叔叔们一样，去帮助更多的人。"

"我们开展这样的活动，就希望孩子们能过一个开心的节日。同时，也为社会奉献自己的一点微薄之力。"祁婺高速A2标段第二工区总工汪勃说道。

自项目进场以来，该工区长期与当地政府保持密切联系，并秉持"企地共建、和谐共赢"的建设理念，积极与当地村党支部沟通，将"建帮扶"落到实处，积极参与看望孤寡老人、硬化乡村道路等实践，将国企的责任和担当实实在在地展现在地方群众眼中，不仅提高了企业的社会信誉度，更赢得了本地群众的拥戴，为建好祁婺高速公路打下了坚实的群众基础。

（原载2021年6月1日祁婺项目办微信公众号"聚焦一线"栏目，作者：肖逸群）

新闻链接 4

祁婺项目书法培训班正式开班

为落实《江西省交通运输厅关于丰富项目建设职工业余生活增强"四感"的指导意见（试行）》文件精神，进一步丰富项目建设人员业余文化生活，提升员工文化素养，充实祁婺项目建设文化，9月24日，祁婺项目书法培训班正式开班，首批14名爱好者参加了开班仪式。

祁婺项目办党委书记、主任习明星在开班仪式上讲到，书法最能锻炼一个人的心性，能让自己更加沉得住气、静得下心，克服浮躁心态。希望大家通过这个培训班，初步了解和掌握一些基础的书法技巧，提高自己的书写水平，让书法不仅仅成为一项业余爱好，而要成为自己向社会亮出的一张最有品位的名片。

开班第一课，授课老师对汉字的发展、书法简史、书法工具、毛笔的开笔与保养、书法入门、碑帖的选择以及书体训练等基础知识进行了讲解，条理有序，由浅入深，传递了学习书法的思路和技法。课上，授课老师还为学员做了书写示范，解答了学员们的相关提问。

据介绍，祁婺项目办书法培训班初步计划于每周二和周五19：00～20：30开设，届时会根据天气、工作等因素进行相应调整。开班当天，还建立了"祁婺项目书法交流群"，目前有23名兴趣爱好者加入该群。

（原载2021年9月27日祁婺项目办微信公众号"项目要闻"栏目）

新闻链接5

祁婺项目办开展学雷锋志愿服务活动

3月3日上午，在学雷锋纪念日及中国青年志愿者服务日来临之际，祁婺项目办组织党员干部、青年员工20余人走进附近古村落，开展"共建最美乡村"学雷锋志愿服务活动。

在婺源县思口镇延村，志愿者们两人一组、三人一队，每人一个垃圾袋，有的拿着钳子，有的戴着一次性手套，他们走遍村庄的角角落落，捡拾白色垃圾、枯枝败叶，并统一处理，倒入村里的垃圾站。当地村民看见了都笑着说："你们这样捡拾得太干净，比我们打扫得还认真。"参加活动的志愿者们都表示，这样的活动特别有意义，不仅帮助古村搞好了环境卫生，为美丽乡村建设尽了微薄之力，还在捡拾垃圾过程欣赏了古村落的美景。

（原载2022年3月5日祁婺项目办微信公众号"项目动态"栏目）

> 新闻链接 6

祁婺项目办组织"魅力祁婺·女神踏青"活动

为动员广大妇女与新时代同行、为新目标奋斗,在祁婺项目建设中"作示范、勇争先",3月8日,祁婺项目办组织开展"魅力祁婺·女神踏青"活动。

8日上午,祁婺高速公路建设项目20余名女性建设者来到项目起点——素有"书乡"美誉的婺源县沱川乡。她们登上被誉为"无癌村"的金岗岭,拥抱千年红豆杉,畅享天然氧吧。走进理坑古村,参观了尚书第、天官上卿府第、司马第、官厅、云溪别墅和九世同居楼等一大批古建筑,与历史邂逅,与时空对话。随后,她们还来到祁婺高速A1标段项目经理部,品尝了正宗的"炸酱面",丰富的活动让"女神"们笑逐颜开。

活动结束时大家纷纷表示,在今后的工作中将更加拼搏奉献,为建设"品质祁婺"添砖加瓦。

(原载2022年3月8日祁婺项目办微信公众号"魅力祁婺"栏目)

> 新闻链接 7

祁婺项目办开展"植树添绿、助力双碳"活动

又是一年好春光,正是植树好时节。为深入贯彻绿色低碳理念,切实加强生态环境保护,3月10日上午,祁婺项目办联合中铁大桥局祁婺高速A2标段经理部开展"植树添绿、助力双碳"活动。

当日上午,祁婺项目办和中铁大桥局祁婺项目A2标段20余名党员干部和青年志愿者,来到祁婺高速龙腾服务区义务植树,他们挖坑、扶苗、培土、浇水,齐心合力,干劲十足,50余棵桂花树苗将服务区内的VR安全体验馆

四周装点得生机勃勃。

据悉，此次植树活动主要是为了提升大家保护自然生态环境的意识，倡导全体项目建设者植绿、护绿、爱绿理念。

（原载 2022 年 3 月 12 日祁婺项目办微信公众号）

新闻链接 8

祁婺项目组织开展节后首次全员核酸采样

近日来，全国新冠疫情多点频发，防控形势严峻复杂，为做好项目疫情防控常态化管理，3 月 16 日，祁婺项目组织开展 2022 年首次全员核酸检测，实现检测全覆盖。

日常疫情防控中，祁婺项目进一步强化驻地管理，做好防护措施，严格落实每天定时对工作生活场地消毒制度，以及外来人员必须佩戴口罩、亮健康码、行程卡、体温检测制度，并在项目各驻地场站设立体温检测点，要求所有人员出差休假返回后扫描二维码上传行程记录及赣服通绿码。3 月 16 日，为积极响应疫情防控工作新要求，祁婺项目办联合属地疫情防控部门，组织对项目所有一线建筑工人和管理人员进行了 2022 年首次全员核酸采样，本轮核酸检测覆盖人数达 1390 人，最终结果全部为阴性，做到了"应检尽检，不漏一人"。

下一步，祁婺项目将继续严格落实防疫要求，采取全员健康实时监测、公共区域定期消杀、建立防疫台账等举措，做到疫情防控常态化、精细化、制度化。

（原载 2022 年 3 月 18 日祁婺项目办微信公众号"平安祁婺"栏目）

新闻链接 9

A1 标组织观看《无声的功勋》

日前，祁婺高速 A1 标段项目部，组织全体员工收看了纪录片《无声的功勋》，缅怀革命先烈，学习英烈，激励员工不忘初心使命，弘扬工匠精神，做合格建设者，争当祁婺标兵。

《无声的功勋》纪录片，以 9 分钟一集的微纪录形式，结合沙画、手绘动画、漫画等多种表现形式，多维度创新呈现，让观众走进波澜壮阔的历史场景、走近鲜活生动的英雄人物，向大家展示了隐蔽战线的英雄人物和伟大斗争。这些英雄人物包括保卫党中央机关、被称为"龙潭三杰"之一的钱壮飞；临危受命、重建南京党组织的陈修良；潜伏在胡宗南身边并成功获取国民党"闪击延安"情报的陈忠经；打造我党第一台无线电收发报机的李强；潜伏在蒋介石身边 14 年、"按住蒋介石脉搏"的沈安娜；组织 23000 多人战场起义、为淮海战役胜利做出重大贡献的张克侠等解放战争中涌现的伟大英雄。

《无声的功勋》同时向观者讲述了建国后一大批献身祖国建设的人民英雄——大国重器时代的于敏、孙家栋、黄旭华，心系苍生黎民的屠呦呦、袁隆平，热忱服务人们的申纪兰、张富清、李延年等，让大家跟随着社会主义建设大潮，了解到那些鲜为人知的英雄故事，直观地走进那些真实历史场景，体会英雄们无私无畏、攻坚克难、舍生忘死的拳拳报国之心。

大家表示，通过观看《无声的功勋》，自己更加明白了肩负的伟大使命，更加明确了追求的奋斗目标。全体人员纷纷热议如何在保证质量安全的前提下，实现"精雕细琢树形象，全力以赴冲目标"劳动竞赛的施工计划，讨论怎样实现"品质祁婺"和标准化工地的创建目标。

（原载 2022 年 4 月 18 日祁婺项目办微信公众号"一线动态"栏目，作者：孙臣领）

> 新闻链接 10

祁婺项目办组织开展"最美宿舍"考核评比活动

日前，祁婺项目办结合当前疫情防控形势，立足落实《祁婺项目办员工八小时之外管理规定》，组织开展了"最美宿舍"考核评比活动，进一步强化了全员环境卫生意识。

检查评比内容主要包括：宿舍内的地面有无垃圾、痰迹、积水；纸篓是否及时处理；鞋子、家具摆放整齐；墙面清洁情况以及室内无拉绳挂衣现象；被子叠放是否整齐、床上有无杂物、书桌物品分类摆放是否整齐；卫生间有无异味、洗漱用品摆放是否整齐等方面。为确保考核评比活动成效，由项目办综合处、征迁处、安监处、财务处和政监处员工共同组成检查小组，采取突击式、全覆盖的方式进行考核评比。经过检查组多轮对比，最终 310 和 415 两个宿舍同时获得"最美宿舍"称号，并颁发了流动红旗。

据悉，祁婺项目办实施员工八小时之外管理规定以来，先后组织开展了读书推荐活动，开设了书法培训班，员工还根据各自爱好自发组织了慢跑团、足球队和篮球队等团体，极大地丰富了员工八小时之外的业余生活。

（原载 2022 年 4 月 29 日祁婺项目办微信公众号"项目动态"栏目）

本章小结

祁婺项目根据《"健康中国 2030"规划纲要》要求，制定《项目办员工业余生活管理办法》，以丰富项目参建人员业余文化生活，提高身体素质，提升文化生活质量，通过评选"美丽宿舍""美丽办公室"，组织传承朱子家风、万米微马跑、书法培训、"共建最美乡村"学雷锋志愿服务、"魅力祁婺·女神踏青"及"植树添绿、助力双碳"等活动，培育了绚丽多彩的文娱文化。广大干部职工在享受业余健康生活的同时，也得到了精神上的升华，家国情怀意识大大增强。

> **思考题**

1. 您觉得目前我国高速公路项目一线文娱活动存在哪些误区?主要原因是什么?

2. 祁婺项目文娱工作的成功,给您带来什么启示?如果您是策划者,还能提供哪些更好的创意?

第九章
展馆文化要有智慧基因

祁婺项目展馆将与婺源服务区形成一个有机整体，永久留存，力争建设成为"科技工匠"精神教育基地。这种长期规划，对于推动新一代科技工作者自觉传承优良作风、培育青少年"交通强国"意识具有重要意义。

展馆能够促进文化传播，是企业与客户沟通的桥梁，是彼此深入沟通、了解和相互认同、合作的重要枢纽，也可以作为文化培训基地，更好地传承和发展企业文化。通过展馆，可以让同行、合作伙伴、投资商等对企业有更直观、更全面、更深入的认知。此外，展馆还能激励、教育干部职工，增强建设者的职业自豪感。

项目文化可以作为展馆主题，也可以作为展馆主线，使之有血、有肉、有灵魂，以达到观众不同层次的需求，即生理需求、安全感、爱与归属、受人尊敬和自我实现。祁婺项目展馆（含VR安全体验馆）策划者充分考虑项目内涵的丰富性，赋予工程建设深层次的意义和作用。同时，展馆挖掘自身文化内涵，突出文化功能，充分融合项目文化，其核心文化在展馆得到体现，一些细节也将隐性文化蕴藏其中。

具体而言，祁婺展馆文化有三个主要特点。一是设计有创新，体现婺源文化气息。二是平面布置、墙面造型和灯光照射相互配合，营造了简洁大方、时尚灵动的工程艺术空间。三是展馆以工程建设的不同阶段及内容为主线，图文并茂地介绍了祁婺项目的建设足迹，也介绍了工程竣工后的未来前景。观众参观后，可以了解工程的来龙去脉，对由此生发的"祁婺精神""祁婺文化"有深度了解，已经成为向社会各界展示江西高速科技文化、科学普及项目文化的一个重要窗口。如今，祁婺展馆文化品牌深刻的内涵和丰富的功能传递的建设理念、工匠精神成为无形资产，吸引了越来越多的参观者，必将进一步促进当地经济的发展。

祁婺项目展馆将与婺源服务区形成一个有机整体，永久留存，力争建设成为"科技工匠"精神教育基地。这种长期规划，对于推动新一代科技工作者自觉传承优良作风、培育青少年"交通强国"意识具有重要意义。

此外，VR安全体验馆虚拟现实，具有实用性特点，出于安全教育的需要而设置，受众以一线工人为主；展馆则具有企业文化展示价值，受众以政府领导、企业客户、媒体及社会参观者为主。两者本质上都是项目文化品牌宣传的窗口。前者更侧重实用性，后者更侧重宣传推介作用。

随着智慧交通、智慧工地的建设，5G通信体验馆的趣味性和娱乐性也有所加强，展馆设计的整体空间氛围具有沉浸感，观众从进入展馆的一刻就被带入一种超越现实空间的体验氛围，视觉冲击更强烈。这些新奇创意在不久的将来会逐渐进入人们视野，带来与众不同的完美体验。

案例1

祁婺项目展览馆（含VR安全体验馆）文化

祁婺项目展馆（含VR安全体验馆）

VR安全体验馆占地总面积720平方米，采用永临结合的管理思路，打造成祁婺高速项目永临结合示范区

运用先进的信息交互技术、VR仿真、全息技术等实现技术创新

VR体验馆集宏观认知、安全体验、实操教学、考核培训为一体，大厅装修大气，富有科技感

机械伤害及动火作业认知教学，使工人意识到预防机械伤害的重要性，熟练掌握动火设备的操作规范

学习吊装操作安全知识，认识汽车吊、塔吊、龙门吊等操作常识，提高安全吊装作业能力和水平

学习钢丝绳报废判断标准、钢丝绳卡安装标准、钢丝绳的连接和固定方法，通过实物展示各类常用吊具的使用方法

学习常见火灾隐患及防火知识，模拟工地常见火灾，通过电子灭火器进行灭火

了解心脏骤停、骨折、意外出血等突发事故的急救方法，实训心肺复苏假人按压，掌握正确的急救措施

展示灭火器、灭火毯、沙桶等消防器材，让体验人员了解不同消防器材的使用方法

通过一个个鲜活案例的展示，让体验者了解事故的危害，提醒大家安全无小事，引起足够的重视

让作业人员了解隧道坍塌时，如何逃生，降低隧道坍塌事故的伤亡率

了解安装过程中的注意事项，通过点击脚手架上不同位置的按钮，播放对应位置的教训视频

通过栏杆倾倒体验，引导体验者提高临边作业的安全警惕，掌握安全防护栏杆的安装标准及类型

熟知安全带的正确佩戴方法以及使用方法，认识安全带的重要性和必要性

突然倾斜的压迫感，让体验人员感到不安，强调施工过程中注意固定移动平台，在保证安全稳固的前提下进行作业

◀ 第九章 展馆文化要有智慧基因 | 245

推动滑轨上的显示屏展示在不同施工场景中的施工工艺,直观展示不同施工工艺的规范操作流程,实现技术交底。

植入了施工现场多种常见的安全问题体验软件,通过VR体验,使体验者身临其境地感受危害发生时正面冲击和恐惧感,从而增强安全意识

正确使用劳动防护用品是保障从业人员人身安全与健康的重要措施,提醒大家注意使用合格产品,正确使用及维护防护用品

培训室采取软件、硬件设施结合的形式,培训人员通过实名制考勤进行多媒体培训教学

项目施工中应用的微创新展示

通过全息投影展示项目模型,并查看相关隐患点,注意施工常见安全隐患

项目观摩会展板

案例 2

江西省公路水运工程监理数字化转型暨智慧监理项目观摩会

祁婺高速

施工方案可视化交底

真：三维模型最实体现实际尺寸，降低了施工中的误差，大大节约施工成本。优：对设计及施工进行分析与可行性。清：清晰演示施工过程，各层人员了解施工安排和施工方案，熟悉施工工艺流程。

倾斜摄影土方算量

快：不受场地地貌的限制，外业数据采集时间短，内业计算效率快。准：计算结果输出传统方法计算准确度高，杜绝实际施工中土石方量的误差带来计算的假方量。

设计施工一体化

精：利用BIM技术精准建模复建模放样，保证构件整合拆分的模具有连贯性。切：运用数控精准切割和多头自动割断技术下料；场内拼装设置贯可调节能力；精确调整预梁高度与位置；研发60m-40t型架桥机。配置状态监控系统，确保架设过程安全。

婺源枢纽导改方案模拟

减：减少既有高速车辆通行影响，减少施工对环境影响，减少对行区域路网影响；保：改建通车两网通，质量流速双确保；防：防安全风险，防工期风险，防经济风险。

品质临建BIM技术应用

节：节约设备占用空间，项目部布局优化，节约征地面积6亩。效：减少土石方运输量5万方，累计节约经济比传统方案减少8天时间，详细展示局管理平台，更方便，更快捷；扫描二维码管理更方便、更快捷，详细展示各项目个具体现场项目情况。

物联网集成应用

集：通过互联网+物联网+二维码信息集成，助力项目管理效率实时管控。便：运用二维码信息管理平台，更方便、更快捷；扫描二维码更方便、更快捷，达到数据共享，全面和具体展示项目个具体现场项目情况。

智慧监理　交通六行

观摩会展板

第九章 展馆文化要有智慧基因

江西昌九路水匠工程监理数字化转型暨智慧监理观摩会

BIM+GIS+IOT数字建管平台

为提升赣高速公路建设管理水平，提高管理效率，降低管理成本。本项目定制开发了基于BIM技术的项目管理平台。平台架构采用1+N模式，主要由BIM+GIS+IoT指挥中心系统、iworks模型管理平台、OA、质量、计量、进度、安全、智慧监理、智慧党建、智慧工地等系统集成，实现各系统间协同管理与数据共享。

智慧监理 交通六厅

观摩会展版

江西省公路水运工程监理数字化转型暨智慧监理观摩现场会

数字化建设背景

祁婺高速作为江西省交通运输厅第一批公路水运监理工程BIM技术推广应用试点工程，从三个方向响应各项政策，开展数字化建设应用。

为响应国家数字交通"十四五"发展规划，落实《"十四五"国家科技创新规划》，推进交通领域科技创新新发展，抓住新一轮科技革命和产业变革的机遇，促进先进信息技术与交通运输深度融合，加快交通运输信息化向数字化、网络化、智能化发展，为交通强国建设提供支撑。

同时响应项目项目省"双一号"工程，推动5G互联网应用，加快江西省交通运输信息化向数字化、网络化发展，推广智能化未来全面化发展积极赋能成功经验。

项目积极响应交通投资集团数字化转型精神，开展BIM+信息化技术应用，争做公司数字化转型先锋。

荣誉墙

祁婺高速项目积极探索BIM+信息化助力项目全过程建设应用，项目自开工建设以来新获丰硕成果，获奖34项，包括科技创新奖14项，优秀科普奖3项，软著4项，专利7项，工法1项，试点示范工程3项以及先进单位荣誉称号。

观摩会展版

第九章　展馆文化要有智慧基因　249

江西省公路水运工程监理数字化转型暨智慧监理观摩会

智慧监理

监理信息化建设背景

监理信息化建设背景

我国引入监理行业自1988年开展试点直至1996年全面推行到现在已发展34年，建设监理行业已成为工程建设领域一支重要的力量，在工程建设中，监理发挥着重要的作用。随着信息科技的飞速发展，监理企业仅仅依靠传统管理模式和手段已经满足不了企业管理和工程监理的需求。在这种大环境下，监理企业能否熟练应用信息化的管理模式实施对工程实施有效监理，成为衡量现场监管水平高低的重要指标之一。

工程设计　从纸质图纸到BIM设计
工程监理　30年如一日，一把尺子一本台账，一支笔
施工单位　工业化智能化水平起来
项目管理　从人工管理→全过程信息化管理

我们为什么做智慧监理

监理信息化存在的不足

目前，部分监理企业信息化建设整体水平不高，仍延续着传统的组织结构模式，没有建立相应的信息化机构，信息化投入不足。且多数监理企业信息化建设管理软件，仅仅停留在企业内部信息化管控，而对具体工程项目运用信息管理方式较少。

1. 对信息化建设重视程度不够
2. 信息化基础设施配备标准不全
3. 信息化建设人才队伍不足
4. 项目监理信息采集效率低
5. 信息化管理手段落后
6. 对信息化建设缺乏长远规划

监理信息化的基本任务和目标

监理+信息化

- 规范监理行为
- 提升工作效率
- 减轻工作负担
- 提高服务质量

智慧监理　又靠齐行

观摩会展板

江西省公路水运工程监理数字化转型暨智慧监理流程展示

智慧监理信息化建设内容

本系统由协同办公、业主管控、监理工作、施工管理、环保管理、统计分析等模块、近39项子功能组成，设置有规范的监理工作流程、系统具备模块化、流程化、可视化、数字化、无纸化等特点，支持多系统数据接入，能够及时对人员、作业、隐患、数据等进行动态管控，实现监理工作信息全覆盖，有效规范监理行为，为工程质量做加法，为监理工作做减法。系统支持电脑端和移动APP端两种工作方式。

电脑端：存储容量大，读取数据快，适合大批量查看，处理文件

移动APP端：携带方便，可以随时上传现场拍摄的照片，信息录入，适合移动办公

智慧监理 交施并行

观摩会展板

第九章 展馆文化要有智慧基因 251

江西省公路水运工程监理数字化转型暨智慧监理现场观摩会

荆贛高速

六位一体——监理工作信息化全覆盖

监理人员应用智慧监理系统移动APP实时定位、工序报验、工序报验、监理巡视、监理旁站、监理通知单、监理指令、质量情况通报，各项工作通过系统集成一目了然，检验数据实时量测，实时填写，保证了数据的真实性和可靠性，全面实现数据电子化。通过对拍摄照片加载时间、位置水印的技术，规避了传统监理漏洞，保证监理工作的真实性和有效性，解决了项目管理漏点，实现监理工作全面信息化覆盖。

一位：工序报验
二位：监理旁站
三位：监理巡视
四位：监理指令
五位：监理日志
六位：抽检资料

智品云
监理工作一体化

监理工作信息化覆盖率达95%

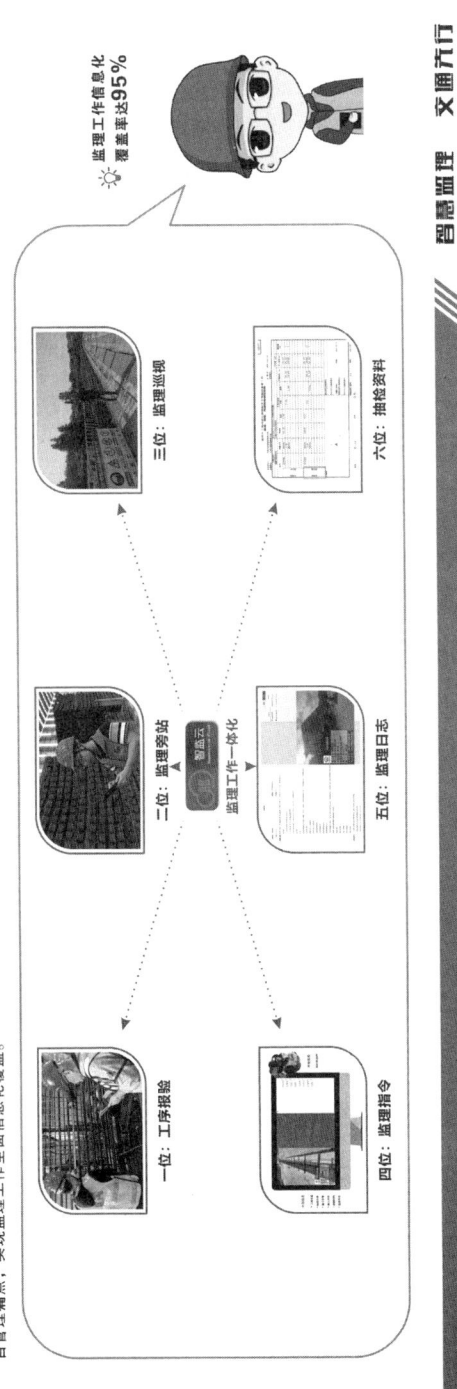

智慧监理 交通先行

观摩会展板

江西省公路水运工程监理数字化转型暨智慧监理观摩会

四优化——大大减轻监理人员负担

优化一：工具的优化

智慧监理随身携带小背包，通过小平板对每天的巡查情况、旁站情况、发现的问题进行记录，小背包里蕴含大智慧。

优化二：内业的优化

内页资料电子化，不怕释放了纸质资料的重负，同时终端数据备份再也不怕资料丢失，实现内页资料可追溯。

优化三：平台的优化

平台以移动APP为主导，多功能汇聚，数据通过科学的算法，实现交互、印证，为监理人员现场管控提供依据。

优化四：沟通的优化

智慧监理系统语音智能识别，信息传递更加方便快捷，现场交流零距离。

监理工作效率明显提升。

智慧监理 交通六厅

观摩会展板

第九章 展馆文化要有智慧基因

江西昌公路水匠工程监理数字化转型暨智慧监理观摩展厅

四保障——提升项目安全

保障一：排查小能手

排查小能手用于解决高速公路建设项目安全隐患排查、整改、审核、确认的闭环管理，实现安全隐患数据精细化分析和管控。

保障二：VR安全体验馆

智慧安全体验馆集项目宏观认知、安全体验、实操、教学、考核、管控于一体。通过BIM二次开发，结合全方位培训项目、物联网、云数据，实现施工安全预演、深度数学和实时管控。

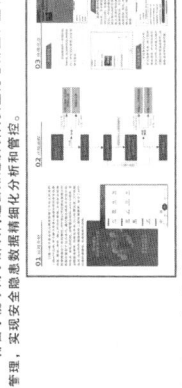

保障三：智慧隧道

智慧隧道集人员定位、人员门禁考勤、车辆门禁管理、应急报警通讯、有毒有害气体监测、视频监控等功能于一体，为智慧隧道建设的安全生产和日常管理再上新台阶，提供有力保障。

保障四：路面智慧安全

压路机加装智慧安全防撞装置，倒车影像平台和报警设备，自动感应周围安全风险，并自行制动、自动报警，停止施工作业。

祁婺项目连续2年在平安工地考核评比排名前列

BIM+VR安全培训

智慧安全运维防撞

观摩会展板

智慧监理 交通先行

江西省公路水匠工程监理数字化转型暨智慧监理观摩会展启

智慧工地——实现信息化减人

视频监控：实时拍照，质量安全问题"无处可藏"
AI视频分析检测技术，解决传统工地安全管控中"人的不安全行为"、"物的不安全状态"两大核心问题。

自动预警：设置阈值，质量安全问题"主动现身"
系统设定各项参数指标的阈值，采集数据超阈值后将会主动"说话"、自动预警。

【数智云平台】压力机实验预警：
在全自动抗压折试验机样品编号为(S) JH-2202-SN-0014(3)，于 2022-02-28 00:00:00的抗折折强度实验结果为不合格！涉及时关注！

车辆管控：轨迹回放，质量安全问题"有迹可循"
智能识别施工车辆类型，在线监控施工区域内施工车辆的数量及位置，记录施工车辆运行轨迹。

智能建造：智慧管控，质量安全问题"销声匿迹"
运用北斗+5G技术精准定位，结合平台数据，准确判定当日施工质量，纠编施工工艺，为质量回溯提供数据支撑。

实现监理人员足不出户，掌握现场质量安全
问题发现率、整改明显提升，人员精减可达20%

智慧监理   交通先行

观摩会展板

江西省公路水运工程监理数字化转型暨智慧监理现场观摩会

智慧监理大数据——看成效

智慧监理系统于2020年7月正式上线。截止至今，监理工作数据量已达近万条，统计分析实时自动更新，项目管理决策者可更好、更快、更方便地洞察监管人员情况。数据的透明化，形成了良性竞争的环境。

监理工作	A1监管处	A2监管处	A3监管处	总数
监理旁站	913	841	757	2511
监理巡视	1319	1891	1377	4587
监理日志	529	569	591	1689
随手拍	586	512	434	1532
工序报验	356	382	428	1166
监理月报	22	22	22	66
会议纪要	20	25	23	68
监理指令	24	21	24	69
质量情况通报	33	25	29	87
监理细则	13	13	13	39
监理通知单	17	8	15	40
监理计划	22	22	22	66
环保检查	89	96	106	291
总数	3001	3333	2679	9513

☀ 祁婺项目成功入选交通运输部第一批平安百年品质工程创建示范项目。

祁婺高速"最美智慧监理"活动

智慧监理 交通先行

观摩会展板

第九章 展馆文化要有智慧基因   255

祁婺高速公路项目文化建设

"平安百年品质工程"建设推进现场会

平安百年品质工程推进会展板

品质临建筑立百年平安品质不拔之基

工点标准化落实百年平安品质细节为王

创新驱动激发百年平安品质内生动力

多点开花展现百年平安品质建设成效

建设交通强国 共享美好生活

本章小结

祁婺项目 VR 安全体验馆与龙腾服务区文化展示中心永临结合，打造了数字化 VR 安全教育培训中心，建成后的 VR 安全体验馆成为江西省内新开工项目争相效仿的成果。祁婺项目敢提出创新思维，能落实创新想法，在智慧工地建设有序推进中，用实际行动证明了智慧与创新的辩证关系。

思考题

1. 如果您是外地游客，途径龙腾服务区，有机会参观 VR 安全体验馆，甚至亲自体验一把，会有什么感觉？

2. 类似举措是否会增强您的安全意识？是否会促进您对建设者的了解及尊重？

附录

附录 1　大道壮歌

——江西赣皖界至婺源高速公路建设纪实

走进中国最美乡村——婺源，这里的冬天安静祥和，似人间仙境，如梦如幻，处处有着最暖人心扉的阳光。祁婺高速犹如一道长虹，在赣皖界的大嶂山脉蜿蜒迭起，从白墙黛瓦中轻盈走来。

祁婺高速是国家高速公路网中 G0321 的重要组成部分，是江西省"十三五"期间重点建设高速公路项目和重点打通的出省通道之一。该项目全长 40.747 公里，概算投资 68.3 亿元，项目路线起点位于赣皖界，途经沱川乡、清华镇、思口镇、紫阳镇、婺源县工业园区，终点接婺源枢纽互通。

历经 900 多个日夜奋战，2022 年年底祁婺高速公路建设项目主线基本建成通车。"祁婺高速的建设，对完善江西省高速公路网、促进赣北旅游资源深度开发、加快赣皖区域经济一体化进程、推动省际产业融合和提升区域社会经济竞争力，具有十分重要的意义。"祁婺项目办主任习明星说。

管理新模式、激发新活力，培植代建管理环境

祁婺高速是江西省交通投资集团首个通过招标确定采用"代建＋监理一体化"管理模式的项目。管理过程中，祁婺项目办充分发挥全新管理模式的优势，高效整合项目业主和监理双重管理职能，积极探索新的管理架构，为高速公路项目建设走出了一条管理新路子。

引进信息化咨询团队。进场伊始，祁婺项目便引进了信息化咨询团队，并结合项目实际，先后自主开发应用了包括质量管理、安全管理、进度管理、计量支付、图纸查看和 OA 办公等平台功能的智慧监管信息化系统。2020 年 8 月，祁婺项目又与浙江公路水运工程监理有限公司开展合作，引进智慧监理平台，并将之纳入整个信息化管理系统，与已有的质量管理、安全管理、进度管理、计量支付、资金管理等应用平台相互关联，使项目智慧监管信息化系统更加完善。

"智慧监管信息化系统的上线,让项目管理人员工作更加方便快捷,只要通过电脑终端便能对每天的巡查情况、旁站情况、发现的问题进行记录,并将所有终端的数据资料全部在系统后台备份,再也不怕施工图纸、巡查记录、签字表格等资料丢失。"祁婺项目智慧监管信息化系统管理负责人刘安如是介绍说。

两年多来,通过项目自行开发的 iworks 程序挂接桥梁、隧道、涵洞、路基、机电等工程各类施工图 6000 多张;质量管理系统中共划分分部工程 5982 项,分项工程 33821 项,工序 171451 道,共有 68 万余张表格在系统流程流转,累计上线审批质检表格 55 万余份,不仅节约了打印耗材,也大幅度提高了各参建单位流程流转效率;计量管理系统将常规 15 天的计量流程缩短为 7 天,工作效率提升 50%。

引进 BIM 技术应用团队。在祁婺项目,数字化发展思维覆盖祁婺全体建设者,建设过程中努力提升数字技能和数字管理能力,争当数字化转型的"有为者",不断深化 BIM 技术在智慧监管平台和关键工程施工阶段的应用,努力探索 BIM 助力项目建设的新路径。

项目开工以来,先后推动了钢混叠合梁信息化设计施工一体化应用、枢纽交通导改软件的研发等,让复杂结构、复杂地形、复杂交通的质量安全管理变得更直观、更简单;围绕标准制定目标,按照交通运输部行业标准对项目级的 BIM 建模和交付标准进行完善和总结,完成了中国公路学会团体标准 2 部、江西省地方标准 2 部;围绕充分发挥数字化综合智慧监管平台作用,梁板架设、路面摊铺等关键部位的施工管控中大力推行"施工现场可视化、数据呈现图形化",不断提升项目管理数智化水平;在探索智慧建设的新方法、新手段的同时,首次采用 CA 电子化签章,保障电子信息的真实性和完整性以及签名的不可否认性,为电子化资料移交提供依据,实现了"项目监管移动化、电子资料合法化、数据传输实时化",不仅解决了监理数据真实性和及时性问题,还依托监理+信息化服务,建立了工程管理大数据中心。

"数智建造"的开发应用,让项目管理向专业化、高效化、标准化、模型化迈进，先后斩获交通 BIM 工程创新一等奖、"新基建杯"中国智能建造大赛一等奖、江西省第二届 BIM 大赛二等奖、第二届工程建设行业 BIM 大赛三等奖。

引进安全咨询团队。作为全省首例引进第三方安全咨询的高速公路建设项目，祁婺项目有效发挥安全专业化管理团队的优势，以创建"平安工地"为目标，以"安全生产标准化"为落脚点，以"安全管理网格化"为抓手，全面推行"安全防护设施首件示范制"，实施安全防护设施装配化、定型化、标准化。

通过在施工现场设置安全文化墙、安全文化长廊、微型消防站、亲情安全寄语等方式，塑造安全文化。通过信息化推送安全生产类电子书，不断增加项目建设者的认同感和安全意识。利用项目 VR 智慧安全体验馆，创新安全培训教育模式，实现施工安全预演、互动式教学、深度教学和实时管控，提升全体参建人员安全红线意识。

结合"代建+监理一体化"管理模式的特点，祁婺项目梳理出"3456"安全管理工作法，构建了项目"三级四层"网格化管理体系，创新性提出"临时防护永久化"概念，制订《施工安全标准化实施细则》，开展以推动安全防护首件示范为主题的"安全之星"创建活动，所有关键工序按照安全防护设施先验收、后开工的原则组织施工，突出标杆示范引领作用，并在全项目推广应用。首次提出在临时用电上推广使用"123"模式。创新提出"临时防护永久化"概念，创新应用了智能交通预警系统、主（被）动防护网保护系统、折叠安全爬梯、双道箱门配电箱、等 10 项安全防护措施，为项目稳步推进保驾护航。2020 年、2021 年连续两年荣获江西省公路水运在建项目"平安工地"考核评比第一名。

开工两年多来，祁婺项目依托"代建+监理一体化"管理模式，培养并通过评审的正高级工程师职称 3 人，中国公路学会科普传播专家 1 人，为其他项目输送副主任或副总监 8 人，在岗位获得晋升 11 人，其中有 3 人在代建企业被委以重任，三家施工单位 2 人被所在企业提拔重用。

> ☑ 祁婺项目"代建+监理一体化"建设管理模式，为后续推广该模式提供了招标文件范本和各类管理手册。通过引进信息化、BIM 应用和安全管理三个专业化团队，高效整合资源，让专业人做专业事，为高速公路项目建设管理探索了一条可借鉴、可复制的新路子。

践行新理念、担当新使命，厚植江西交投情怀

祁婺高速穿越国家级全域 AAA 级旅游景区的中国最美乡村——婺源，项目建设与绿色发展的矛盾是项目的核心难点，也是项目的特色亮点。立足"绿色发展+旅游文化"，祁婺项目积极践行永临结合、交旅融合、生态环保三大建设理念，致力于打造生态交通示范，助力乡村旅游可持续发展。

践行永临结合建设理念。为保护项目沿线自然生态资源，祁婺项目大力践行"永临结合"建设理念，策划了多处永临结合的建设应用。施工辅道与地方"四好农村路"相结合（12 公里/1 条）、与规划的乡村道路相结合(6.3 公里/14 条)，实现路地共赢；投入 9500 万元为沱川乡架设 35KV 专线，解决了施工用电、未来隧道和收费所站永久用电，也让婺源县电力供给得到全面提升，服务了当地经济发展；全部大临设施建设采用"徽派式"建筑或涂装，与地方特色文化相结合，使临建成为风景；将临建与地方规划用地和旅游资源相结合，如 A1 标经理部将作为沱川乡旅游宾馆永久保留，A2 标经理部场地按清华镇新农村规划进行平整，项目 VR 安全体验馆与服务区徽派文化展示馆规划设计相结合，实现场馆和设施设备等资源再利用；通过工地夜校、技能培训、班组帮扶等形势，对临时用工进行专业化技术培训，让当地参建工人掌握再就业新技能。

践行交旅融合建设理念。婺源是全国唯一全域 AAA 级景区，这里旅游资源丰富，历史文化厚重，山峦叠翠，风景如画，名人辈出。为实现祁婺高速与沿线旅游资源无缝衔接，打造安徽黄山——婺源一小时旅游经济圈，促进"交通运输+旅游"融合发展，祁婺项目倾心打造以龙腾服务区为中心的"快

进慢游联结部"综合示范窗口,成为集高速服务区、旅游休闲目的地、游客集散服务中心、商业购物综合体、自驾车和房车营地、直升机旅游及安全应急中心等于一体新型高速公路服务区。并在服务区连接线、辅道增设自行车道、步行道等慢性设施,建立起附近景区之间的联系,建成生态的、艺术的、展示婺源魅力和人文性格特色的慢行步道。

同时,项目全线倾心增设配套设施,在沱川互通附近风景优美路段设置停车区;在临清华水端设置观景平台和20个房车露营地、商业购物区、游乐场、酒店以及旅游接待中心,为过往乘客及游客提供了环保、节约、舒适、便利服务功能;全线收费站、服务区楼宇建筑外立面延续粉墙黛瓦的徽派建筑特点,提升服务区的舒适感受;全面落实"一桥即是一景"的建设标准,对沿线穿越景区、村镇的桥梁进行专题设计,结合桥下地形营造增设景观小品、行人休息区,减少施工痕迹,给予游客更舒适的视觉感受,给予地方群众便利的服务;全线隧道洞门融入白墙、徽瓦、马头墙等元素,形成符合地方特色的洞门景观;沿线路基段声屏障采用4种造型的徽派景观墙形式设置,形成了一条引景入路、以路串景的融合发展之路。

践行生态环保建设理念。祁婺项目践行"绿水青山就是金山银山"理念,紧盯"3060"低碳目标,着力打造省部级绿色生态示范项目。

项目全线T梁厂和钢梁厂均设置在主线,减少了红线外的额外征地;基于BIM和地理信息技术进行选线设计,项目全线减少挖方60余万立方米,填方减少53万余立方米;清表土与地方乡镇签订协议将荒地改造成高产茶园种植地(第一批次约5.2亩),对11.9亩山涧峡谷荒地进行耕地营造,增加了当地村庄的耕地面积,造福了地方;两区三场全部配置污水处理设备、PM2.5环境监测成套系统、脉冲除尘装置等,保证除尘降噪,用先进技术设备将环境影响降到最小程度;沥青拌合站改重油为天然气,共计节约能耗约870吨标准煤,约减少二氧化碳排放量2164吨。花园、十亩、新亭、南山路和凤山水5座桥梁采用60米π型钢混叠合梁建造,减少桩基220根,模板减少7000余平方米,减小了对自然生态环境的影响。

> ☑ 祁婺项目深入践行三大建设理念，倾力服务地方经济发展、服务群众生产生活和美好出行，助力建设交通强国，不仅提升了项目建设品位，也厚植了江西交投民本情怀。

建立新标准、实现新提升，做好品质工程示范

祁婺高速建设里程短、标段少，围绕"优质耐久、安全舒适、经济环保、社会认可"的品质工程目标，在项目管理中选择了走小而精的路子，这也是祁婺高速成功位列交通运输部平安百年品质工程示范项目（第一批）清单的前瞻决策。

推行工点标准化。细节决定成败。施工管理中，祁婺项目坚持以细节管理为突破口，将工点标准化作为打造品质工程的主抓手，创造性编制完成了《赣皖界至婺源高速公路工点标准化实施方案(试行)》，并结合国务院发展纲要、交通运输部关于打造品质工程系列指导意见、江西省质量提升纲要等要求先后组织10余次到浙江、广东等品质工程创建先进省份及本省的萍莲、信江航电枢纽等先进项目"找标准、学标准、抄标准"，用了不到1个月的时间，《赣皖界至婺源高速公路标准化建设图册》便正式出台。

推行工点标准化管理是祁婺项目以创新为驱动，创建平安百年品质工程的举措之一，实实在在地将品质工程创建推向了一个全新的高度。《工点标准化实施方案》根据工点特点、施工环境等制定工点标准化布置图，实施统一标准、统一模式，让施工管理有据可依。并通过项目建设期间组织现场观摩、擂台比武、模拟演练等活动，不断总结经验，形成可推广、可复制的工点标准化图册。2021年6月，完成了《江西省公路工程工点标准化管理指南》的编写和地标申报。

推行施工装配化。祁婺高速结合自身地形起伏大、山体坡面陡、施工难度高等特点，在桥梁方案设计时，充分考虑设计的合理性和施工的可行性，其中花园、十亩、新亭、南山路和凤山水5座桥梁，上部结构采用60m π型

钢混叠合梁结构形式建造。"5座大桥总用钢量约6.1万吨，用钢量是鄱阳湖二桥的5倍、武汉长江大桥的2.5倍、北京鸟巢的1.5倍。确保钢混叠合梁单元件运输、拼装和架设过程中的安全质量是关键。"祁婺高速建设项目办党委书记、主任习明星介绍。

为解决运输难题，祁婺项目协同生产厂家、施工单位、地方疫情防控部门成立了钢梁运输调度专班小组，负责物资调配、疫情管控对接、交通管制协调等。从2021年4月份开始运输，到2022年8月初完成运输任务，前后共用时480天，共发运钢梁单元件近2000车次。

在钢混叠合梁拼装过程中，祁婺项目专门开辟了管理端口，采取"一码通"管理。从钢梁单元件生产、施工单位实施拼装、到成品梁架设，均实行二维码管理，可追溯每一片钢混叠合梁的原材料是什么牌子、什么时间生产、每一个单元件的加工班组、参与过程监管人员、合格验收人员，以及交付施工单位的具体时间、拼装日期、梁板养生情况等。在钢混叠合梁架设施工中，通过BIM技术模拟吊装、运输、架设等全过程，将监控监测数据加载到模型上，反复确认技术参数，确保全过程安全以及架设精度，不仅提升了钢混叠合梁拼装与架设精度，也有效提升了施工生产效率。

祁婺项目采用60米π型钢混叠合梁结构形式建造，充分发挥了装配化程度高的优势，不仅有效节省现场施工工期，还能在未来对桥梁钢材实行回收再利用。

推行创新效益化。项目建设过程中，通过开展管理创新、技术创新和工艺创新，不仅能促进工程品质提升，也能拉动项目效益增长。

在路基施工阶段，祁婺项目创新应用了边坡液压夯、台背回填"方+圆"液压夯、塑钢水沟轻型模板、桩基钢筋笼水下定位、涵洞防渗"白+黑"等20余项"微创新"。在隧道管理中创新应用了AI人脸识别、车牌自动识别、人员机械实时定位、自动化气体监测、三维激光扫描仪等智慧功能。在五座钢混叠合梁特大桥施工中创新运用了高栓自动施拧扳手、红外线梁体拼装定位、液压悬挂运梁车、天车自动协同架桥机等先进技术和设备，还持续推出了梁底契块调节器、薄壁墩钢筋胎架、钢混叠合梁自动养生、二衬软搭接等十余项微创新。在沥青拌合站建设中,率先采用了加热系统油改气设备,不仅增加了工作效率和经济效益,也减少了对环境的影响。在路面施工过程中,对半刚性、沥青路面拌合、摊铺、碾压等关键环节实行智能监控,实时提供摊铺温度云图、位置、速度波动、压实轨迹遍数等,为质量回溯提供数据支撑。在日常监管中运用北斗基站和专用新设备,校核施工单位的GPS测量放样,做到判断精准、快速高效。

☑ 祁婺项目立足项目实际,扎实推动三个方面的有效举措,筑牢了工程品质提升的基础。特别是《江西省公路工程工点标准化管理指南》的编写和地标申报,必将成为推动全省范围内工点标准化保品质的强劲引擎。

聚集新要求、找准新定位,发挥文化引领作用

进场以来,祁婺项目办始终聚焦"作示范、勇争先"目标定位,立足建设交通强国和交通强省战略布局,扎实推动文化建设,为项目建设提供了强劲的动力。

发挥党建文化引领作用。按照江西省交通投资集团党委"党建高质量发展年"的要求,祁婺项目提出了"党员有品行、干部有品德、工程有品质"的党建工作思路,积极创建"建功祁婺"党建品牌。通过开展"1+N"党员领头雁活动、"2+N"工匠赛风彩活动和"3+N"班组赶帮超活动,引导项目全体党员,初心向党,建功祁婺,在工程建设第一线、在科研攻关最前沿、在疫情防控主战场,主动亮身份、主动亮承诺、主动亮业绩,充分发挥先锋模范和带头引领作用,处处争做"领头雁",并带动全体建设者,层层立标杆,人人作示范,项目上下形成了头雁领航、群雁齐飞的"头雁效应"。

发挥廉洁文化护航作用。项目开工建设以来,祁婺项目办纪委便以"清风祁婺"为主题,争创廉洁工程,为建设"品质祁婺"保驾护航。对内实行源头治理,对外实行廉洁共建。通过与施工单位签订《祁婺项目反商业贿赂协议》,形成"不敢送"的氛围。通过与参建人员签订《祁婺项目参建人员廉

洁从业承诺书》，定期给参建员工家属寄廉政家书，形成"不想腐"的氛围。通过与上级纪委、地方纪检部门合作，建立廉洁共建机制，形成"不能腐"的氛围。

发挥项目文化助力作用。项目文化是项目的灵魂，是项目实现总体目标的不竭动力。祁婺项目结合自身特点难点，策划了"齐心、务实，建品质祁婺"建设愿景，以及涵盖项目LOGO标识、建设理念、总体目标、团队管理、项目歌曲等具有自身特色的项目文化内涵。并运用科学的项目文化体系管理运行思路和方法，通过宣传教育、思想发动、宣贯培训、一级做给一级看、一级带着一级干，形成了"人人参与项目文化建设、人人争做文化项目人"的浓厚氛围，实现了以人为本、以文化人的目的，为"齐心、务实，建品质祁婺"提供了不竭动力。

> ☑ "群雁高飞头雁领，党建群团一盘棋。"祁婺项目大力推行以党的基层组织建设带动工程建设，"带"是关键，"建"是根本，目的是以"带"促"建"，充分体现了党建工作对工程建设各项工作的引领、带动作用的重要性和必要性。

逐梦新时代，大道壮歌行。900多个日日夜夜，万千名建设者挥洒汗水，拼搏鏖战，不忘初心、不辱使命、不负重托，面对困难和挑战，精准出击，综合施策，充分发挥工匠精神、团队精神、亮剑精神，于细微处见证了党员、干部、工人、群众一个个砥砺前行的身影，犹如一个个跳动的音符，共同谱写了一曲"齐心、务实，建品质祁婺"的大道壮歌。

（作者：陈峰、刘安、万先军、孙臣领）

附录 2　祁婺项目科技创新工作计划

序号	总目标	针对对象	示范或争取的奖项	保证措施	科技创新项目	效果目标	预期成果
1	智慧高效	管理创新	江西省交通运输厅BIM示范项目 国家级BIM奖项 BIM+GIS+IOT信息化管理平台开发	设计专题1——智慧交通方向	公路工程代建+监理一体化建设管理模式研究	通过制定管理手册，招标文件范本等，研究代建+监理一体化管理模式的运行机制，形成一套可推广可复制的公路建设管理模式成套指南，推动公路工程代建+监理一体化模式的发展	发表论文6篇，团体标准1部，专著1本
					高速公路综合智慧感知系统研究与设计	研究祁婺高速公路智慧化建设，探索高速公路"建、养、运、管"一体化模式。基于数字化、信息化技术手段打造融合高效的智慧交通基础设施，推动先进信息技术应用，逐步提升公路基础设施规划、设计、建造、养护、运行管理等全要素、全周期数字化水平	论文5篇，其中核心3篇及以上，专利或软件著作权3项，其中发明专利1项
					开放式高速公路典型路段车路协同关键技术提升与设计	推进车路协同等设施建设，丰富车路协同应用场景。推动公路感知网络与基础设施同步规划、同步建设，在重点路段实现全天候、多要素的状态感知	发表论文3篇及以上，其中SCI/EI1篇，核心期刊1篇。专利2项，其中发明专利1项
					智慧服务区专题研究与设计	建设智慧服务区，促进融合智能停车、能源补给、救援维护于一体的现代综合服务设施建设	发表论文2篇，其中核心1篇

续表

序号	总目标	针对对象	示范或争取的奖项	保证措施	科技创新项目	效果目标	预期成果
1	智慧高效	管理创新	智慧监理运用，智慧工地建设	设计专题1——智慧交通方向	高速智慧化运行监管平台研究	施工阶段研发数字化综合管理平台应用于监管日常目监管，实现无纸化管理。通过智能视频分析等技术研究，开展运营阶段监测、调度、管控、应急、服务一体的智慧路网云控平台的研究	发表论文4篇，其中核心2篇，专利或软件著作权2项
					高速公路BIM与GIS集成应用中的关键技术研究设计	完成省厅BIM示范项目任务，深化BIM技术在公路、水运领域应用。发挥BIM模型技术、GIS技术作用，基于可实现性体现新技术的应用价值，提高数据模型模型在工程中的应用前景	发表专著2本，论文3篇，其中核心2篇
2	安全耐久	实体工程示范	平安百年品质工程示范、平安工地冠名、李春奖、詹天佑奖	设计专题2——品质工程方向	强风化粉砂板岩隧道围岩体掌子面失稳和变形分析与快速处治关键技术研究	构建隧道围岩体掌子面失稳模型、数字模型，开展快速处置技术研究，为富水强风化粉砂板岩隧道围岩施工程的设计提供可靠的理论依据，对降低隧道塌方等灾害防控和提高隧道施工安全性具有潜在的应用价值	发表论文5~7篇，其中核心期刊3篇
					钢混组合梁先简支后桥面板连续新型结构关键技术研究	对全国首次提出的60米跨径钢梁简支桥面板连续的π型钢混组合梁结构体系开展研究。从快速装配化设计理念、绿色环保的信息化建造、高精度的质量控制等方面进行研究，将祁婺高速装配化桥梁打造成品质工程	①发表论文8篇，其中中文核心期刊论文4篇 ②申请实用专利1项 ③双向四车道40m、50m、60m跨双π型钢混组合梁系列通用图 ④地标《整孔预制整孔架设钢混组合梁建造技术指南》

续表

序号	总目标	针对对象	示范或争取的奖项	保证措施	科技创新项目	效果目标	预期成果
2	安全耐久	工程实体	平安临合品质示范 平安工地冠名 李春奖、詹天佑奖	设计专题2——品质工程方向	基于二次组拼的钢混组合整孔架设钢混组合梁施工关键技术研究	研发出一套基于二次组拼、整孔架设钢混组合梁成套制造、施工建造、安装技术以及质量评定体系	①发表论文5篇，其中SCI/EI论文1篇，中文核心期刊论文2篇 ②申请专利2项 ③申请省部级工法1个 ④地标《整孔预制整孔架设钢混组合梁建造技术指南》
					装配化钢混组合梁品质工程品质提升	总结出一套适用于山区快速装配桥梁设计建造经验，为今后同类型同工法的混组合梁快速装配化施工提供借鉴和指导意义	①发表论文3篇，其中中文核心期刊论文1篇 ②其他：基于品质工程的装配化组合梁设计水平提升总结报告、基于品质提升总结报告、配化组合梁建造水平提升总结报告、基于BIM的装配式桥梁智能信息化施工管理总结报告等
3	绿色生态	建设过程	生态交通示范项目 永临结合、绿色公路交旅融合服务区与美丽旅游路	设计专题3——绿色公路方向	胶粉纤维复合改性水泥稳定碎石韧性技术研究	首次创新提出胶粉纤维复合改性水泥稳定碎石韧性基层材料配合比设计方法，拓展利用废旧橡胶粉新途径，提高沥青路面承载能力，改善其抗裂性能和抗疲劳性能，延长沥青路面的使用寿命，达到降低建设与养护维修费用、节约道路材料资源、保护生态环境的效果	①铺设500m试验路段 ②提出胶粉纤维复合改性水泥稳定碎石韧性基层沥青路面技术，形成相应的设计施工技术指南 ③发表论文4篇，其中核心及以上等级刊物公开发表3篇以上 ④取得1项实用新型专利

续表

序号	总目标	针对对象	示范或竞争取得的奖项	保证措施	科技创新项目	效果目标	预期成果
3	绿色生态	建设过程	生态交通示范项目永临结合，绿色公路交旅融合服务区与美丽旅路	设计专题3——绿色公路方向	生态敏感区高速公路桥面径流收集处理新材料新技术专项设计研究	首次提出山区高速公路新型桥面径流处理方式的选址、设计、施工、运营养护一体化方案。针对祁婺高速水系发达多雨、山区地形复杂，提出满足高标准、低维护桥面径流新处理方式的成套建造技术。建立满足开放式服务区基础服务+旅游服务复合需求的动线设计方法	①《生态敏感区高速公路桥面径流收集处理新材料新技术专项设计研究报告》②桥面径流收集方案设计图、生态滤料配合比与处理水质对比分析图、沉淀处理池设计图③申请实用新型专利1项④发表中文核心期刊论文4篇，其中中文核心期刊2篇
					开放式绿色旅游服务区设计运营关键技术研究	依托龙腾服务区，统筹考虑高速公路通行服务功能和旅游拓展服务功能，首次建立高速公路开放式服务区用地及建筑规模计算指标和计算方法，为开放式服务区总体设计提供技术支撑	①完成《开放式绿色旅游服务区设计关键技术研究报告》②完成龙腾服务区开放式服务区设计方案③发表学术论文4篇，其中中文核心期刊2篇以上④申请新型实用专利1项
					生态敏感区公路生态保护与修复设计专题研究	选用互锁矩阵纤维、植被混凝土等新型边坡生态防护技术与传统边坡防护进行经济性和技术性研究，从而优选适合本区域的更经济、少养护的生态修复技术。同时对高速公路水土资源利用就那些研究，研发一种促进边坡植物纤维基层植被修复的混合植物纤维材料，提出赣东北地区生态保护与修复指南	①论文3篇 ②申请专利2项（其中发明专利1项） ③形成指南《边坡指南》、《生态敏感区公路近自然植被群落与景观营造技术指南》、《生态敏感区高速公路施工期雨洪管理技术指引》共3部 ④形成1种间隙性高陡边坡生态修复新技术工法

续表

序号	总目标	针对对象	示范或争取的奖项	保证措施	科技创新项目	效果目标	预期成果
3	绿色生态	建设过程	生态交通示范项目、永临结合绿色公路建设、绿色公路交旅融合服务区与美丽旅游路	设计专题3——绿色公路方向	江西省美丽旅游高速公路建设思路与关键技术提升	解决美丽旅游路路设计关键问题，即从工程可行性研究阶段入手，以生态选线设计为灵魂，从源头打造美丽旅游路。充分结合沿线旅游资源，打造一条具有新时代高质量发展特色的绿色公路与旅游公路，为未来江西省同类项目起到借鉴和指导作用	①完成《江西省美丽旅游高速公路建设思路与关键技术研究》②完成专题报告《江西省美丽旅游高速公路体系构建研究》《江西省美丽旅游模式研究》《江西省美丽旅游高速公路管理模式研究》③设及运营管理设计导则④形成1本地标和1本论著 发表学术论文4篇，其中中文核心期刊及以上2篇

附录 3　祁婺项目科技文化成果台账

序号	成果名称	成果所属类别（科学技术奖、科技创新成果、专利、示范、试点、詹天佑奖、优质工程奖以及微创新奖等）	成果级别	完成单位	主要完成人员	获得时间	备注
1	生态交通全国综合试点工程	试点工程	省部级	江西省高速公路投资集团有限责任公司赣院界至婺源高速公路建设项目办公室		2018.7	
2	江西省第一批公路水运工程BIM技术应用试点项目	试点工程	厅局级	江西省高速公路投资集团有限责任公司赣院界至婺源高速公路建设项目办公室		2018.12	
3	交通运输部平安百年品质工程创建示范项目	示范工程	国家级	江西省高速公路投资集团有限责任公司赣院界至婺源高速公路建设项目办公室		2021.6	涉及措施费奖励已发
4	江西省科普教育基地		省部级	祁婺项目			
5	2020年度交通BIM工程创新奖三等奖	中国公路学会科技奖励	省部级	江西省高速公路投资集团有限责任公司赣院界至婺源高速公路建设项目办公室、江西交通咨询有限公司、中交公路规划设计院有限公司	习明星、高巨田、杨志峰、刘安、廉福绵	2020.9.21	
6	2020年度"金标杯"BIM CIM应用成熟度创新大赛	科技创新成果	厅局级	江西交通咨询有限公司、江西锦路科技开发有限公司	刘安、戴东、徐昕、李佰甫、黄璞、郭潇	2020.12.30	

续表

序号	成果名称	成果所属类别（科学技术奖、专利、科技创新成果、詹天佑奖、示范、试点、优质工程奖以及微创新奖等）	成果级别	完成单位	主要完成人员	获得时间	备注
7	2021年度全国公路优秀科普奖一等奖（《VR安全教育体验》）	优秀科普奖	省部级	德州至上饶高速公路赣皖界至婺源段新建工程建设项目办公室，江西交投咨询集团有限公司，江西方兴科技有限公司	习明星、熊小华、刘泳、陶正文、傅梦媛、胡右营、刘安、沈阳、周平、程强	2021.10	
8	2021年度全国公路优秀科普奖二等奖（《智慧监管胡工的一天》）	优秀科普奖	省部级	江西交投咨询集团有限公司，江苏玖诺尼信息技术有限责任公司	习明星、熊伟峰、刘安、万先军、胡成志、董磊、霍可为、肖志凡、汪军、邓晖	2021.10	涉及措施励费奖已发
9	2021年度全国公路优秀科普奖三等奖（《公路工程工点标准化管理科普读本》）	优秀科普奖	省部级	德州至上饶高速公路赣皖界至婺源段新建工程建设项目办公室，江西交通咨询有限公司，交通运输部公路科学研究院	戴程琳、杨志峰、钟科、熊伟峰、刘振丘、张勐、邵志超、郑会康、陶宣斌、朱文	2021.10	
10	2021年度江西省第二届BIM大赛	江西省土木建筑学会科技奖励	省级	江西交通咨询有限公司，江西铭路科技开发有限公司，中交公路规划设计院有限公司	习明星、刘安、董磊、杨阳、周彦涛、杨志峰、熊伟峰、程强、刘振丘、邵志超、朱强、傅清丁	2021.4	

续表

序号	成果名称	成果所属类别（科学技术奖、专利，科技创新成果、示范、试点，詹天佑奖、优质工程奖以及微创新奖等）	成果级别	完成单位	主要完成人员	获得时间	备注
11	2021年度全国科普日公路知识普及及宣传活动先进单位	全国先进单位	省部级	德州至上饶高速公路皖赣界至婺源段新建工程建设项目办公室	习明星	2021.10	
12	2021年度第二届工程建设行业BIM大赛（交通工程类）三等奖	中国施工企业管理协会科技奖励	省部级	江西交通咨询有限公司，中铁二十一局集团第三工程有限公司，中交一公局厦门工程有限公司	习明星、戴程琳、杨志峰、刘安、石增辉、温晰、康海利、苏灿	2021.8	
13	2021年度第十二届"创新杯"建筑信息模型（BIM）应用大赛三等奖	中国勘察设计协会科技奖励	省部级	中交公路规划设计院有限公司，江西交通咨询有限公司	戴程琳、熊伟峰、马天亮、刘安、肖志凡、陶正文、胡右营、王凯、杨宗乐、董磊	2021.9.24	涉及措施费奖励已发
14	2021年度第二届全国公路微创新金奖（《高强螺栓智能化电动施拧扳手及监控系统》）	中国公路学会科技创新成果奖	省部级	祁婺项目办，江西交通咨询有限公司，中铁大桥局集团有限公司	杨志峰、胡右营、陶正文、万方军、肖壮彬、杨乐	2021.9	
15	2021年度第二届全国公路微创新大赛银奖（《混凝土梁面自动喷淋养护小车》）	中国公路学会科技创新成果奖	省部级	祁婺项目办，江西交通咨询有限公司，中铁大桥局集团有限公司	习明星、熊伟峰、刘振匹、刘安、肖壮彬、张卫涛	2021.9	

续表

序号	成果名称	成果所属类别（科学技术奖、专利、科技创新成果、示范、试点、詹天佑奖、优质工程奖以及微创新奖等）	成果级别	完成单位	主要完成人员	获得时间	备注
16	2021年度交通BIM工程创新奖一等奖	中国公路学会科技奖励	省部级	江西交通咨询有限公司，中交公路规划设计院有限公司，江西锦路科技开发有限公司，江苏狄诺尼信息技术有限责任公司，中铁二十一局集团第三工程有限公司，中铁大桥局集团有限公司，中交一公局厦门工程有限公司	习明星、戴程琳、周彦涛、刘安、董磊、熊伟峰、杨志峰、廉福绵、石增辉、马天亮、康海利、刘泳、梁进军、沈阳、李生龙	2021.11	
17	2022年度高速公路信息化年度推选活动（中国公路学会"2022年度高速公路信息化创新技术"）	中国公路学会科技奖励	省部级	祁婺项目办，江西交通咨询有限公司		2022.3.24	
18	混凝土外观质量快速识别系统V1.0	软件著作权	国家级	交通运输部公路科学研究所，江西交通咨询有限公司		2021.12	
19	60m大跨度工字型钢混组合梁整体架设施工工法	工法	企业级	中铁大桥局集团		2021	
20	一种红壤区边坡植被修复用施肥装置	实用新型专利	国家级	交通运输部公路科学研究所，江西交通咨询有限公司	马建荣、张东、刘安、邵社刚、习明星、王健、赵微、赵栋	2021.12	

续表

序号	成果名称	成果所属类别（科学技术奖、专利、科技创新成果、詹天佑奖、示范、试点、优质工程奖以及微创新奖等）	成果级别	完成单位	主要完成人员	获得时间	备注
21	一种桩基钢筋笼定位架	实用新型专利	国家级	中铁大桥局集团第六工程有限公司	秦海波、马天亮、万明敏、刘登仿、魏兴华、肖灶彬	2021	
22	一种墩柱钢筋笼测量检具	实用新型专利	国家级	中铁大桥局集团第六工程有限公司	马天亮、万明敏、肖灶彬、魏兴华、秦海波、刘登仿	2021	
23	一种用于冲孔灌注桩施工的泥浆防溅装置	实用新型专利	国家级	中铁大桥局集团第六工程有限公司	万明敏、亮、肖灶彬、魏兴华、秦海波、刘登仿	2021	
24	一种T梁施工用的防护装置	实用新型专利	国家级	中交一公局集团有限公司	康海利、林炜楠、王朝辉；吕明、佘钺	2021	
25	一种预制T梁梁底预埋钢板调节装置	实用新型专利	国家级	中交一公局厦门工程有限公司	刘灵波、贾志强、康海利、王鹏涛、林炜楠、朱航君、刘德	2021	
26	2022年度第三届全国公路微创新大赛金奖（新型60m跨"π型"钢混组合梁运架设备）	中国公路学会科技创新成果奖	省部级	赣皖界至婺源高速公路建设项目办、中铁大桥局集团有限公司、江西交通咨询有限公司	习明星、刘安、夏龙水、刘登仿、刘振丘、部志超	2022.5	

续表

序号	成果名称	成果所属类别（科学技术奖、专利、科技创新成果、示范、试点、詹天佑奖、优质工程奖以及微创新奖等）	成果级别	完成单位	主要完成人员	获得时间	备注
27	2022年度第三届全国公路微创新大赛银奖（钢混组合梁智慧"沙盘"管理及监控系统）	中国公路学会科技创新成果奖	省部级	中铁大桥局集团有限公司	马天亮，万明敏，夏龙水，刘登仿，夏度浩，罗安	2022.5	
28	2022年度第三届全国公路微创新大赛银奖（山区高速智慧梁场成套管控技术及运用）	中国公路学会科技创新成果奖	省部级	中交一公局厦门工程有限公司	朱航君，刘灵波，贾志强，康海利，王鹏涛，林梅楠	2022.5	
29	2022年度第三届全国公路微创新大赛铜奖（"北斗+物联"路面施工工艺）	中国公路学会科技创新成果奖	省部级	赣皖界至婺源高速公路代建监理项目部、中铁二十一局集团第三工程有限公司、江西锦路科技开发有限公司	王凯，胡勇勇，陈志泉，程强，邓凡特，邓晖	2022.5	
30	2022年度交通建设"微创新"成果评价设备工具类（一种可自动行走式的预制梁混凝土浇筑台车）	中国公路建设行业协会科技创新成果奖	省部级	中交一公局厦门工程有限公司	朱航君，刘灵波，贾志强，康海利，林梓楠，刘德	2022.3	
31	一种可自动行走式的预制梁混凝土浇筑台车	实用新型专利	国家级	中交一公局厦门工程有限公司、中交一公局集团有限公司		2022	
32	2022年公路科技活动周先进单位	全国先进单位	省部级	德州至婺源高速公路赣皖界至婺源段新建工程建设项目办公室	刘安	2022.6	

续表

序号	成果名称	成果所属类别（科学技术奖、专利、科技创新成果、示范、试点、詹天佑奖、优质工程奖以及微创新奖等）	成果级别	完成单位	主要完成人员	获得时间	备注
33	2022年"天工杯"数字交通及智能建造技术应用大赛成果奖	中国公路学会科技创新成果	省部级	江西交通咨询有限公司，中铁大桥局集团有限公司，中交一公局厦门工程有限公司	习明星、刘安、戴程琳、陶正文、熊小华、王海平、刘灵波、王凯、胡勇勇、万先军	2022.9	
34	2022年度交通BIM工程创新奖一等奖	中国公路学会科技奖励	省部级	"江西交通咨询有限公司，江苏狄诺尼信息技术有限责任公司，中铁二十一局集团第二工程有限公司，中铁大桥局第六工程有限公司，中交一公局厦门工程有限公司，赣皖界至婺源高速公路建设项目办公室，江西锦路科技开发有限公司"	"习明星、姜军、王凯、戴程琳、刘安、峰、刘冰、石增辉、杨志、马天亮、康海利、杨文标、程强、董磊、胡右喜、刘振丘"	2022.9	
35	2022第二届"新基建杯"中国智能建造及BIM应用大赛一等奖（智能建造软件与平台赛组）	中国建筑材料流通协会	省部级	江西交通咨询有限公司，江西锦路科技开发有限公司，江苏狄诺尼信息技术有限责任公司	戴程琳、王凯、刘安、马胜、杨文标、程强	2022.1	

续表

序号	成果名称	成果所属类别（科学技术奖、专利、科技创新成果、詹天佑奖、示范、试点、优质工程奖以及微创新奖等）	成果级别	完成单位	主要完成人员	获得时间	备注
36	2022第二届"新基建杯"中国智能建造及BIM应用大赛二等奖（智能建造装配式技术案例）	中国建筑材料流通协会	省部级	江西交通咨询有限公司，中铁大桥局集团第六工程有限公司，中交一公局厦门工程有限公司	王海平、马天亮、万明敏、秦海波、夏海龙水、康海利	2022.1	
37	2022年第十一届"龙图杯"全国BIM大赛优秀奖	中国图学学会	省部级	"江西交通咨询有限公司，江苏狄诺尼信息技术有限责任公司，中铁大桥局集团第六工程有限公司"		2022.8	
38	2022年度中国公路学会"隧道与地下空间工程创新奖"二等奖	中国公路学会		江西交通咨询有限公司，中交公规院，中交一公局厦门工程有限公司		2022.11	

附录4　祁婺项目科研成果台账

填报单位：德州至上饶高速公路赣皖界至婺源段新建工程　　填报日期：2021.7.14

序号	项目编号	项目名称	起止时间	合作单位	自筹经费（万元）	厅拨经费（万元）	负责人及联系方式	进度	项目成果	研究报告
1	2020C0004	公路工程代建+监理一体化建设管理模式研究	2020年5月至2022年10月	江西交通咨询有限公司、华杰工程咨询有限公司、中咨公路工程监理有限公司	99	/	熊伟峰	任务书合同已签订		
2	2021C0001	胶粉纤维复合改性水泥稳定碎石韧性基层技术研究	2021年1月至2023年12月	长沙理工大学、江西交通咨询有限公司	49	/	陶正文	任务书合同已签订		
3	2021C0002	强风化粉砂板岩隧道围岩体和掌子面失稳与变形分析及快速处治关键技术研究	2020年10月至2022年12月	中南大学、江西交通咨询有限公司	49	/	戴程琳	任务书合同已签订		
4	2022C0003	山区高速公路碳排放计算与评估技术研究			190		习明星	立项		
5		新发展阶段高速公路高质量建设技术体系研究及综合性示范					刘安	申报		

附录 5　祁婺建设团队文化成果盘点

2019 年 6 月，习明星参与论著《公路工程施工监理规范操作手册》的编写，人民交通出版股份有限公司出版。

2019 年 7 月，习明星著论文《智慧管理的江西策略》，发表于《中国交通建设监理》2019 年第 7 期。

2019 年 11 月，习明星著论文《项目代建更要有思想》，发表于《中国交通建设监理》2019 年第 12 期。

2019 年 12 月，刘安著论文《基于 TIN 的三维地质挖填方计算分析研究》，发表于《工程勘察》2019 年第 7 期。

2020 年 4 月，刘安著论文《基于非线性 Barton–Bandis 准则的岩质边坡可靠度研究》，发表于《公路交通科技》2020 年第 4 期。

2020 年 5 月，刘安著论文《基于粗糙集和云模型的隧道施工过程动态风险评估》，发表于《公路》2020 年第 5 期。

2020 年 8 月，习明星著论文《公路建设应优先考虑生态文明》，发表于《中国公路》2020 年第 15 期。

2020 年 9 月，邵志超著论文《昌九高速公路改扩建工程机电施工难点及解决方案探究》，发表于《中国交通信息化》2020 年第 9 期。

2020 年 10 月，戴程琳著论文《非线性强度准则下抗滑桩加固边坡稳定性极限平衡分析》，发表于《中南大学学报（自然科学版）》第 51 卷第 10 期。

2020 年 11 月，习明星著论文《永临结合促绿色发展》，收录于第六届全国绿色公路技术交流会论文集，杭州千岛湖。

2020 年 12 月，习明星著论文《代建 + 监理一体化是实现全过程工程咨询的有效途径》，发表于《建设监理》2020 年第 12 期。

2021 年 2 月，习明星著论文《"代建 + 监理"在路上》，发表于《中国交通建设监理》2021 年第 2 期。

2021 年 5 月，习明星著论文《基于 BIM 技术的边坡生态修复设计探讨》，收录于第七届全国绿色公路技术交流会论文集，广东茂名。

2021年5月，习明星著论文《持续推进公路BIM技术应用》，发表于《中国公路》2021年第10期。

2021年6月，汪军著《桥梁墩柱混凝土外观质量控制探讨》，发表于《恒建监理》第2期。

2021年8月，习明星著论文《党员要当好"领头雁"》，发表于《中国交通建设监理》2021年第8期。

2021年9月，习明星著论文《祁婺"洞长制"》，发表于《中国交通建设监理》2021年第9期。

2021年9月，戴程琳著论文《冻融作用对环氧沥青混凝土复合梁抗裂性能的影响》，发表于《科学技术与工程》2021年第21卷第25期。

2021年9月，熊伟峰、刘安著论文 A study on construction technology of high-quality service areas along intercity highways 发表于 The International Society for Optical Engineering 2021年第4期。

2021年10月，熊伟峰、刘安著论文《基于灰色关联分析的水泥稳定碎石外加材料优选研究》，发表于《江西公路科技》2021年第S01期。

2021年11月，熊伟峰、刘安著论文 Research on highway sharing and fusion technology based on traffic and tourism data，发表于 Conference Proceedings 2021年第1期。

2022年1月，戴程琳著论文《祁婺高速微创新 江西品质工程经验谈》，发表于《中国公路》2022年第1期。

2022年2月，熊小华、刘安、黄琦著论文《纯黏土地层锚杆加固隧道掌子面稳定性分析》，发表于《铁道科学与工程学报》2022年第2期。

2022年3月，习明星著论文《全员安全管理常态化》，发表于《中国交通建设监理》2022年第3期。

2022年3月，邓凡特著论文《高速公路沥青混凝土路面大修工程技术分析》，发表于《运输经理世界》2022年第9期（总第655期）。

2022年5月，吴犊华、刘振丘著论文《祁婺高速"交旅融合"》，发表于《中国交通建设监理》2022年第5期。

2022年6月，习明星著论文《关键变量成为最大增量》，发表于《中国交通建设监理》2022年第6期。

2022年6月，刘安著论文《钢混组合梁桥设计理念与水文地质景观关系的探讨》，发表于《中国土木工程学会2022年学术论文集》2022年第1期。

2022年7月，习明星著论文《新时期交通监理高质量发展的思考》，发表于《中国交通建设监理》2022年第7期。

2022年7月，邵志超著论文《高速公路智慧养护管理系统设计探究》，发表于《中国交通信息化》2022年增刊（总第271期）。

2022年7月，刘安著论文《祁婺高BIM正向设计打造智慧隧道》，发表于《中国交通报》2022年第10期第7版。

2022年7月，刘安著论文《深入开展省级BIM技术综合应用示范 提升项目数智化管控水平》，发表于《平安百年品质工程》2022年第3期。

2022年8月，习明星著论文《BIM + GIS + IoT数字建管平台构建及其在祁婺高速公路建设中的应用》，发表于《建设监理》2022年第8期。

2022年9月，习明星著论文《基于BIM技术的边坡生态修复设计探讨》，发表于《交通节能与环保》2022年第4期。

2022年10月，习明星著论文《智慧监理正当时》，发表于《中国交通建设监理》2022年第10期。

2022年10月，刘长明、杨柳、陶正文、甘其芳、刘安等著论文《高速公路开放式服务区规模测算研究》，发表于《公路》2022年第10期。

2022年10月，汪军著《让数据说话》，发表于《中国交通建设监理》第10期。

2022年11月，习明星主持制作视频教材《路基路面工点标准化作业视频教程》，人民交通出版股份有限公司出版。

2022年11月，刘安著论文《公路工程代建+监理一体化管理模式实施的研究》发表于《中华建设》2022年第27期。

2022年12月，习明星主持出版论著《公路工程代建监理一体化项目管理操作手册》，人民交通出版股份有限公司出版。

2022年12月，邵志超著论文《北斗系统在智慧高速中的应用示范》，发表于《卫星应用杂志》2022年第12期。